高等学校通识课系列教材

创新创业教育理论与实践

主 编　周启良　廖鸿纯

西安电子科技大学出版社

内 容 简 介

本书立足于创新创业教育的理论和实践，将创新创业与专业教学相结合，融入了较多医学创新创业案例。

全书共九章，内容包括创新创业导论、创新创业项目与赛事、创新创业思维培养、创新创业能力培养、创新创业团队及其组建、创业机会与创业风险、创业资源与融资、创业计划书与创业路演、创建运营新企业。

本书着力培养大学生特别是医学类专业学生的创新创业意识与创新精神，强化大学生创新创业的实践能力。

本书可作为医学类高等院校本科生及专科生创新与创业课程的教材。

图书在版编目 (CIP) 数据

创新创业教育理论与实践 / 周启良，廖鸿纯主编． -- 西安：西安电子科技大学出版社，2023.11
ISBN 978–7–5606–7104–8

Ⅰ . ①创… Ⅱ . ①周… ②廖… Ⅲ . ①创造教育—研究 Ⅳ . ① G40-012

中国国家版本馆 CIP 数据核字 (2023) 第 201809 号

策　　划	秦志峰　杨丕勇
责任编辑	赵婧丽　杨丕勇　张　玮
出版发行	西安电子科技大学出版社 (西安市太白南路 2 号)
电　　话	(029)88202421 88201467　　　邮　　编　710071
网　　址	www.xduph.com　　　电子邮箱　xdupfxb001@163.com
经　　销	新华书店
印刷单位	陕西天意印务有限责任公司
版　　次	2023 年 11 月第 1 版　2023 年 11 月第 1 次印刷
开　　本	787 毫米 ×1092 毫米　1/16　印张 13.5
字　　数	300 千字
印　　数	1 ~ 12000 册
定　　价	49.80 元

ISBN 978–7–5606–7104–8 / G

XDUP 7406001–1

*** 如有印装问题可调换 ***

编委会名单

主　编　周启良　廖鸿纯

副主编　郏萍萍　朱乐玫　高　华　荣　蓉

参　编　（以姓氏笔画为序）

王　利　王艳辉　刘　立　刘　娟　刘善国　孙　欣

江　珊　李　兵　李　鹏　李　熹　杨志军　杨　惠

杨　蓉　杨　赟　肖泽梅　肖　琼　邹亲玉　汪　高

袁　丹　袁金桥　唐　嵘　龚　茁　蒋松林　曾令红

曾锐铭　谭驰名　熊桃红　黎海鸥　潘　敏

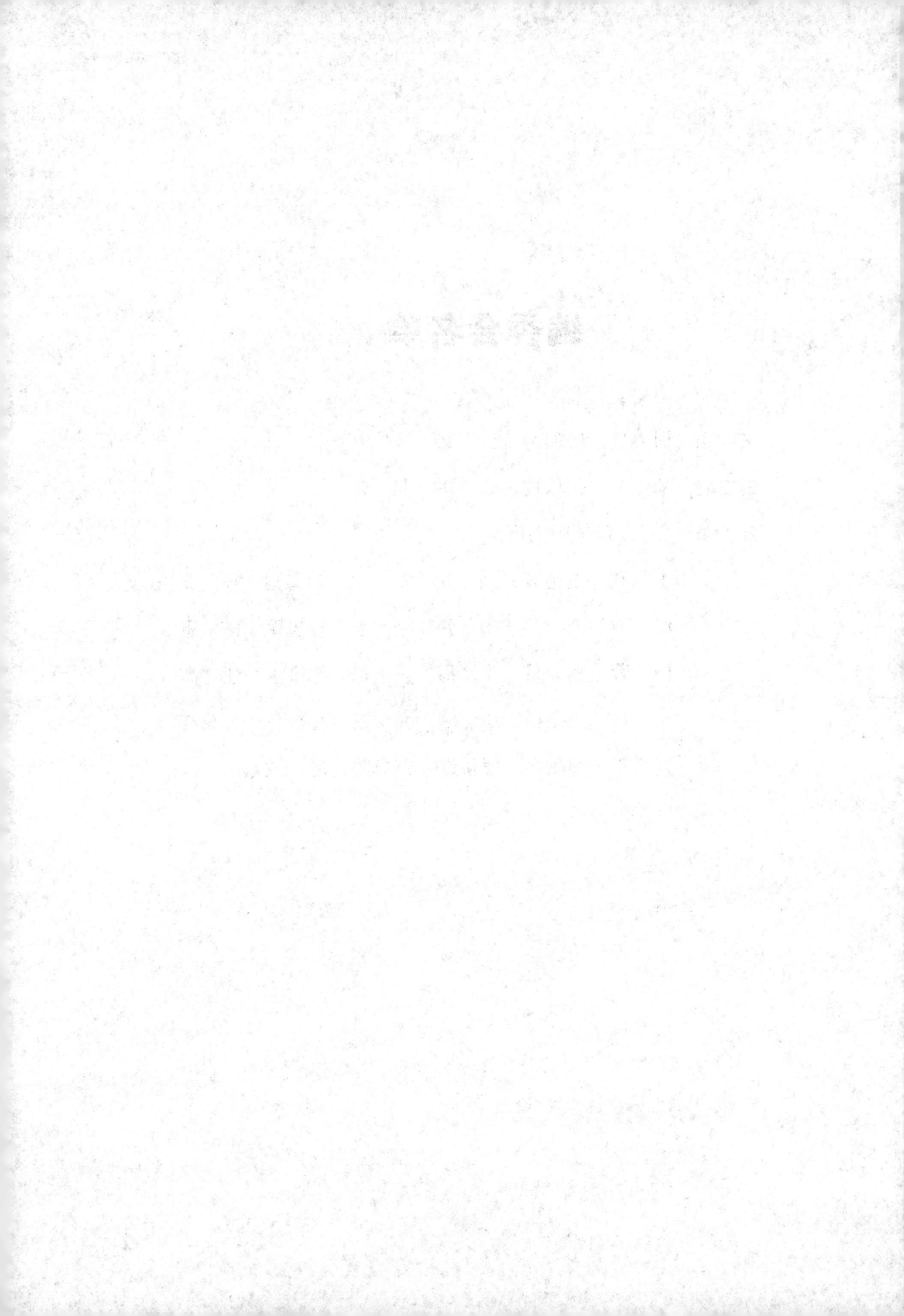

前　言

我国的创新创业教育已从萌芽阶段、试点阶段进入全面推进阶段，创新创业教育也因为行业和领域的不同而进行了细化，不同行业和领域的创新创业教育体现出差异性。医学创新是国家创新体系的重要一环，培养高素质的医学创新创业人才是全面推进健康中国的动力所在。各医学院校先后成立了创新创业学院，将创新创业教育纳入了必修课；围绕健康领域的创新创业案例越来越多，医学院校对专属的创新创业著作的需求也越来越迫切。

本书以习近平新时代中国特色社会主义思想为指导，注重课程思政，内容积极向上，引导学生树立正确的世界观、人生观和价值观；以创新创业理论知识为基础，注重医创融合，将医学教育与创新创业教育有机结合，根据医学生学业过程设计教学内容，结构完整，形成思维闭环，有助于教学效果的提高；以创新创业成功校友企业案例为依托，注重校企合作，强调产学研用的融合和实践，案例鲜活，可借鉴性高，有助于引导学生主动学习，便于开展课堂教学及学生深入医药企业进行相关实践实训。

本书立足于创新创业教育的理论和实践两个方面，首先对创新创业的概念、国内外创新创业教育发展以及创新创业教育的政策和意义进行简要叙述，然后对创新创业项目及赛事进行梳理和分析，接着在创新创业教育的实践方面深入探讨了创新创业思维和能力培养、创新创业团队组建、创业机会与风险、创业资源和融资、创业计划书与创业路演等内容，最后对创建运营新企业进行了介绍。

本书由周启良、廖鸿纯担任主编，负责书稿的组织与审核。邝萍萍、朱乐玫、高华、荣蓉担任副主编。王利、王艳辉、刘立、刘娟、刘善国、孙欣、江玭、李兵、李鹏、李熹、杨志军、杨惠、杨蓉、杨赟、肖泽梅、肖琼、邹亲玉、汪高、袁丹、袁金桥、唐嵘、龚茁、蒋松林、曾令红、曾锐铭、谭驰名、熊桃红、黎海鸥、潘敏等参与编写。

本书在出版过程中得到了湖南恒昌医药集团股份有限公司、湖南君悦达科技有限公司、嘉实（湖南）医药科技有限公司、湖南省希美医疗美容有限公司的大力支持，在此一并表示衷心感谢。

在撰写本书的过程中，编者参考和借鉴了一些知名学者和专家的观点及论著，在此向他们表示衷心的感谢。

由于编者水平和时间有限，特别是新型融合教材的出版还处于创新和探索阶段，书中难免有不足之处，希望广大读者和专家能够提出宝贵意见，以待进一步修改，使之更加完善。

编　者

2023 年 7 月

目　录

第一章 创新创业导论

学习目标

学习目标

1. 掌握创新、创业的含义及两者之间的关系。
2. 了解当前大学生创新创业的现状及优惠政策。
3. 理解创新创业教育的意义。

名家寄语

道在日新，艺亦须日新，新者生机也；不新则死。

——徐悲鸿

只要敢想，没有什么不可能，立即跳出思维的框框吧。

——史蒂夫·乔布斯

案例导读

不愿接班也不做医生 "另类" 医学生偏要去创业

今年26岁的张志乾有着众多身份，他既是中山大学医学院临床医学本博连读的在读生，又是态创生物的创始人兼CEO，在2021年还入选福布斯中国科学和医疗健康领域的 "30位30岁以下精英" 榜单。

张志乾的父母是千禧年初一代的创业者，在山东成立了一家主营橡胶等大宗产品的制造企业。从小浸润在创业氛围中的张志乾没有选择继承家业，而是报读了临床医学，又在读书时决定在合成生物领域从头创业。"我所研发的合成生物技术将改变传统生产方式，未来甚至会替代我父亲所在的化工行业。我希望用突破性和创新性的技术去改变传统行业，这是一件非常令人兴奋的事。"张志乾说。

中山大学里的"另类"学生　不做医生偏要从头创业

2016年，张志乾在中山大学组建 SYSU-MEDICINE 团队，参加了由麻省理工学院创立的合成生物学领域的国际科技赛事——国际基因工程机器大赛(iGEM)，并斩获了总决赛金奖、最佳治疗项目奖、最佳元件设计奖。由此，合成生物学在这位"准医生"的心中播下了种子。

"我报读中山医学院，初衷是想做个好医生，但也想尝试不一样的路。我一直对科研感兴趣，而通过科研去解决一些应用落地的问题，是医学生比较少走的路。"2017年，张志乾说服父母出资支持，在校外租了一间小实验室，从场地、设备到人员、耗材，从零开始组建研发团队，攻关合成生物技术。

在实验室里突破了技术难点后，研发团队围绕成本和实际生产问题不断改进和调整。2020年年底，张志乾的研发团队搭建出兼具量产和普适性的 TidetronAltra 平台型菌株库，实现了以生物发酵等方式在工厂规模化量产各类绿色、优质的原料产品，这些材料可应用于美妆、食品等领域。

"在合成生物领域，从实验室到工厂规模化量产有一道鸿沟。当我在实验室里研究出一些成果后，我就希望能把它们落地，看看能在社会上发挥什么作用。"当时，摆在他面前的有两个选择：一是将研究成果发表论文或申请专利，然后转让给别人；二是自己成立公司，把科研成果落地。

第二个选择对于一个在读医学生而言是困难的，但对于一个对自己的成果充满信心的科研者来说，又是简单的。张志乾说："我其实没有太多的纠结，我觉得有机会去做一件可能对社会有巨大改变的事情，很兴奋，比从事别的工作还兴奋。我从决定创业的时候就想得很清楚。"

父母眼中的"叛逆"　选择新赛道　要革父辈企业的命

"纠结"的或许是张志乾的父母。张志乾的父亲是学化工出身，后来创立了一家主营橡胶等大宗产品的制造企业。父母对张志乾的最大期望不是继承家业。他从小成绩优异，"我父母觉得做个医生就很好，创业太辛苦了，尤其是制造业。"张志乾说。

"一开始听到我要一边读书一边去创业，父母也是有点生气的。"张志乾笑着回忆道。对于自己的选择，父母并未很惊讶，更多的是无奈。"他们觉得临床医生是最好的选择。我父母也说过，如果不做医生，还不如回来继承家业呢。"

"不过，他们有一点是很宝贵的。虽然他们不一定理解我的选择，也对合成生物这个领域不怎么懂，但当他们发现我非常坚定地做某件事，就会支持我。"2017年，张志乾在校外成立了合成生物实验室，父母提供了"第一桶金"的资金支持。"父母可以说是我创业的第一个'天使投资人'。"

2021年，张志乾在半年时间内组建研发团队，并在山东建成一个智能发酵车间，其创立的态创生物正式投入运营。在张志乾看来，合成生物技术前景广阔。"麦肯锡全球研究所曾发布报告表示，全球经济中高达60%的产品可以由生物生产，我们现在做的事情就是要取代传统化工行业的生产方式，未来可能要革父亲所在的化工行业的命。"

对于态创生物而言，最关键的，也最具挑战的是投建工厂，填平从实验室到工厂的"鸿沟"。在这个过程中，父母成了张志乾最坚实的后盾。"我的父母是做传统化工行业的，对合成生物并不了解，但对于建工厂却很有经验。"张志乾告诉记者，父母对自己最大的建议是"建工厂要有节奏"。

"工厂是永远建不完的，所以创始人要把握节奏，在不同的发展阶段建规模不一样的工厂。工厂的建设周期和产出要符合公司的整体规划和预期。"因此，在筹建工厂之初，张志乾租用了一间2000平方米的厂房，但生产线只占了其中的1/6～1/5。随着企业的发展，如今该工厂已量产产品小分子肽以及食品代糖赤藓糖醇等30多种产品，工厂年产能已突破万吨。

两代创业者有精神传承　时代会相信年轻的力量

创业两年多来，张志乾坦言，真正的创业和想象中的差别还是挺大的。"最大的困难在于未知，尤其年轻创业者缺乏经验，如何发现正确的方向是最大的挑战。"张志乾表示，虽然在创业之初已有预期，但在真正操作时，他还是遇到了管理运营、融资等方面的棘手问题，也踩过一些坑。

面对这些未知，张志乾觉得自己有着和父辈企业家一样的勇气，这是两代企业家的一种传承。"虽然我和父亲创业的方向不一样，面对的情况也不一样，但我们创业的精神和过程却是相似的。每一个创业者都是从一堆未知里起步的，但要不惧未知。一个公司一旦失去了创新和开拓的精神，它就会变成一个不断消耗的公司。只有持续地创新和开拓，才能不断对社会产生影响力，这是两代企业家都必须做到的。"

在过去的一年，态创生物先后进行四轮融资（现至A+轮），累计融资超过一亿美元，同时实现了企业的盈利。回顾近两年来的快速发展，张志乾毫不吝啬地给自己打了120分。"每个阶段我都会给自己定个小目标，目前看，我们每一步其实都超过了预期。"

随着企业逐渐步入轨道，父母对张志乾的选择也更加认同和支持。"虽然他们不一定了解这种新技术，但他们知道我在做一件有突破性的事。我希望未来态创生物能对传统企业产生巨大变革，能用突破性和创新性的技术去改变传统行业。"

🎧 创业大讲堂

创新创业是推动国家科技、经济发展的重要手段，创新创业教育在大学教育中占据越来越重要的地位。医学生创新创业教育立足就业问题，能够推动当代医学院校实现"产学研用"一体化的进程，符合知识经济时代背景下的人才需求，具有国家层面的重要战略意义。

创新和创业密不可分，人们的创业活动往往离不开创新，创新是社会进步的灵魂；创业是创新的表现形式和载体，是推动社会经济发展、改善民生的重要途径。创新创业教育是当今高等教育的重要组成部分，通过创新创业教育可以推动教育的革新，明确大学生创业意向，助推专业知识转化成创业成果，促进大学生的全面发展和社会进步。

第一节　创新与创业的内涵

▌ 一、创新与创新精神

（一）创新的内涵

创新是人类为了满足自身需要，以新思维、新发明和新描述为特征，不断拓展对客观世界的认识能力和实践能力的活动，是人类主观能动性的高级表现形式。在汉语中，创新一词也出现得很早，有"革弊创新""创新改旧"等说法。《现代汉语词典》中对创新的解释是：抛开旧的，创造新的；创造性；新意。

虽然学术界对"创新"尚未有统一定义，但是从一般的意义上来看，我们认为，创新是指打破已有的思维模式或常规的思路和见解，利用有限的资源在特定的环境下改进或创造新的事物，探索新的方法和路径，并取得一定效果的行为和过程。具体来讲，可从以下几方面进行理解：

(1) 创新是获取收益的重要途径。需要突破常规，打破传统，产生新设想和新概念，并将其发展到实际应用当中。

(2) 创新是创造和引进某种有用新事物的过程。在这个过程中，从发现潜在的需求开始，运用知识或相关信息进行创造，并经历事物的可行性检验，直至新事物的广泛应用为止。

(3) 创新具有解决问题的作用。创新可以在解决经济问题、社会问题和技术问题等时发挥广泛的作用，它是每个人都可以参与的事业。

(4) 创新以取得的成果和成效为评价尺度。任何创新活动的目的都是为了取得一定的成果并推广应用，根据成果和成效可以将创新分为小级别创新、突破性创新和里程碑式创新。

（二）创新的特点

从创新的定义和含义可以看出，创新是对于重复、简单的劳动方式的否定，是对原有事物进行根本性变革或综合性改造。它具有以下几方面的特点。

1. 目标性

创新的目标就是通过创新活动，在一定时期内预期所要达到的结果。不同的创新活动具有不同的目标，企业创新活动的目标是提高核心竞争力，赢得市场。

2. 变革性

创新是对原有事物的改革和革新，是一种深刻的变革。只要变革的方向正确、目标明确、方法合理，就可以打破已有限制，获得更大的生存空间。

3. 新颖性

创新的新颖性是指对现有的事物进行扬弃，革除过时的内容，创造出前所未有的东西。

4. 前瞻性

由于创新就是相对于他人的首创行为，因此创新往往超前于社会认识，能把握未来事物的发展方向。

5. 价值性

价值性不只是单纯提高产品的技术竞争力，还包括通过为顾客创造更多的价值来争取顾客，取得企业的成功，并由此开辟一个全新的、非竞争性的市场空间。

（三）创新的原则

1. 科学性原则

创新必须遵循科学技术原理，不得违背科学发展规律。因为任何违背科学技术原理的创新都是不能获得成功的。

2. 市场性原则

创新要想获得成功，必须经受市场的严峻考验。创新若想顺利通过市场考验，实现商品化、市场化，就要按市场评价的原则来分析。其评价通常是从市场寿命、市场定位、市场特色、市场容量、市场价格和市场风险观等六个方面入手，考察创新对象的商品化和市场化的发展前景，其中最基本的要点是考察该创新的使用价值是否大于它的销售价格，也就是要看它的性能是否优良、价格是否合适。

3. 择优性原则

在创新过程中利用创造原理和方法会获得许多创新设想，它们各有千秋，这时就需要人们按相对较优的原则，从创新技术先进性、创新经济合理性、创新整体效果性等方面对设想进行判断选择。

4. 简洁性原则

在现有的科学水平和技术条件下，如不限制实现创新的方式和手段的复杂性，所付出的代价可能远远超出合理程度，使得创新的设想或结果毫无实用价值。在科技竞争日趋激烈的今天，结构复杂、功能冗余、使用烦琐已成为技术不成熟的标志。因此，在创新过程中要始终贯彻简洁性原则。

（四）创新意识及培养

1. 创新意识

创新意识是指人们根据社会和个体生活发展的需要，引发创造前所未有的事物或观念的动机，并在创造活动中表现出的意向、愿望和设想。创新意识是人类意识活动中的一种积极的、富有成果的表现形式，是人们进行创造活动的出发点和内在动力，是创造性思维和创造力的前提。

创新意识包括创造动机、创造兴趣、创造情感和创造意志。创造动机是创造活动的动力因素，它能推动和激励人们进行创造性的活动。创造兴趣能促进创造活动获得成功，是促使人们积极探求新奇事物的心理倾向。创造情感是引发、推进乃至完成创造的心理因素，只有具有正确的创造情感才能获得成功。创造意志是在创造中克服困难、冲破阻碍的心理因素，它具有目的性、顽强性和自制性。

2. 大学生创新意识的培养

创新是一个民族进步的灵魂，是一个国家兴旺发达的不竭动力。创新意识和创新思维是创新教育的核心。培养学生的创新能力必须培养学生的创新意识。21世纪是知识经济时代，知识经济的本质就是创新，培养创新意识是对新时代大学生提出的基本要求，也是大学生必备的素质。可从以下几个方面来培养创新意识。

(1) 精通所学，兴趣广泛。创新绝不是无本之木、无源之水，唯有打牢知识的基础，创新才有可能产生，因此大学生应精通所学课程，并培养广泛的阅读兴趣。

(2) 理论与实践相结合。"读万卷书，行万里路"，唯有理论与实践相结合，理论才有意义。只有精通理论，才可能去改进实践；只有拥有丰富的实践经验，才可能产生新的理论。

(3) 投身社会实践。"实践是检验真理的唯一标准"，要开发大学生的创新意识，培养大学生的创新能力，必须让大学生投身于社会实践中。只有在实践中才能找出想与做的差距，创新理念才能变为现实，创新意识、创新能力才能得到真正的发展。

二、创业与创业精神

(一) 创业的内涵

"创业"一词有着较宽泛的解读。"创"，即开始、创造、开创、设立之意；《现代汉语词典》对"业"的解释是指学业、事业、功业、家业、产业、职业、行业等。创业是指发现市场商业机会，将拥有的资源进行整合，通过创建企业或企业组织结构创新，将商业机会转化为盈利模式。创业有广义和狭义之分，广义的创业是指创业者的各项创业实践活动，狭义的创业是指创业者的生产经营活动，主要是开创个体和家庭的小企业。

从以上关于创业的定义可以看出，创业有以下几方面的含义：

(1) 创业的潜在价值需要通过市场来体现，即市场是实现财富的渠道。

(2) 创业的本质在于对商业价值的发掘与利用，即要创造或认识到事物的商业用途。

(3) 创业的目的是创造财富，实现人生价值。创业者进入市场、创建实业，是生活态度和生活方式的巨大转折，是为自己创建一个发挥才华、施展抱负、奉献社会、实现人生价值、报效国家的舞台。

（二）创业的特点和类型

1. 创业的特点

(1) 创业是主动进行的创造活动。知识经济的不断发展，对人们的素质提出新要求。在此背景下，人们会去主动开辟一种新的生存理念和生存模式，来改变人们原有的生活方式，提高人们的生存能力。

(2) 创业是创造价值的过程。创业是对社会资源的重新组合、配置和利用，创造更多价值、新事物的过程。

(3) 创业带有一定的风险。创业环境的不确定性，创业机会与创业企业的复杂性，创业者、创业团队与创业投资者的能力与实力的有限性，都会给创业带来一定的风险，导致创业失败。

2. 大学生创业的特点

(1) 大学生创业具有激情性。刚进入社会的大学生年轻有活力，勇于拼搏，无太重负担，具有较强的社会适应能力，自信心较强，对自己认准的事物有激情去体验。

(2) 大学生创业具有知识性。大学生通过在学校的专业学习，掌握了一定的专业技能及专业知识作为创业的基础。

(3) 大学生创业具有创新性。大学生思维活跃，接受新事物较快，创意新，点子多。

(4) 大学生缺乏创业经验。大学生意气风发，对创业满怀希望，但难免经验不足，缺乏对市场的了解，对风险和困难的抵抗力较为薄弱。

3. 创业的类型

创业类型的划分有许多方式，比较常见的是按照创业动机、创业起点、创业项目类型、创业方向或风险以及创新内容进行划分。

1) 按创业动机划分

按创业动机划分，创业可分为机会型创业与就业型创业。

(1) 机会型创业是指创业的出发点并非是谋生，而是为了抓住、利用市场机遇。

(2) 就业型创业是指创业者为了谋生而自觉或被迫地走上创业之路。

2) 按创业起点划分

按创业起点划分，创业可分为创建新企业和企业内创业。

(1) 创建新企业是指创业者个人或团队从无到有地创建出全新的企业组织。这个创业过程充满挑战和刺激，个人的想象力、创造力可得到最大限度的发挥，但风险和难度也很大，创业者往往缺乏足够的资源、经验和支持。

(2) 企业内创业是指在现有企业内的有目的的创新过程。

3) 按创业项目类型划分

按创业项目类型划分，创业可分为传统技能型创业、高新技术型创业和知识服务型创业。

(1) 传统技能型创业是指使用传统技术、工艺的创业项目。

(2) 高新技术型创业是指知识密集度高，带有前沿性、研究开发性质的新技术、新产品项目。

(3) 知识服务型创业是指为人们提供知识、信息的项目。

4) 按创业方向或风险划分

按创业方向或风险划分，创业可分为依附型创业、尾随型创业、独创型创业和对抗型创业。

(1) 依附型创业是指依附于大企业或产业链而生存，为大企业提供配套服务，或者使用特许经营权。

(2) 尾随型创业指模仿他人创业，"学着别人做"。

(3) 独创型创业是指提供的产品或服务能够填补市场空白。

(4) 对抗型创业是指进入其他企业已形成垄断地位的某个市场，与之对抗较量。

5) 按创新内容划分

按创新内容划分，创业可分为基于产品创新的创业、基于营销模式创新的创业和基于组织管理体系创新的创业。

(1) 基于产品创新的创业是指基于技术创新或工艺创新等产生了新的消费群体，从而导致创业行为的发生。

(2) 基于营销模式创新的创业是指采取有别于其他厂商的市场营销模式，因而有可能给消费者带来更高的满足度。

(3) 基于组织管理体系创新的创业是指采取有别于其他厂商的企业组织管理体系，因而能够更高效地实现产品的商业化和产业化。

（三）创业的原则和过程

1. 创业的原则

(1) 适应性原则。创业初期，不适宜选择不切合实际的大型项目，要选择感兴趣、熟悉的项目进行，至少在做之前已经跟别人学习过，或者做过长时间的调研分析，对项目有一个清晰的认知，尤其是对风险的认知。

(2) 市场性原则。对于初创者来说，创意很重要。但是，产品的市场和销售往往比创意更重要。往往有很多创业者认为自己发现了一种新的商业模式，但实际操作中会发现行不通。没有销售渠道，再好的创意也无法变现。所以，在创业的初始阶段，相对于好的创意，怎样把产品或服务卖出去应该更为重要。

(3) 资金可控性原则。现金流是一个项目的血液，能够维持自己和团队的持续发展，无论现金流是来自真实的收入还是投资，都要尽早实现现金流入，避免创业过程中由于现金流中断而带来的亏损问题。同时，要有止损底线，要敢于下决心喊停。

(4) 实践性原则。创业者一定要对自己的事业有掌控力，但凡能做出一番成绩的创业者，初期一定是亲力亲为的舵手，不仅把握方向，还要渗透到项目细节、客户维系和具体运营之中。

(5) 目标性原则。创业初期，目标一定要简单清晰，要了解目标聚集战略，将资源、资金和人力、精力集中于某一项主业上，避免"系统化""整合"等多元化的发展战略和目标。

2. 创业的过程

创业的过程包括从产生创业想法到创建新企业并获取回报的整个过程，通常可分为以下几个主要环节。

(1) 产生创业动机。创业动机是创业的原动力，它推动创业者去发现和识别市场机会。创业活动的主体是创业者，创业活动首先取决于个人是否希望成为创业者。创业动机不仅是打算创业的一时冲动，更是对创业目标与预期收益的深思熟虑。

(2) 识别创业机会。识别创业机会是对可能成为创业机会的诸多事件的分析和对创业预期结果的判断。创业机会一般分为两种：一种是意外发现的，一种是经过深思熟虑才发现的。国家产业政策的调整、新技术的出现、人口和家庭结构的变化、人们的物质和精神需求的变化、流行时尚等都可能形成创业机会。创业者应该具有敏锐的嗅觉，能够及时、准确地识别创业机会，将知识、经验、技能和其他市场所需的资源进行整合。

(3) 整合有效资源。资源是创业的基础性条件，整合资源是创业者发现创业机会的重要手段。强调整合资源，是因为创业者可以直接控制的可用资源往往很少，许多成功的创业者都有白手起家的经历。创业者需要整合的资源包括基本信息（有关市场、环境和法律问题）、人力资源（合作者、最初的雇员）、财务资源等。

(4) 创建新企业。创建新企业需要进行大量的准备工作，其中创业计划、创业融资和注册登记尤为关键。创意能否变成行动，关键看其能否形成一个周密的创业计划；资金往往成为创业企业的"瓶颈"，创业融资在企业的创建过程中至关重要；当创业者完成创业计划并获得融资之后就可以按照法定程序进行注册登记，包括确定企业的组织形式、拟定企业名称、向工商行政管理机关提出企业登记注册申请、领取营业执照等。

(5) 实现价值。创业者整合资源、创建新企业的目的是实现价值，并通过实现价值来实现创业目标。

(6) 获得创业回报。创业回报是创业活动的目的，有助于强化创业者对事业的执着。

（四）创业精神

1. 创业精神的内涵

(1) 创业精神的灵魂是创新。创业精神蕴含着创新，正如德鲁克所说，创业精神是一个创新过程，在这个过程中，新产品或服务机会被确认、被创造，最后被开发出来形成产品并创造新的财富。缺乏创新，就不会有新企业的诞生和小企业的成长壮大。

(2) 创业精神的天性是冒险。没有甘冒风险和勇担风险的勇气，就不能成为创业者。中外无数创业者虽然成长环境、成长背景和创业机缘各不相同，但无一例外都是在条件极不成熟和外部环境极不明晰的情况下，敢为人先，勇于做"第一个吃螃蟹的人"。

(3) 创业精神的精髓是合作。在当今社会，行业分工越来越细，没有谁能一个人完成创业所需要完成的所有事情。真正的创业者都是善于合作的，而且还能将这种合作精神扩展到企业的每个员工。面临困境时，团队成员能团结一心，"心往一处想，劲往一处使"。

(4) 创业精神的本色是执着。创业的道路是坎坷的，选择了创业就是选择了面对更多困难、迎接更多挑战，创业精神就体现在战胜困难与挑战的过程中。因此，创业者必须坚持不懈，只有知难而进并在战胜困难中成长，才能抓住真正的成功机会。

2. 大学生创业精神的培养

(1) 树立"广谱式"的创业精神培育观。我国明确提出了创新创业教育"面向全体、分类施教、结合专业、强化实践"的基本原则，并明确了"普及创新创业教育"的总体目标。因此，要从学生做起，广泛而持久地开展创新创业教育。

(2) 培养全面发展的能力。第一，要培养自己的创新思维能力，善于在已有经验的基础上，发现新事物、创造新办法，从而解决新问题。第二，要勇敢面对挫折，具有坚定的创业意志品质。第三，要培养吃苦耐劳的精神。吃苦耐劳的精神是指一个人在面对困难并克服困难的过程中，磨炼出的一种比较坚定的、持续的意志品质和顽强的精神。第四，要培养危机意识。当今市场竞争越来越激烈，如果缺乏危机意识，离成功的机会也越来越远。大学生可以通过创业竞赛、创业实践来培养自己的危机意识。第五，要不断充实创业知识。创业精神为创业提供精神、思想上的支持，而创业知识则是创业能力、素质的基础，因此要认真学习创业知识，比如金融知识、法律知识、管理学知识等，努力做好创业准备，以便在实践中能够从容应对挑战。

(3) 在课外活动中培育创业精神。课外活动又被称为"第二课堂"，是大学生创业精神培育的重要载体。课外活动中的专业社团活动、挑战赛活动、创新创业工作坊活动等，均对大学生创业精神培育起着润物无声的作用。对于大学生来说，一方面，要积极参加社会实践活动。社会实践活动对大学生来说主要包括到企业实习和利用寒暑假、周末做兼职等形式的活动。通过以上创业实践，丰富自己的社会阅历，以便于发现商机。另一方面，要积极参加学校组织的各类各项第二课堂活动。积极利用大学生创业园等学校提供的创业实践平台，通过创业亲身实践，体会创业艰辛，以此来提高自己的抗压能力，磨炼自己的意志品质。

创业小贴士

给创业中或想创业的学生的小建议

我们在不断塑造自我的过程中，影响最大的莫过于选择乐观的态度还是悲观的态度。我们思想上的这种抉择可能给我们带来激励，也有可能阻滞我们前进。清晰地规划目标是人生走向成功的第一步，但塑造自我并不仅限于规划目标。要真正塑造自我、过上自己想要的生活，就必须奋起行动。"行动胜过雄辩"，一旦掌握自我激励，自我塑造的过程也就随即开始。下面的方法可以帮你塑造自我，塑造那个你一直梦寐以求的自我。

1. 树立远景

迈向自我塑造的第一步，要有一个你每天早晨醒来便为之奋斗的目标，它应是你人生的目标。远景必须即刻着手建立，而不要往后拖。你随时可以按自己的想法做些改变，但不能一刻没有远景。

2. 离开舒适区

不断寻求挑战来激励自己，提防自己，不要躺在舒适区。舒适区只是避风港，不是安乐窝。它只是你心中准备迎接下次挑战之前刻意放松自己和恢复元气的地方。

3. 把握好情绪

人开心的时候，体内就会发生奇妙的变化，从而获得阵阵新的动力和力量。但是，不要总想在自身之外寻找快乐。令你开心的事不在别处，就在你身上。因此，找出自身的情绪高涨期，以用来不断激励自己。

4. 调高目标

许多人惊奇地发现，他们之所以达不到自己孜孜以求的目标，是因为他们的主要目标太小而且模糊不清，使自己失去动力。如果你的主要目标不能激发你的想象力，目标的实现就会遥遥无期。因此，真正能激励你奋发向上的是确立一个既宏伟又具体的远大目标。

5. 选择朋友

对于那些不支持你目标的"朋友"，要敬而远之。你所交往的人会改变你的生活。与愤世嫉俗的人为伍，会变得沉沦。结交那些希望你快乐和成功的人，你就在追求快乐和成功的路上迈出了重要的一步。因此同乐观的人为伴能让我们看到更多的人生希望。

6. 迎接恐惧

战胜恐惧后迎来的是某种安全有益的情绪。即使克服的只是小小的恐惧，也会增强你对创造自己美好生活的信心。如果一味只想避开恐惧，那么它们会像疯狗一样对我们穷追不舍。因此要勇于直面恐惧。

7. 做好调整计划

实现目标的道路绝不是坦途，它总是呈现出一条波浪线，有起也有落。但你可以安排自己的休整点。事先看看你的时间表，框出你放松、调整、恢复元气的时间。即使你现在感觉不错，也要做好调整计划，这才是明智之举。在自己的事业波峰时期，要给自己安排休整点，安排出一大段时间让自己"隐退"一下，即使是离开自己挚爱的工作也要如此。只有这样，在你重新投入工作时才能更富有激情。

8. 直面困难

可以把困难看作一场艰辛的比赛。真正的运动者总是盼望比赛的来临。如果把困难看作对自己的诅咒，就很难在生活中找到动力。如果把握住困难带来的机遇，就会动力陡生。

三、创新与创业的关系

创新与创业是两个不同的概念，有着一定的区别，但是两个概念之间又存在着本质上的契合、内涵上的相互包容和实践上的互动发展。

（一）创新与创业的区别

1. 内涵不同

从定义上来看，创业是创造新的企业，而创新是在市场中应用一种发明；创业可能涉及创新，也可能并不涉及，创新可能涉及创业，也可能并不涉及。创新泛指"创新成果被商业化的价值实现过程"，而创业则特指"创建企业的过程"。前者完全可以在已有的企业组织框架内实现，不一定涉及企业组织制度的建设；而后者则必然要涉及企业组织制度的建设。

从内涵上来讲，创新主要是从经济与技术相结合的角度探讨技术创新在经济发展过程中的作用；创业是一个新的非生命市场参与者的创造过程（新商业的诞生）。创业强调的是，如"企业从何而来""人们为什么创建新的商业""商业是如何被创造的"等；而创新是对生产函数包括生产力、科学技术、生产资料、生产工具及劳动力和生产关系的建立等。

2. 研究侧重点不同

创新作为创业的手段，强调创造性，它是思想的表达以及过程，是为社会增添新的事物，偏重于理论分析。创业偏重于实践过程，即个体建立一份自己的事业，追求自己想要的成功。

（二）创新与创业的联系

1. 主体的一致性

(1) 实施主体是一致的。创业者在进行创业时，重要的创业资本是核心技术、创业知识、运作资金、创业团队、创新能力等，其中创新能力是最重要的。创业者在创业过程中需要具备创新意识和创新精神，需要独特和新颖的创新思维，产生出富有创意的独特想法，寻求解决问题的新的思路和方法，不断克服企业发展中的瓶颈和难题，最终才能够取得创业的成功。

(2) 价值主体是一致的。创新的价值在于创业，创业蕴含着价值创新。创新的价值就在于将潜在的知识、技术和商机转化为产品与服务，能够创造财富，实现企业再创业，通过将创新成果进行商品化和产业化，实现社会财富的增值。每一个创业能够取得成功，都必然存在内在的价值创新。创业是一种能够自我发展达到不断创新的过程，创新其实就是我们常说的"企业家精神"的本质。

2. 时序的一致性

从创新的时效性来看，企业创新特别是在科技成果推向市场的过程中通常都是从产品创新、技术创新开始的。因为一种新的市场需求总是表现为产品需求，因而在创新初期，企业的创新活动主要是产品创新。一旦产品被市场接受，随之而来，企业将把注意力集中在过程创新上，其目的就是降低生产成本，改进生产工艺，提高生产效率。当产品创新和过程创新进行到一定程度时，企业的创新注意力会逐渐转移到市场营销创新上，目的是提高产品的市场占有率。在这些创新重点的不同时序上，还会伴随着必要的管理创新和组织创新。可见，利用科技成果进行创业在时序上是一个连续的过程。

办自己想要
的诊所

第二节　创新创业教育的意义

创新创业教育不是短期的知识技能教育，也不是快速创建企业的教育，而是以创造性、创新性、开创性为内涵，以知识技能教育和创新创业实践活动为主体，以培养大学生的创新创业精神，增强大学生的创新创业意识与思维，提高大学生的创新创业能力和素质，使大学生敢于创新创业、善于创新创业、勇于创新创业为目标的素质教育。创新创业教育的价值在于以创新创业促进大学生的全面发展，实现大学毕业生高质量就业。大学生接受创新创业教育主要有以下几方面意义。

一、创新创业教育是科教兴国战略下建设创新型国家的迫切需求

创新是一个民族进步的灵魂，是国家兴旺发达的不竭动力；当今世界的综合国力竞争，归根结底是科技实力的竞争、高素质人才的竞争。一个拥有创新能力和大量高素质人才资源的国家，将具备发展知识经济的巨大潜力。大力培养大学生创新创业能力，可以为社会输送一大批具有创新思维的新青年，能有效地维持和推动国家创新体系的建立，符合我国科教兴国和建设创新型国家的发展战略。习近平总书记在考察清华大学时指出："我国高等教育要立足中华民族伟大复兴战略全局和世界百年未有之大变局，心怀'国之大者'，把握大势，敢于担当，善于作为，为服务国家富强、民族复兴、人民幸福贡献力量。"创新创业教育作为高校人才培养模式的新探索，是高等教育主动适应、积极回应时代呼唤的创新、发展和升华，将直接影响甚至引领未来世界高等教育发展。

二、创新创业教育是适应经济社会发展的必然要求

随着科技创业活动的崛起，为了紧跟科技发展的步伐，社会对人才的要求不仅仅在数量上有所增加，在质量上也提出了更高的要求：社会不仅需要具备良好专业素质的职员，还需要具有创造性的创新创业型人员。

近年来，创新创业能力成为社会关注的一个重点话题。有研究证明，该项能力已成为创造就业岗位、产生财富的基本工具，社会的进步、经济的发展与创新创业息息相关。高校毕业生在新的时代背景下面临着许多挑战和机遇，只有紧跟时代的步伐，满足社会的需

求，才能在改革或转型中拥有主动权，才能长久立于不败之地。高校学子必须抓住这个机会，找准社会的需求，在促进自身发展的同时争取成为符合社会需求的人才。

三、创新创业教育是促进学生个人全面发展的有效途径

(1) 从狭义的角度来讲，创新创业教育有助于激发学生的学习兴趣和创业热情，帮助学生了解创新创业相关知识，培养学生的创新创业能力，从而提高个体创业的成功率，获得创新创业带来的精神和物质回报。

在一项创新创业教育如何影响学生学习成果的调查中发现，接受创新创业教育课程学习能够显著地提高学生的创新创业自我效能感。参加过创新创业课程学习的学生对自己商业想法的能力和风险承受能力等方面的评价，明显高于没有参加创新创业课程的学生，参加创新创业课程的学生比没有参加创新创业课程的学生更有兴趣创办自己的企业或为创业公司工作。他们也更有可能对商业、产品或技术有创新的想法。通过建构模型的方式，一定程度上证实了创新创业教育课程与大学生的创新创业行为呈正相关，而且创新创业课程与创新创业激情也呈正相关，这表明通过创新创业课程的学习能够激发创新创业激情，进而影响创新创业行为。虽然有的人天生有创新创业潜能，但经过教育后其创新创业成功率会更高。

(2) 从"个体本位说"角度出发，有利于培养学生的批判精神和创造精神，激发学生的创造潜能，培养学生勇于探索的精神和善于解决问题的实践能力，进而提升职业竞争力。

创新创业教育课程将培养学生"学会做事"与"学会学习"高度统一，实现了知识教育、技能教育与情感教育的统一，重在培养大学生的首创精神、进取精神、冒险精神，提高学生的企业家精神和管理技能，激发创业热情，提升学生的创业素质与科研成果转化能力，使学生能够根据知识经济的新要求不断地发展自己的能力，适应并引领新经济的发展，提高学生的职业生存、发展能力，进而提升岗位胜任能力。大学生必须明白，接受创新创业教育不是为了在今后的生活中必须去创业，而是让自己具备创新创业的意识和能力，在今后的工作中能够发现创新点，从而实现自己的价值。毕竟未来的竞争不仅是企业与企业之间的创新能力竞争，也是人才与人才之间创新能力的竞争。

🎧 创业小贴士

职业生涯规划 5 个 "What" 的思考模式

职业生涯规划的制订，可参考采用 5 个 "What" 的思考模式，它构成了制订职业生涯规划的前提性步骤。

第一，What are you？要求一个人对自己做一个深刻的反思与认识，对自身优势与弱点进行深入细致的剖析。

第二，What do you want？要求一个人针对自己未来职业发展的目标和前景，作出一种愿望定位、心理预期和取向审视。

第三，What can you do？要求一个人对自己的素质，尤其是自身的潜能和实力进行全面地测试和把握。

第四，What can you support you？要求一个人对自己所处的环境状况和所拥有的各种资源状况有一个客观、准确的认识和把握。

第五，What can you be in the end？要求一个人针对自己所提出的职业目标以及实现方案作出一个明确的说明。

一般而言，清晰、全面地回答了以上 5 个问题，就能够为系统制订个人职业生涯规划做好准备。

第三节　创新创业教育国内外发展

■ 一、国外高校创新创业教育发展

创新创业教育的理论研究和实践探索最早兴起于美国。1947 年，哈佛大学商学院的迈尔斯·梅斯教授开设的"创新企业管理"课程，被看作创新创业教育在高校的首创。随着经济社会的发展，创新创业教育逐渐被认可和重视，越来越多的国家开始在高校中开设此课程。美国、英国、德国是世界上较早开展创新创业教育的国家，在多年的实践中，积累了诸多成功的经验和做法，形成了较为成熟和完善的创新创业教育发展理念和体系。

（一）国外创新创业教育制度建设

在美国，政府先后制定了"美国创新战略""创业美国"计划及一系列推动创新创业教育发展的法律、法规。"美国创新战略"把教育、科研和基础设施作为国家发展战略的支撑，大幅增加对科研创新方面的投入。在"创业美国"计划中，首先，增加相关创业经费的投入，特别是对高校创新创业教育发展的投入；其次，积极整合资源，提高对创业人员的指导和服务；再次，重视高校中创新创业成果的转化。在制度法规建设方面，美国颁布了《拜杜法案》，且在高校中设立专门的"科技成果转化办公室"，其作用一方面是保护校内科研人员的相关权益，另一方面可以有效促进科研成果的转出及其产品市场化。研发成果申请专利后，研发者既可以自己创业，也可以将专利转让给其他企业。

英国高校的创新创业教育，首先，有完善的公司法提供法律保障；其次，英国有完善的高校知识产权的管理与保护机制；再次，创新创业教育资金支持力度较大，一般情况下，如果创新创业团队缺少资金，高校会通过提供发展债券的方式予以资金支持；最后，政府单独设立机构，成立英国科学创业中心，从而对创新创业教育进行专门的管理和服务。

德国为推动高校创新创业教育的发展，也制定了一系列相应的政策与措施。这些措施包括：第一，依托高校成立了专门的校企科研机构和创业文献数据库，专门用于开展和促进创新创业方面的研究；第二，加大创业基金的投入，促进大学生创业能力提升计划的实施；第三，德国高校创立了创业教育的教授席位制度，从而形成了以自然科学、社会科学和人文科学为基础的创业研究和创业教育体系。

（二）国外创新创业教育学科建设

在美国，创新创业教育在多年的发展中已经形成了从普通教育到高等教育各层次的正规学历教育体系。高校不但有完备的专业创新创业课题体系，还具有跨学科的创新创业教育经验，真正让创新创业教育做到分专业、分类别、分层次教学，依据不同专业的学科特色设置不同创新创业课程，从而将创新创业教育融入学科专业的教学之中，让学生具备从事创新创业实践的专业基础，提高创新创业教育开展的实效。

英国高校的创业课程类型较多，不同学校的课程设置和类型也有较大差异，总体包含四类：创业、创新、创新管理和技术转移管理。还有部分高校开设了女性、少数民族、弱势群体等特殊人群创业的相关课程，引导和鼓励特殊群体进行创业。

在德国，高校中创新创业教育课程的设置除创业选修课和创业培训课之外，还会积极举办一些创业经验交流会、创业分享会等活动和讲座，以促进创业文化氛围的形成，着重培养学生的创新创业意识和创业实践能力。

▌二、中国高校创新创业教育发展

自 1997 年清华大学举办首届"挑战杯"大学生创业计划大赛，拉开了我国高校开展创新创业教育的序幕以来，创新创业教育在我国已经有 20 余年的历史。其间，国家出台了一系列政策文件为我国创新创业教育的发展提供指导。我国创新创业教育的发展历程大致可以划分为三个阶段：萌芽阶段、试点阶段和全面推进阶段。

1. 萌芽阶段

为了应对世界高等教育发展趋势及满足我国高等教育的发展需要，在 20 世纪末，我国先后颁布《面向 21 世纪教育振兴行动计划》和《中共中央、国务院关于深化教育改革全面推进素质教育的决定》，标志着我国将创业教育纳入国家发展战略考虑之中。但在这一阶段，国家没有出台针对创新创业教育的专门教育政策，创新创业教育实践尚未起步。

2. 试点阶段

2002 年教育部高教司发布《创业教育试点工作座谈会纪要》，确定了清华大学在内的 9 所高校作为"创业教育试点"，由此拉开了创新创业教育在高校试点的实践序幕。在这一阶段，国家将创新与建设创新型国家、就业民生大事紧密联系在一起，显示出国家对于创新创业的重视。创新创业教育在高校中从理论走向更大范围的实践。

3. 全面推进阶段

2009 年国家出台的高校开展创新创业教育政策文件更加具体、明确，显示出国家对于高校开展创新创业教育的高度重视和大力支持。2014 年，国家提出"大众创业，万众创新"的号召，随后中央和各省级政府相继出台相关深化创新创业教育改革的一系列政策，掀起了新一轮的创新创业高潮。为主动适应经济发展新常态，国务院办公厅于 2015 年 5 月颁布《国务院办公厅关于深化高等学校创新创业教育改革的实施意见》，该意见就高校开展创新创业教育的原则、目标、主要任务和措施作出了具体部署。在 2018 年，为全面贯彻落实《国务院办公厅关于深化高等学校创新创业教育改革的实施意见》，教育部也作出了《关于做好 2018 年深化创新创业教育改革示范高校建设工作的通知》。此次改革更加完善了我国的创新创业教育体系，有利于形成具有中国特色的创新创业教育体制，明确了当前创新创业教育的改革目标，为今后的创新创业教育发展提供了指导。

　　近年来，高等院校不断加强创新创业教育，取得了一些显著成效。一是坚持把创新创业教育提到学校重要议事日程，建立由校长任组长、分管校领导任副组长，大学生创新创业部门牵头，各有关部门相互配合、齐抓共管的创新创业教育工作机制。二是坚持立德树人基本导向，修订人才培养方案，明确创新创业教育目标要求，建立创新创业教育课程体系。三是坚持强化创新创业实践，加强高校与地方政府资源共建和共享，广泛搭建"众创空间"等实习实训平台，积极办好中国国际"互联网＋"大学生创新创业大赛等各级各类创新创业竞赛等，对深化高校创新创业教育改革、提高高等教育质量、促进学生全面发展、推动毕业生充分创业就业起到了积极的推动作用。虽然经过了几年的发展，我国创新创业教育取得了较大进步，但是在各个方面仍存在一些不足，主要表现在：创新创业教育理念滞后、课程缺乏体系、教学方式落后单一、师资力量薄弱、实践平台单一，以及社会参与力量薄弱等。

哈佛大学的
创业教育

第四节　我国大学生创新创业相关政策

■ 一、高校毕业生自主创业优惠政策

　　按照《国务院关于进一步做好新形势下就业创业工作的意见》（国发〔2015〕23 号）、《国务院办公厅关于深化高等学校创新创业教育改革的实施意见》（国办发〔2015〕36 号）等文件规定，高校毕业生自主创业优惠政策如下。

1. 税收优惠

　　简化大学生创业流程，取消《大学生自主创业证》。持人社部门核发《就业创业证》（注明"毕业年度内自主创业税收政策"）的高校毕业生在毕业年度内（指毕业所在自然年，即 1 月 1 日至 12 月 31 日）创办个体工商户、个人独资企业的，符合规定条件的，3 年内按一定限额依次扣减其当年实际应缴纳的营业税、城市维护建设税、教育费附加和个人所得税。对月销售额 15 万元以下的小规模纳税人免征增值税，对小微企业和个体工商户按规定减免所得税。对创业投资企业、天使投资人投资于未上市的中小高新技术企业以及种子期、初创期科技型企业的投资额，按规定抵扣所得税应纳税所得额。对国家级、省级科技企业孵化器和大学科技园以及国家备案众创空间，按规定免征增值税、房产税、城镇土地使用税。做好纳税服务，建立对接机制，强化精准支持。

2. 创业担保贷款和贴息支持

落实创业担保贷款政策及贴息政策，对符合条件的高校毕业生自主创业的，可在创业地按规定申请创业担保贷款，将高校毕业生个人最高贷款额度提高至 20 万元，对 10 万元以下贷款、获得设区的市级以上荣誉的高校毕业生创业者免除反担保要求；对高校毕业生设立的符合条件的小微企业，最高贷款额度提高至 300 万元。鼓励金融机构参照贷款基础利率，结合风险分担情况，合理确定贷款利率水平，简化贷款申报审核流程，提高贷款便利性。对个人发放的创业担保贷款，在贷款基础利率基础上上浮 3 个百分点以内的，由财政给予贴息，支持符合条件的高校毕业生创业就业。鼓励和引导金融机构加快产品和服务创新，为符合条件的大学生创业项目提供金融服务。

3. 免收有关行政事业性收费

毕业 2 年以内的普通高校毕业生从事个体经营（除国家限制的行业外）的，自其在工商部门首次注册登记之日起 3 年内，免收管理类、登记类和证照类等有关行政事业性收费。

4. 享受培训补贴

对高校毕业生在毕业学年（即从毕业前一年 7 月 1 日起的 12 个月）内参加创业培训的，根据其获得创业培训合格证书或就业、创业情况，按规定给予培训补贴。各地人力资源社会保障部门已形成一些成熟的创业培训模式，如"GYB"（产生你的企业想法）、"SYB"（创办你的企业）、"IYB"（改善你的企业）；高校毕业生可选择参加创业培训和实训，并可按规定享受培训补贴，以提高创业能力。

5. 免费创业服务

有创业意愿的高校毕业生，可免费获得公共就业和人才服务机构提供的创业指导服务，包括政策咨询、信息服务、项目开发、风险评估、开业指导、融资服务、跟踪扶持等"一条龙"创业服务。各地在充分发挥各类创业孵化基地作用的基础上，因地制宜建设一批大学生创业孵化基地，并给予相关政策扶持。对基地内大学生创业企业提供培训和指导服务，落实扶持政策，努力提高创业成功率，延长企业存活期。

6. 其他

取消高校毕业生落户限制，允许高校毕业生在创业地办理落户手续（直辖市按有关规定执行）。

▌二、大学生创业工商登记政策

深化商事制度改革，进一步落实注册资本登记制度改革，坚决推行工商营业执照、组织机构代码证、税务登记证"三证合一"，推进"三证合一"登记制度改革意见和统一社会信用代码方案，实现"一照一码"。放宽新注册企业场所登记条件限制，推动"一址多照"、集群注册等，降低大学生创业门槛。湖南省工商注册渠道：可在湖南省人民政府门户网站"https://www.hunan.gov.cn/"【一件事一次办】中的【企业开办"一网通办"平台】进行注册登录。

▊ 三、大学生自主创业学籍管理政策

对有自主创业意愿的大学生，实施弹性学制，放宽学生修业年限，允许调整学业进程、保留学籍休学创新创业。

▊ 四、高校毕业生享受职业技能鉴定补贴政策

按照《财政部　人力资源社会保障部关于进一步加强就业专项资金管理有关问题的通知》（财社〔2011〕64号）等文件规定，对高校毕业生在通过初次职业技能鉴定并取得职业资格证书或专项职业能力证书的，可向职业技能鉴定所在地人力资源社会保障部门申请一次性职业技能鉴定补贴。职业技能鉴定补贴申请材料应附：申请人身份证复印件、"就业创业证"复印件、职业资格证书复印件、职业技能鉴定机构开具的行政事业性收费票据（或税务发票）等凭证材料，经人力资源社会保障部门审核后，财政部门按规定将补贴资金支付给申请者本人。

医创案例

青蒿素——中医药献给世界的一份礼物

2020年12月30日，是屠呦呦90岁生日。她收到一份特别的生日礼物：屠呦呦研究员工作室在中国中医科学院中药研究所揭牌。她毕生只致力于一件事——青蒿素及其衍生物的研发，如今依然潜心于此……

"我学了医，不仅可以远离病痛，还能救治更多人"

"呦呦鹿鸣，食野之蒿"。屠呦呦的名字，注定她与青蒿一生结缘。

1951年，屠呦呦考入北京大学医学院药学系（现北京大学医学部药学院），选择了冷门专业——生药学。1955年大学毕业后，屠呦呦被分配至原卫生部中医研究院（现中国中医科学院）中药研究所，工作至今。参加工作4年后，屠呦呦成为原卫生部组织的"中医研究院西医离职学习中医班第三期"学员，系统学习中医药知识，发现青蒿素的灵感也由此孕育。培训之余，她常去药材公司，向老药工学习中药鉴别和炮制技术。药材真伪、质量鉴别、炮制方法等，她都认真学、跟着做。这些平日的积累，为她日后从事抗疟项目打下了扎实基础。

"我是组长，我有责任第一个试药"

1972 年 7 月，北京东直门医院住进了一批特殊的"病人"，包括屠呦呦在内的科研人员要当"小白鼠"试药。屠呦呦毫不犹豫地说，"我是组长，我有责任第一个试药！"这段故事，还要从"523"项目说起。

1969 年 1 月，39 岁的屠呦呦突然接到紧急任务：以课题组组长的身份，与全国 60 家科研单位、500 余名科研人员一起研发抗疟新药。项目以 1967 年 5 月 23 日开会日期命名，遂为"523"项目。

最初阶段，研究院安排屠呦呦一个人工作。她仅用了 3 个月时间，就收集整理了 2000 多个方药，并以此为基础编撰了包含 640 种药物的《疟疾单秘验方集》，送交"523"办公室。经过两年时间，她的团队逐渐壮大，历经数百次失败，屠呦呦的目光锁定中药青蒿，她们发现青蒿对小鼠疟疾的抑制率曾达到 68%，但效果不稳定……

说起研究的艰辛，屠呦呦老伴儿李廷钊记忆犹新：为了寻找效果不稳定的原因，屠呦呦再次重温古代医书。东晋葛洪的《肘后备急方》中的几句话引起她的注意："青蒿一握，以水二升渍，绞取汁，尽服之。"

"其一是青蒿有品种问题。中药有很多品种，青蒿到底是蒿属中的哪一种？其二，青蒿的药用部分，《肘后备急方》提到的绞汁到底绞的是哪部分？其三，青蒿采收季节对药效有什么影响？其四，最有效的提取方法是什么？"屠呦呦说。

屠呦呦反复考虑这些问题，最终选取了低沸点的乙醚进行提取。经历多次失败后，终于在 1971 年 10 月 4 日，编号 191 号的乙醚中性提取样品，对鼠疟和猴疟的抑制率都达到了 100%。

"虽然发现青蒿素快半个世纪了，但其深层机制还需要继续研究"

然而，青蒿素的首次临床观察出师不利。

1973 年 9 月，在海南的第一次青蒿素片剂临床观察中，首批实验的 5 例恶性疟疾只有 1 例有效，2 例有一些效果，但是疟原虫并没有被完全杀灭，另 2 例无效。

一连串疑问困扰着屠呦呦：不是青蒿素纯度的问题，也不是动物实验和数据的问题，难道是剂型的问题？海南临床试验人员把片剂寄回北京，大家感觉片剂太硬，用乳钵都难以碾碎，显然崩解度问题会影响药物的吸收。于是，屠呦呦决定将青蒿素药物单体原粉直接装入胶囊，再一次进行临床试验。这次，患者在用药后平均 31 个小时内体温恢复正常，表明青蒿素胶囊疗效与实验室疗效是一致的。

从化学物质到药物的转变，青蒿素研究永无止境。1982 年，屠呦呦以抗疟新药——青蒿素第一发明单位第一发明人身份，在全国科学技术奖励大会上领取了发明证书及奖章。青蒿素的研制成功，为全世界饱受疟疾困扰的患者带来福音。据世界卫生组织统计，现在全球每年有 2 亿多疟疾患者受益于青蒿素联合疗法，疟疾死亡人数从 2000 年的 73.6 万人稳步下降到 2019 年的 40.9 万人。青蒿素的发现挽救了全球数百万人的生命。

屠呦呦获得 2015 年诺贝尔生理学或医学奖。在瑞典卡罗林斯卡医学院的诺奖演讲台上，第一次响起清正柔婉的中国声音；屠呦呦的学术报告的标题是"青蒿素——中医药献给世界的一份礼物"。"虽然发现青蒿素快半个世纪了，但其深层机制还需要继续研究。"

屠呦呦盼望后辈有所突破。

2019年4月25日是第12个世界疟疾日，中国中医科学院青蒿素研究中心和中药研究所的科学家在《新英格兰医学杂志》上提出了"青蒿素抗药性"的合理应对方案。由特聘专家王继刚研究员为第一作者，屠呦呦指导团队完成。未来青蒿素的抗疟机理将是她和科研团队的攻关重点。

屠呦呦的人生分为两个阶段：一是为研究青蒿素做准备；二是研究青蒿素。分界点就在1969年1月她被任命为"523"项目"抗疟中草药研究"课题组组长。之后，她从未停步，直至获得诺贝尔奖。屠呦呦的"成功秘方"源于科学大家的"品格配方"：内心平静的力量、淡泊名利的境界、追求真理的执着、孜孜不倦地坚持。

耄耋之年，屠呦呦依然矢志研究青蒿素的深层机制。没有传承，创新就失去根基；没有创新，传承就失去价值。在传承中创新，在创新中传承，古老的中医药方能历久弥新。

思考与行动

1. 谈谈你对创新、创业内涵的理解。
2. 简述创新与创业的关系。
3. 谈谈你对当前创新创业教育的认知。
4. 搜集与大学生创新创业相关的优惠政策。

津桥学子立志
智启创业人生

第二章 创新创业项目与赛事

学习目标

1. 学习了解创新创业项目与赛事。
2. 熟悉参加各类创新创业赛事的要求和途径。
3. 理解大学生参加各类创新创业项目和赛事的意义。

名家寄语

要创新需要一定的灵感，这灵感不是天生的，而是来自长期的积累与全身心的投入。没有积累就不会有创新。

——王业宁

敏于观察，勤于思考，善于综合，勇于创新。

——宋叔和

案例导读

清华大学无人直升机团队：坚信我们可以改变世界

1250分，清华大学无人直升机团队以毫无悬念之势拿下第五届中国国际"互联网＋"大学生创新创业大赛总冠军。

2019年10月，在初秋的杭州，李京阳站在浙江大学体育馆舞台上，为清华"交叉双旋翼复合推力尾桨无人直升机"项目做大赛最后的路演，随着大屏幕上不断增长的分数条，现场观众开始发出欢呼，分数最终定格在1250分，清华大学锁定冠军。

赛后，李京阳幽默地说："只要我们参加比赛，肯定拿第一！"李京阳的自信来自项目的突出成绩。四年前，他和四个伙伴提出并开始研制世界首架交叉双旋翼复合推力尾桨无人直升机。在当时，交叉双旋翼无人机技术还处于被美国垄断的状态。他说："我在清华一直学习飞行器设计，我就想，能不能用自己的专业知识改变技术的瓶颈，打破这种垄断。"

此后，李京阳团队用了四年时间专注于技术突破。"交叉旋翼加推力尾桨是我们无人直升机最大的亮点，交叉旋翼载重高，推力尾桨速度快。以前，只有美国的洛克希德·马丁公司有交叉旋翼，但现在我们不仅也有了，还加了推力尾桨。"又有载重优势又有速度优势，他和团队创造出了世界首架交叉双旋翼复合推力尾桨无人直升机，并自主研发了与之匹配的飞控系统。

目前，李京阳团队的无人直升机已获陆军装备科研支持，并纳入全军武器系统采购目录，成为我军首个复合推进直升机装备研制项目。2015年底创建北京清航紫荆装备科技有限公司，是国家高新技术企业、金种子企业、中关村高新技术企业。三年时间，项目已完成三轮融资1.2亿元，技术成果转移实现经济价值11 840万元。

"我们的无人机主要用于两方面：一是高层灭火，可以做到用工具打爆玻璃，再喷水进入室内进行灭火；二是运送应急救援物资，有人机成本很高，无人机运力高，可以带超两吨的物资。"李京阳介绍。随后，团队将眼光拓展到民用市场。要以民养军、以民促军，这也是他在比赛时评委给出的建议。此外，在赛场内外，与高手过招、对接资本、了解市场渠道、寻找创业合伙人、带动师弟师妹创新创业、听取前辈经验……这些附加机会使得他对项目有了更好的完善方案，提升了项目质量。

在李京阳看来，大学生处在父母身体健康，还未有妻子儿女的人生阶段，是创业最好的时期。既有放手一搏的洒脱，也有不断试错的资本。"学生创业没有后顾之忧，但一定要准备好、考虑好，保持乐观是创业应当具备的素质。"

科研、创新、创业……其中艰辛不言而喻。每年大概有一半时间，李京阳都是在全国各地之间奔忙，一年下来飞行超过100次。陪伴家人的时间少之又少，这是他为创业而不得不做出的牺牲。他的同学中，有很多从事金融或其他领域的年薪已达百万，他打趣团队里8位清华博士每个月却只有800块工资"便宜得很"。创业虽苦，男孩心里的强军报国梦依然扎扎实实地在他心里没有动摇，"我们公司早晚有一天会上市，我的小伙伴们也都相信我们可以改变世界。"李京阳说，认准一件事，没有做好之前绝不退出。

创业大讲堂

进入21世纪以来，随着计算机技术、互联网技术的蓬勃发展与普及，以人工智能、大数据、云计算等技术为代表的信息化时代已然来临，给全球的经济和科技的发展带来了新一轮的技术革命，对社会经济和产业结构带来了极大的影响，各行各业的发展模式纷纷发生转变。为了适应社会的发展，需要每个从业者都必须具有创新意识与能力，去适应和推动社会的发展，加强大学生双创实践能力既是适应社会发展的需求也是时代发展的必然选择。

第一节　举办创新创业项目与赛事的意义

创新创业活动是人们开展以创新为核心、灵魂和基础的推动经济社会发展的实践。从本质上看，创新创业活动是不同于重复性实践或适应性实践的创造性实践。创新创业活动的实践特征体现在目的上，是商业价值发现和创造的指向；体现在主体上，是创新创业精神、意识和能力等独特个性的展现。

自2011年以来，国家高度重视对大学生创新创业能力的培养，相继出台多部文件。教育部、团中央、人社部等各部委积极响应国家号召，举办了如大学生创新创业训练计划项目、中国国际"互联网+"大学生创新创业大赛等针对大学生的形式各异、主题鲜明的创新创业活动，激励大学生面向社会主义建设的主战场，促使大学生将专业知识与社会热点相结合、理论与实践相结合并运用到社会生产实践的各个领域，促进了科技成果向现实生产力的转化，促进了生产力的发展。由此可见，鼓励大学生多参与创新创业项目和赛事对于大学生各方面的发展具有重要的作用和意义。此外，举办多种形式的创新创业大赛还有如下作用。

(1) 提升创新创业水平。通过促进科技创新和成果转化，培育高水平、高层次、高素质的创业团队和具有核心创新能力的高成长性战略性新兴产业源头企业，提升新时期创新创业水平。

(2) 营造创新创业氛围。激发全民创新创业精神，吸纳优秀创新创业人才，营造"鼓励创新、支持创业"的氛围，在全社会掀起创新创业的高潮，为建设创新型国家奠定坚实的基础。

(3) 促进科技和金融结合。发挥政府引导作用，利用市场机制，聚集各种创新资源，吸纳包括银行、创业投资机构在内的社会各方力量广泛参与对科技型中小企业的投入，为创新创业团队和企业搭建融资服务平台，促进中小企业的创新发展。

第二节　大学生创新创业训练计划项目

大学生创新创业训练计划项目(简称"大创项目")是教育部在"十二五"期间开始实施的国家级大学生创新创业训练计划，以面向大学生立项的形式，资助在校大学生开展研究性学习和创新性实验，开展创业计划设计、企业运作可行性研究、模拟企业运行和真实创业等实践活动，是培养大学生创新创业能力的重要举措，是高校创新创业教育体系的重要组成部分，是深化创新创业教育改革的重要载体。

国家级大学生创新创业训练计划项目是教育部"高等学校本科教学质量与教学改革

工程"建设项目中，直接针对大学生个体或团体所设立的覆盖面最广、影响最大的项目之一，是教育部教育司于 2006 年开始实施的"国家大学生创新性实验计划"项目的延续和发展。

一、项目宗旨

大学生创新创业训练计划项目坚持以学生为中心的理念，遵循"兴趣驱动、自主实践、重在过程"原则，旨在通过资助大学生参加项目式训练，推动高校创新创业教育教学改革，促进高校转变教育思想观念、改革人才培养模式、强化学生创新创业实践，培养大学生独立思考、善于质疑、勇于创新的探索精神和敢闯会创的意志品格，提升大学生创新创业能力，培养适应创新型国家建设需要的高水平创新创业人才。

二、项目分类

大学生创新创业训练计划项目围绕经济社会发展和国家战略需求，重点支持直接面向大学生的内容新颖、目标明确、具有一定创造性和探索性、技术或商业模式有所创新的训练和实践项目。大学生创新创业训练计划项目一般分为国家级、省级、校级三个级别，部分高校还设有院级，均实行项目式管理，分为创新训练项目、创业训练项目和创业实践项目三类。

1. 创新训练项目

创新训练项目是指本科生个人或团队在导师指导下，自主完成创新性研究项目设计、研究条件准备和项目实施、研究报告撰写、成果（学术）交流等工作。

2. 创业训练项目

创业训练项目是指本科生团队在导师指导下，团队中每个学生在项目实施过程中扮演一个或多个具体的角色，承担编制商业计划书、开展可行性研究、模拟企业运行、参加企业实践、撰写创业报告等工作。

3. 创业实践项目

创业实践项目是指学生团队在学校导师和企业导师共同指导下，用前期创新训练项目（或创新性实验）的成果，提出一项具有市场前景的创新性产品或者服务，以此为基础开展创业实践活动。

大学生创新创业训练计划项目示例

创新训练项目是创业训练项目和创业实践项目的基础，也可作为创业训练项目和创业实践项目的来源。创业训练项目在实际运作中取得一定成绩后，判断其社会价值和经济价值，积极将项目成果转化为具有经济价值和社会价值的产品和服务，让项目的各方面价值得到开发。对于有经济和社会价值的创业训练项目，可发展为创业实践项目。

三、项目要求

大学生创新创业训练计划项目面向本科生申报，原则上要求项目负责人在毕业前完成项目。项目团队成员原则上为全日制普通本科在读学生，成员基本稳定，专业、能力结构较为合理。每位学生同一学年原则上只能参与一个项目。鼓励跨学科、跨院系、跨专业的学生组成团队。项目申请团队应选择具有较高学术造诣、较好创新性成果、热心教书育人、关爱学生成长的教师作为导师，鼓励企业人员参与指导或共同担任导师。

项目选题需具有一定的学术价值、理论意义或现实意义：鼓励面向国家经济社会发展、具有一定理论和现实意义的选题；鼓励直接来源于产业一线、科技前沿的选题。

项目选题须具有创新性或明显创业教育效果：鼓励开展具有一定创新性的基础理论研究和有针对性的应用研究课题；鼓励新兴边缘学科研究和跨学科的交叉综合研究选题。

四、项目管理

教育部是大学生创新创业训练计划项目的宏观管理部门，高校是大学生创新创业训练计划项目实施和管理的主体。各高校制定本校大学生创新创业训练计划学生项目的管理办法。规范项目申请、项目实施、项目变更、项目结题等事项的管理，建立质量监控机制，对项目申报、实施过程中弄虚作假、工作无明显进展的学生及时终止其项目运行。在公平、公开、公正的原则下，自行组织学生项目评审。项目结束后，由学校组织项目验收。验收结果中，必需材料为各项目的总结报告，补充材料为论文、设计、专利以及相关支撑材料。

项目负责人在批准、立项后，应按照项目要求启动项目，依托教学及科研平台，在教师指导下，自主设计、实施，记录项目过程，定期完成总结报告。各学院组织多种形式的经验交流会，积极为本科生搭建交流平台；各课题组要求本科生参加组会，营造科创氛围，按时进行项目进展汇报，以便及时发现和解决问题；鼓励学生参加各级各类竞赛以及学术会议，分享学术成果，加强交流与合作，拓宽学术视野，培养综合科创能力。

五、项目实施

项目实施由项目团队在规定时间内完成，主要分为项目申报审批、项目过程管理、项目结题验收三个过程，研究时间 1 ～ 3 年不等，详见图 2-1。

六、项目展示

全国大学生创新创业年会是由教育部发起、"国创计划"专家组主办，依托国家级大学生创新创业训练计划项目开展的一项重要的年度性展示交流活动，是全国高校本科教学改革中覆盖面最广、影响力最大、学生参与人数最多、水平最高的盛会之一。

每年教育部将从国家级大学生创新创业训练计划项目中遴选出部分优秀项目进行交流和展示，主要有以下三种形式：

(1) 组织开展学术交流。遴选国家级大学生创新创业训练计划项目中创新训练项目学生的学术论文，以学术报告的形式进行学术交流。

第十五届全国大学生创新创业大赛案例

　　(2) 成果展示交流。遴选国家级大学生创新创业训练计划项目中的创新训练项目、创业训练项目和创业实践项目，以展板和实物作品演示的形式进行项目交流。

　　(3) 推介大学生创业项目。遴选国家级大学生创新创业训练计划项目中的创业训练项目和创业实践项目，进行项目推介、宣传和交流。

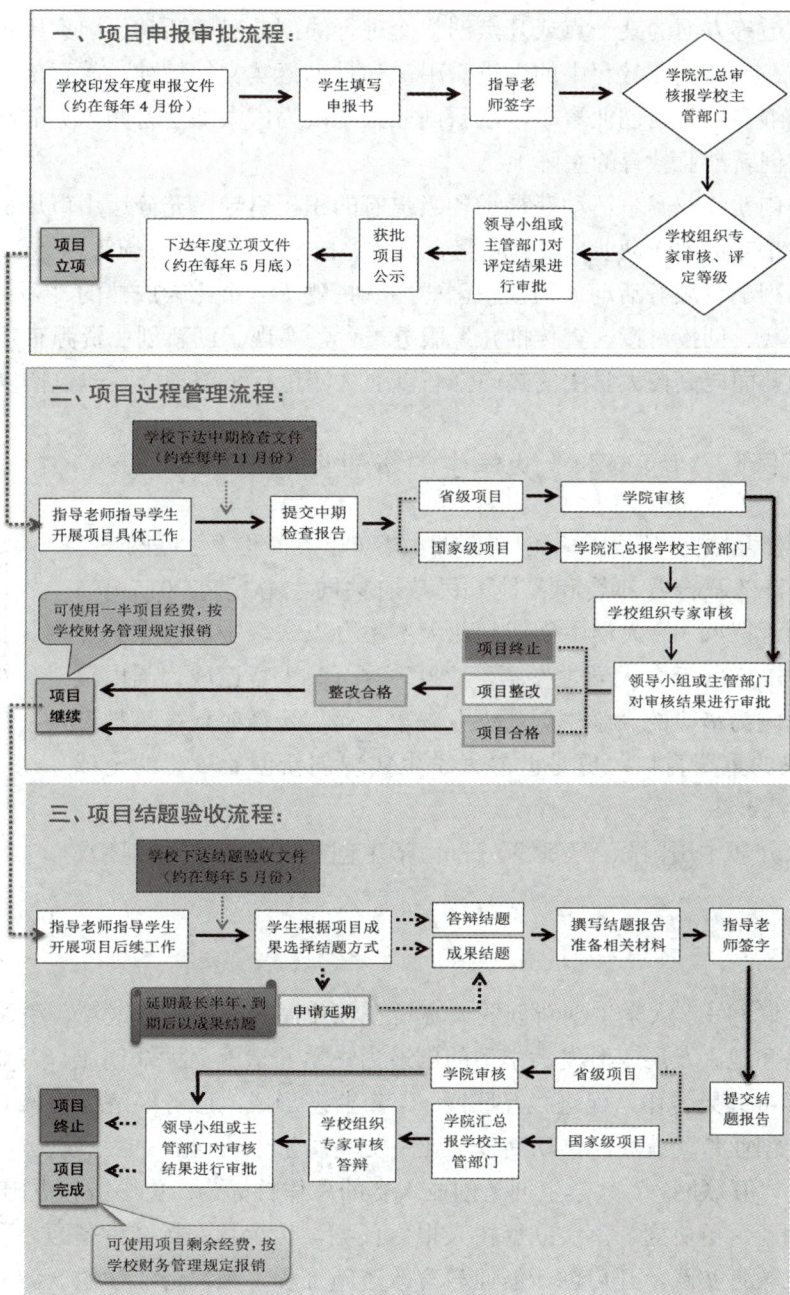

图 2-1　项目实施步骤

第三节　大学生创新创业赛事

大学生创新创业大赛是指大学生基于技术、产品、品牌、服务、商业模式、管理、组织、市场、渠道等方面的某一点或几点创新而进行的创业竞赛活动。国家历年来高度重视创新创业大赛在创新创业教育中的促进作用，为贯彻落实文件精神，教育部、团中央、科技部等部门相继启动创新创业赛事，创新创业大赛成为广大师生喜闻乐见的品牌活动，亦成为高等院校创新创业教育的主阵地。

目前各类创新创业赛事活动获得了各级政府的积极引导，充分运用市场机制，引导社会创新创业力量支持创新创业，聚集和整合人才、技术、资本和市场等各类创新创业要素，全赛季提供系列配套服务活动，为创新创业团队搭建了一个比较成熟的"项目征集、辅导优化、路演竞赛、创投对接、宣传推介"服务平台，实现了创新创业资源有效对接。

本书对当前面向高校大学生的热门创新创业大赛进行了整理，具体包括以下几种。

一、中国国际"互联网+"大学生创新创业大赛

中国国际"互联网＋"大学生创新创业大赛（以下简称"互联网＋"大赛），由教育部联合各部委和各地人民政府共同主办。自 2015 年 5 月首届中国"互联网＋"大学生创新创业大赛举办以来，全国已有累计603 万个团队、2533 万名大学生参赛，"互联网＋"大赛已成为国内覆盖面最大、影响力最广的大学生创新创业赛事，是展示新时代高等教育教学改革成果的重要窗口，更是世界大学生实现创新创业梦想的全球盛会。

第七届中国国际"互联网＋"大学生创新创业大赛案例

现根据第九届中国国际"互联网＋"大学生创新创业大赛文件要求作赛事介绍。

（一）大赛宗旨及目标

中国"互联网＋"大学生创新创业大赛旨在深化高等教育综合改革，引领各高校主动服务国家战略和地区发展，激发大学生的创造力，培养造就"大众创业、万众创新"的主力军；推动赛事成果转化，促进"互联网＋"新业态形成，服务经济提质增效升级；以创新引领创业、创业带动就业，推动高校毕业生更高质量创业就业。

中国国际"互联网＋"大学生创新创业大赛的总体目标为：更中国、更国际、更教育、更全面、更创新、更协同，落实立德树人根本任务，传承和弘扬红色基因，聚焦"五育"融合创新创业教育实践，开启创新创业教育改革新征程，激发青年学生创新创造热情，打造共建共享、融通中外的国际创新创业盛会，让青春在全面建设社会主义现代化国家的火

热实践中绽放绚丽之花。

（二）大赛赛道组别及参赛条件

根据参赛人员层次和项目来源，大赛分为高教主赛道、青年红色筑梦之旅赛道、职教赛道、国际赛道和萌芽板块；根据参赛申报人所处学习阶段，大赛分为本科生组、研究生组；根据所处创业阶段，本科生组和研究生组均内设创意组、初创组、成长组，并按照新工科、新医科、新农科、新文科设置参赛项目类型。

下面将针对几个不同赛道的参赛要求作具体介绍。

1. 高教主赛道

高教主赛道主要设创意组、初创组、成长组三个组别，分为本科生组和研究生组两个层次，不同层次下的各组别的参赛要求除学历层次标准外，其他基本一致。表 2-1 所示为高教主赛道分组情况及参赛要求。

表 2-1　高教主赛道参赛要求

分组	创意组	初创组	成长组
本科生组／研究生组	A. 参赛项目具有较好的创意和较为成形的产品原型或服务模式，在大赛通知下发之日前尚未完成工商等各类登记注册。 B. 参赛申报人须为项目负责人，项目负责人及成员均须为普通高等学校全日制在校本专科生／研究生（不含在职教育）。 C. 学校科技成果转化项目不能参加本组比赛（科技成果的完成人、所有人中参赛申报人排名第一的除外）	A. 参赛项目工商等各类登记注册未满 3 年。 B. 参赛申报人须为项目负责人为参赛企业法定代表人，须为普通高等学校全日制在校本专科生（不含在职教育），或毕业 5 年以内的全日制本专科生／研究生（即 2018 年之后的毕业生，不含在职教育）。企业法定代表人在大赛通知发布之日后进行变更的不予认可。 C. 项目的股权结构中，企业法定代表人的股权不得少于 1/3，参赛团队成员股权合计不得少于 51%	A. 参赛项目工商等各类登记注册 3 年以上。 B. 参赛申报人须为项目负责人为参赛企业法定代表人，须为普通高等学校全日制在校本专科生／研究生（不含在职教育），或毕业 5 年以内的全日制本专科生／研究生（不含在职教育）。企业法定代表人在大赛通知发布之日后进行变更的不予认可。 C. 项目的股权结构中，企业法定代表人的股权不少 10%，参赛团队成员股权合计不得少于 1/3

2. 青年红色筑梦之旅赛道

1）公益组

(1) 参赛项目不以营利为目标，积极弘扬公益精神，在公益服务领域具有较好的创意、产品或服务模式的创业计划和实践。

(2) 参赛申报主体为独立的公益项目或社会组织，注册或未注册成立公益机构（或社会组织）的项目均可参赛。

回车科技

2）创意组

(1) 参赛项目基于专业和学科背景或相关资源，解决农业农村和城乡社区发展面临的主要问题，助力乡村振兴和社区治理，推动经济价值和社会价值的共同实现。

(2) 参赛项目在大赛通知下发之日前尚未完成工商等各类登记注册。

3）创业组

(1) 参赛项目以商业手段解决农业农村和城乡社区发展面临的主要问题，助力乡村振兴和社区治理，实现经济价值和社会价值的共同发展，推动共同富裕。

(2) 参赛项目在大赛通知下发之日前已完成工商等各类登记注册，项目负责人须为法定代表人。项目的股权结构中，企业法定代表人的股权不得少于 10%，参赛成员股权合计不得少于 1/3。

3. 职教赛道

1）创意组

(1) 参赛项目具有较好的创意和较为成形的产品原型、服务模式或针对生产加工工艺进行创新的改良技术，在大赛通知下发之日前尚未完成工商等各类登记注册。

(2) 参赛申报人须为团队负责人，须为职业院校的全日制在校学生或国家开放大学学历教育的在读学生。

(3) 学校科技成果转化项目不能参加本组比赛（科技成果的完成人、所有人中参赛申报人排名第一的除外）。

2）创业组

(1) 参赛项目在大赛通知下发之日前已完成工商等各类登记注册，且公司注册年限不超过 5 年。

(2) 参赛申报人须为企业法定代表人，须为职业院校全日制在校学生或毕业 5 年内的学生、国家开放大学学历教育在读学生或毕业 5 年内的学生。企业法人在大赛通知发布之日后进行变更的不予认可。

(3) 项目的股权结构中，企业法定代表人的股权不得少于 1/3，参赛团队成员股权合计不得少于 51%。

（三）大赛组织形式及赛程安排

1. 组织形式

大赛主要采用校级初赛、省级复赛、总决赛三级赛制（不含萌芽赛道以及国际参赛项目）。

2. 赛程安排

参赛报名及校级初赛（每年 4～7 月）。参赛团队通过登录全国大学生创业服务网（网址：https://cy.ncss.cn）进行报名。

省级复赛（每年 7～8 月）。比赛环节、评审方式等由各地自行决定。各地一般在 8 月 31 日前完成省级复赛，并完成入围总决赛的项目遴选工作。

总决赛（每年 9～11 月）。入围总决赛的项目将通过评审，择优进入总决赛现场比赛，决出各类奖项。大赛组委会通过全国大学生创业服务网、国家大学生就业服务平台为参赛团队提供项目展示、创业指导、人才招聘、资源对接等服务。

（四）大赛参赛要求

(1) 参赛项目能够紧密结合经济社会各领域现实需求，充分体现高校在新工科、新医科、新农科、新文科建设方面取得的成果，培育新产品、新服务、新业态、新模式，促进制造业、农业、卫生、能源、环保、战略性新兴产业等产业转型升级，促进数字技术与教育、医疗、交通、金融、消费生活、文化传播等深度融合（各赛道参赛项目类型详见附件）。

(2) 参赛项目应弘扬正能量，践行社会主义核心价值观，真实、健康、合法。不得含有任何违反《中华人民共和国宪法》及其他法律法规的内容。所涉及的发明创造、专利技术、资源等必须拥有清晰合法的知识产权或物权。如有抄袭盗用他人成果、提供虚假材料等违反相关法律法规或违背大赛精神的行为，一经发现即刻取消参赛资格、所获奖项等相关权利，并自负一切法律责任。

(3) 参赛项目只能选择一个符合要求的赛道报名参赛，根据参赛团队负责人的学籍或学历确定参赛团队所代表的参赛学校，且代表的参赛学校具有唯一性。参赛团队须在报名系统中将项目所涉及的材料按时如实填写提交。已获本大赛往届总决赛各赛道金奖和银奖的项目，不可报名参加本届大赛。

(4) 参赛人员（不含产业命题赛道参赛项目成员中的教师）年龄不超过 35 周岁。

(5) 各省级教育行政部门及各有关学校要严格开展参赛项目审查工作，确保参赛项目的合规性和真实性。审查主要包括参赛资格以及项目所涉及的科技成果、知识产权、财务状况、运营状况、荣誉奖项等方面。

创业小贴士

湖南省"互联网+"大学生创新创业大赛激励措施

"互联网+"大学生创新创业大赛是培养造就"大众创业、万众创新"生力军的重要平台，是深化创新创业教育改革，提高学生的创新精神、创业意识和创新创业能力的有力抓手。为深入贯彻落实全国教育大会精神，全面落实习近平总书记给中国"互联网+"大学生创新创业大赛"青年红色筑梦之旅"大学生的重要回信精神，按照《国务院办公厅关于深化高等学校创新创业教育改革的实施意见》等文件要求，特制定以下激励措施。

一、将大赛获奖情况纳入全省高校"双一流"建设绩效考核、本科院校教学工作审核评估、本科专业综合评价与认证、高校毕业生就业创业工作"一把手工程"等工作的考核内容，作为一流本科专业建设"双万"计划、高水平高职院校和专业建设计划、现代职业教育质量提升计划、农村中等职业教育攻坚项目、大学生创新创业孵化示范基地等项目遴选、经费分配和考核评价的因素。

二、将"青年红色筑梦之旅"活动纳入高校思想政治工作和高校服务脱贫攻坚考核评价内容，"青年红色筑梦之旅"赛道省赛一等奖获奖项目，等同于立项湖南省高校思想政治工作精品项目（实践育人类），获奖项目的第一指导教师等同于项目负责人。

三、在符合基本申报条件的情况下，国赛金奖项目的第一指导教师可以该项目相关成果为基础直接牵头申报省级教学成果奖，可直接立项1项省教育厅科学研究重点项目、青年项目或一般项目，申报和立项指标单列；可直接申报并审核认定为湖南省高校青年骨干教师，在芙蓉教学名师支持计划评审中同等条件下优先。

四、国赛金奖和银奖项目第一指导教师，直接入选湖南省大学生创新创业导师库，没有在研省级教学改革研究项目的教师同时奖励立项1个省级教学改革研究项目。

五、国赛金奖和银奖项目的项目第一负责人，符合相关评选条件的，直接认定为省级创新创业优秀毕业生；第一负责人是应届本科毕业生且所在高校具有研究生推免资格的，可申请免试推荐就读研究生资格；高职专科学生在校期间获得国赛金奖和银奖项目的，项目组成员在毕业当年可获得"专升本"推荐免试资格，可免试随同本校本专业学生进入其就读学校签约的"接收院校"对应专业学习。

六、省赛获奖项目优先入驻湖南省大学生创新创业孵化基地，享受湖南省大学生就创业基金会扶持资金等相关优惠政策。

七、对积极组织大赛活动的市州教育（体）局和高等学校，省教育厅将综合本地组织实施、学校参赛报名、大赛获奖及社会反响等情况，设立市州优秀组织奖和高校优秀组织奖。

二、"挑战杯"全国大学生系列科技学术竞赛

"挑战杯"全国大学生系列科技学术竞赛旨在引导和激励高校学生实事求是、刻苦钻研、勇于创新、多出成果、提高素质，培养学生的创新精神和实践能力，并在此基础上促进高校学生课外学术科技活动的蓬勃开展，发现和培养一批在学术科技上有作为、有潜力的优秀人才。竞赛共有两个并列项目，一个是"挑战杯"全国大学生课外学术科技作品竞赛（大挑），另一个是"挑战杯"中国大学生创业计划竞赛（小挑），其中创青春是"挑战杯"中国大学生创业计划竞赛（小挑）的改革提升，"大挑"和"小挑"这两个项目的全国竞赛交叉轮流开展，每个项目每两年举办一届。

（一）大赛组织及分类

1."挑战杯"全国大学生课外学术科技作品竞赛

"挑战杯"全国大学生课外学术科技作品竞赛（以下简称"挑战杯"竞赛）是由共青团中央、中国科协、教育部、全国学联和地方政府共同主办，每届由一所高校承办，国内著名大学、新闻媒体联合发起的一项具有导向性、示范性和群众性的全国竞赛活动。自1989年首届竞赛举办以来，"挑战杯"竞赛始终坚持"崇尚科学、追求真知、勤奋学习、锐意创新、迎接挑战"的宗旨，在促进青年创新人才成长、深化高校素质教育、推动经济社会发展等方面发挥了积极作用，在广大高校乃至社会上产生了广泛而良好的影响，被誉为当代大学生科技创新的"奥林匹克"盛会。

2."挑战杯"中国大学生创业计划竞赛

创业计划竞赛又称商业计划竞赛，是风靡全球高校的重要赛事。它借用风险投资的运作模式，要求参赛者组成优势互补的竞赛小组，提出一项具有市场前景的技术、产品

或者服务，并围绕这一技术、产品或服务，以获得风险投资为目的，完成一份完整、具体、深入的创业计划。"挑战杯"中国大学生创业计划竞赛是由共青团中央、中国科协、教育部、全国学联主办的大学生课外科技文化活动中一项具有导向性、示范性和群众性的创新创业竞赛活动。竞赛坚持以"培养创新意识、启迪创意思维、提升创造能力、造就创业人才"为宗旨。为贯彻落实学习党中央有关指示精神，适应大学生创业发展的形势需要，在原有"挑战杯"中国大学生创业计划竞赛的基础上，共青团中央、教育部、人力资源和社会保障部、中国科协、全国学联决定，自2014年起共同组织开展"创青春"全国大学生创业大赛。

（二）大赛参赛对象

凡在举办竞赛终审决赛的当年7月1日以前正式注册的全日制非成人教育的各类高等院校在校专科生、本科生、硕士研究生和博士研究生（均不含在职研究生）都可申报作品参赛。

（三）参赛项目要求及类型

1. 挑战杯（大挑）

申报参赛的作品必须是距竞赛终审决赛当年7月1日前两年内完成的学生课外学术科技或社会实践活动成果，可分为个人作品和集体作品。申报个人作品的，申报者必须承担申报作品60%以上的研究工作，作品鉴定证书、专利证书及发表的有关作品上的署名均应为第一作者，合作者必须是学生且不得超过2人；凡作者超过3人的项目或者不超过3人，但无法区分第一作者的项目，均须申报集体作品。集体作品的作者必须均为学生。凡有合作者的个人作品或集体作品，均按学历最高的作者划分至本专科生、硕士研究生或博士研究生类进行评审。

增加作品自查环节，申报学校签订承诺书，承诺作品符合"挑战杯"竞赛申报作品的要求，接受竞赛组委会抽查。一旦发现不符合申报要求的作品，将取消参赛资格，该学校不得补报作品。经核实有舞弊、抄袭、作假等行为的作品，从该参赛学校总分中扣除相当于三等奖分值的双倍分数，同时取消该学校参评集体奖项的资格。

申报参赛的作品分为自然科学类学术论文、哲学社会科学类社会调查报告和学术论文、科技发明制作三类。自然科学类学术论文作者限本专科生。哲学社会科学类社会调查报告和学术论文限定在哲学、经济、社会、法律、教育、管理6个学科内。科技发明制作类分为A、B两类：A类指科技含量较高、制作投入较大的作品；B类指投入较少，且为生产技术或社会生活带来便利的小发明、小制作等。

参赛作品涉及下列内容时，必须由申报者提供有关部门的证明材料，否则不予评审。动植物新品种的发现或培育，须有省级以上农科部门或科研院所开具的证明；对国家保护动植物的研究，须有省级以上林业部门开具的证明，证明该项研究的过程中未产生对所研究的动植物繁衍、生长不利的影响；新药物的研究须有卫生行政部门授权机构的鉴定证明；医疗卫生研究须通过专家鉴定，并最好附有在公开发行的专业性杂志上发表过的文章；涉及燃气用具等与人民生命财产安全有关用具的研究，须有国家相应行政部门授权机构的认定证明。

2. 创青春 (小挑)

创青春分为以下三类：大学生创业计划竞赛、创业实践挑战赛和公益创业赛。

1) 大学生创业计划竞赛

参加竞赛项目分为已创业与未创业两类，分为农林、畜牧、食品及相关产业，生物医药，化工技术和环境科学，信息技术和电子商务，材料，机械能源，文化创意和服务咨询等 7 个组别。实行分类、分组申报，拥有或授权拥有产品或服务，并已在工商、民政等政府部门注册登记为企业、个体工商户、民办非企业单位等组织形式，且法人代表或经营者为符合参赛对象规定的在校学生、运营时间在 3 个月以上 (以预赛网络报备时间为截止日期) 的项目，可申报已创业类。拥有或授权拥有产品或服务，具有核心团队，具备实施创业的基本条件，但尚未在工商、民政等政府部门注册登记或注册登记时间在 3 个月以内的项目，可申报未创业类。

2) 创业实践挑战赛

拥有或授权拥有产品或服务，并已在工商、民政等政府部门注册登记为企业、个体工商户、民办非企业单位等组织形式，且法人代表或经营者符合参赛对象规定、运营时间在 3 个月以上 (以预赛网络报备时间为截止日期) 的项目，可申报该赛事。申报不区分具体类别、组别。

3) 公益创业赛

拥有较强的公益特征 (有效解决社会问题，项目收益主要用于进一步扩大项目的范围、规模或水平)、创业特征 (通过商业运作的方式，运用前期的少量资源撬动外界更广大的资源来解决社会问题，并形成可自身维持的商业模式)、实践特征 (团队须实践其公益创业计划，形成可衡量的项目成果，部分或完全实现其计划的目标成果) 的项目，且参赛学生符合参赛对象规定，可申报该赛事。申报不区分具体类别、组别。

以学校为单位统一申报，以创业团队形式参赛，原则上每个团队人数不超过 10 人。对于跨校组队参赛的项目，各成员须事先协商明确项目的申报单位。对于经授权的发明创造或专利技术，在报名时须提交具有法律效力的发明创造或专利技术所有人的书面授权许可、项目鉴定证书、专利证书等。对于已注册运营项目的，在报名时需提交相关证明材料 (单位概况、法定代表人情况、营业执照复印件、税务登记证复印件、组织机构代码证复印件等材料)。

(四) 比赛赛制及赛程安排

竞赛采取学校、省 (自治区、直辖市) 和全国三级赛制，分预赛、复赛、决赛三个赛段进行。以下以某届"挑战杯"全国大学生课外学术科技作品竞赛为例，简述时间安排。

1. 组织发动阶段 (每年 11 月)

召开全国组委会第一次全体会议，讨论通过并下发《"挑战杯"全国大学生课外学术科技作品竞赛章程》《"挑战杯"全国大学生课外学术科技作品竞赛评审规则》《"挑战杯"全国大学生课外学术科技作品竞赛申请承办办法》《某届"挑战杯"全国大学生课外学术科技作品竞赛组织实施计划》等，并将这些文件作为某届竞赛的指导性文件。

共青团中央、中国科协、教育部、全国学联和当地政府于11月下达《关于组织开展某届"挑战杯"全国大学生课外学术科技作品竞赛的通知》。

各参赛高校在校党委等部门领导下，于11月底前成立由校团委等有关部门及学生会、研究生会共同参加的参赛协调小组，并确定本校参赛组织实施计划，在学生中开展充分的宣传发动工作。

2. 省级初评和组织申报阶段（次年3月至次年6月）

次年4月，各校按"挑战杯"章程有关规定举办本校的竞赛活动，并择优推选出本校参赛作品。

次年5月底前，各省（区、市）组织协调委员会完成对本地申报作品的初评。

次年6月10日前，各省（区、市）从各校申报的作品中选出优秀作品报送"挑战杯"竞赛全国组委会。

3. 全国复赛和参赛准备阶段（次年7月至次年10月）

全国评审委员会于次年7月对作品进行预审。全国组委会于次年8月向各地各有关高校下达终审参展通知及作品展览、演示等有关技术性规范要求。各地各校按照组委会要求，于次年9月上旬至10月做好参评参展的各项物资技术准备和组团组队准备。

4. 全国决赛和表彰阶段（次年10月）

各校参赛队到主办高校参加比赛。举行参赛作品展览，组织作品转让洽谈活动，聘请律师和公证人员为技术转让各方提供服务。全国评审委员会对参赛作品进行终审，对参展作品作者进行问辩。公布获奖情况，并向获奖单位及个人颁发奖杯、证书。举行承办高校交接仪式。

创业小贴士

大学生创新创业大赛的特点

1. 创新性

各创新创业大赛对项目都有一定的创新要求，即项目是否在某一行业或领域有所创新，包括方法创新、技术创新、理念创新等。正是这些大赛对参赛作品的要求，才促使学校培养出更高质量、更具创新思维的大学生。

2. 团队性

一般情况下，创新创业类的比赛都要求以团队形式参加比赛，团队各成员的性格特点、专业水平、沟通表达、价值观念、擅长领域，是否互补；公司（创意组）的人员安排、组织架构、业务分工是否合理；创业项目与合作企业的关系，团队是否有创新的点子或解决问题的明确方案，这些都是在比赛中亟待考虑解决的问题，有助于培养大学生的协同意识、团队意识和管理意识。

3. 周期性

在我国，大多数大学生创业类的比赛，从开始到结束历时超过半年的时间。一般情况下，全国性的大赛会经过多轮次选拔，先由校级选拔，然后省级选拔，最后晋级全国总决赛。学生在得到选拔的通知后，就开始准备组队参赛，中途有诸多环节，对时间的要求比较高，要始终保持参赛状态，对学生的耐力和体力也是一种考验。

4. 可行性

无论是初创组还是成长组，参赛项目的中长期发展规划是否明确，发展规划和扩张策略是否具有合理性和可行性，都是比赛重点考评的内容。根据以往大学生创新创业大赛的评审经验，评审的形式无外乎看创业计划书的完整性和项目的创意性，很多项目难以付诸行动。现在的大学生创新创业大赛，有很多优秀团队还吸引了风投公司或企业负责人参与其中。很多项目构思合理，有解决某个行业痛点的可能性，可投入市场的可能性大，可行性强。

三、"中国创翼"创业创新大赛

（一）大赛简介

2015 年，按照国务院决策部署，中国宋庆龄基金会联合人力资源和社会保障部在全国推出"中国创翼"创业创新大赛。此项活动以激发全社会青年创新创业活动为主线，以营造良好创新创业生态环境为目标，大赛坚持公益原则，通过比赛，发现和选拔一批优秀青年创业创新项目，建立青年创业创新项目库；合理运用政府公共资源和充分动员社会其他资源，为优秀青年创业创新项目提供创业培训、创业指导、风险投资、园区孵化等对接服务，加速项目的落地和发展壮大；营造政府鼓励创业、社会支持创业、青年奋发创业的良好环境，推动以创新引领创业，以创业带动就业。该比赛由人力资源和社会保障部、国家发改委、科技部、共青团中央、中国残联、国家乡村振兴局联合主办。

（二）大赛举办时间及赛程

大赛启动（每年 2 月中旬）——报名和审核（5 月）——市级选拔（6 月）——省级选拔赛（7 月初）——全国选拔赛项目审核（7 月底前）——全国选拔赛（8 月）——全国决赛（8 月）。具体时间根据当年实际情况确定。

（三）大赛参赛对象及参赛条件

报名参赛项目应符合国家法律法规和国家产业政策，经营规范，社会信誉良好，无不良记录，不侵犯任何第三方知识产权。往届"中国创翼"创业创新大赛全国决赛获一、二、三等奖的项目不能参加。

1. 主体赛、劳务品牌专项赛、乡村振兴专项赛报名参赛条件

(1) 在市场监督管理部门已登记注册且未满 5 年的企业或机构。

(2) 参赛项目具有创新性的技术、产品或经营服务模式，具有较高成长潜力，项目的产品、经营属于同一参赛主体，且对技术有合法使用权。

(3) 参赛项目须为原创性创新项目，不存在知识产权争议，不侵犯第三方的知识产权、所有权、使用权和处置权。

(4) 参赛者须为该项目的第一创始人或核心团队成员。

2. 青年创意专项赛报名参赛条件

(1) 项目第一创始人须为已满 16 周岁、不超过 35 周岁的高校及技工院校在校生、毕业生等青年群体。

(2) 项目尚未在市场监督管理部门登记注册。

(3) 项目在技术、产品、模式等方面有创新，有完整的创业计划书，具备落地发展的必要条件，未来成长潜力较大。

(4) 项目不存在知识产权争议，不会侵犯第三方的知识产权、所有权、使用权和处置权。

（四）组织形式

大赛按照"1 + 3"模式，即 1 个主体赛加 3 个专项赛。其中，主体赛分为制造业和服务业 2 个项目组；3 个专项赛分别为青年创意专项赛、劳务品牌专项赛和乡村振兴专项赛。按照省级选拔赛、全国选拔赛、全国总决赛三个阶段实施。

医创案例

西安交大王浩冲：自主研发国内首款脑控智能康复机器人，专注脑机接口医疗应用

"脑控智能康复机器人——智慧引领社区城乡康养新时代"项目的创始人兼CEO王浩冲，年仅27岁，年轻有为的他曾在 2019 年代表西安交通大学参加中国国际"互联网＋"大学生创新创业大赛并荣获红旅赛道金奖。

25 岁那年，王浩冲入选"福布斯中国 30 岁以下精英榜"，2021 年入选"福布斯亚洲 30 岁以下精英榜"。王浩冲在接受"互联网＋"大赛中心专访时说，"2019 年 12 月，我们完成了脑机接口康复机器人的定型研发。2020 年 9 月份，这个项目成功进入临床试验，与西安交通大学第一附属医院康复科开展了 30 多例患者的临床验证。"从整体康复效果来看，比传统设备提升了近 30%，缩短了患者近 1/3 的治疗时间，显示出非常有效的临床效果。目前，王浩冲正在推进脑控智能康复机器人的医疗器械注册认证。

聚果盆

心相瓣

"我们未来将研发脑机接口芯片，这是一款面向脑机接口神经康复领域的专用芯片。在高端精密检测仪器方面，这也是需要国产替代以亟待解决的卡脖子技术难题。"他解释说，目前多条产品管线都在稳步推进，并且在2020年底完成了脑电采集分析系统的"大满贯认证"。也就是说，通过了国标、欧盟的CE，还有美国的FCC认证。

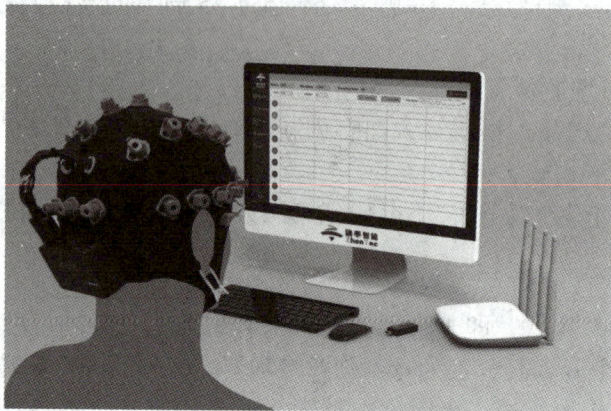

Q：请介绍一下公司的基本情况。

王浩冲：我们创立的臻泰智能是一家脑机接口医疗产业化研发商，依托西安交通大学孵化，致力于各类脑控交互、VR/AR及医疗康复机器人系统的研发、生产及销售。产品方面，主要是脑机接口核心部件和康复机器人产品。在脑机接口硬件和算法方面，公司自主研发了国内首款全兼容的脑电采集分析系统。它可以兼容干电极、湿电极及盐水电极，便于在科研、医疗以及消费电子等多场景下使用。

Q：参加"互联网+"大赛有没有对项目的成长带来一些帮助？

王浩冲：首先，我认为大赛是一个系统化的创业培训，我们从校赛到省赛，再到国赛，学校给我们请了很多指导老师，对接了很多行业资源，帮我们打磨产品，也会促进我们产品落地，的确为我们项目带来了极大助力。特别是我们参加国赛获奖以后，一直也是作为学校的创业典型项目团队进行宣传，学校给了我们很大的支持。

Q：大家知道您毕业于西安交通大学，请问当您开始做项目的时候，你的母校有没有给予一些创新创业方面的支持？

王浩冲：我们学校在这方面做得是很不错的，前一阵我受到学校邀请，向师弟师妹们分享了创业与参赛的经验。其实学校方面，从学生最初的产品创意实现、创业培训，再到公司设立、孵化，都有全方位的支持。参加"互联网＋"大赛，其中就嵌入了创业培训指导，以及项目对接与落地指导。同时，学校实验室为我们提供长期的技术研发支持。我们的项目依托于西安交通大学医工交叉研究所，是国家"863"计划项目科技成果转化而来的，未来我们也会与实验室联合开发项目，我们也申请了西安市科技局的高校科研成果就地转化的扶持资金。

Q："互联网＋"大赛是国家十三部委联合主办，目前大赛得到越来越多的地方政府认可，赛后你们是否得到过除西安之外其他区域政府的对接支持？

王浩冲：有的。当时参加的是"互联网＋"大赛"青年红色筑梦之旅"赛道，我们想推动高新技术、创新理念落地城乡，服务于广大的基层百姓，这也是我们一直以来的夙愿。在项目实施的过程中，我们对接到延安市吴起县等县乡、社区，未来计划合作建设连锁智能康复机器人中心。

Q：针对不同的客户群体，如医院、社区以及患者，是否会有不同的产品？

王浩冲：我们已经研发出三个系列的产品，但是产品的基础原理和技术都是以脑机技术为核心的。这三个系列的产品，从硬件到算法，都是自主研发的。

Q：脑控机器人项目已经有成型的产品了吗？

王浩冲：是的，而且已经进入了临床试验阶段，目前正在申请医疗器械的注册审批。如果要把脑控机器人全面推向市场，需要通过国内二类医疗器械注册。

Q：预计二类医疗器械的注册审批需要多长时间？

王浩冲：一般二类审批都是1～2年时间，而且我们还有临床试验，预计在2022年下半年才能审批完，当年年底就可以上市销售了。

Q：除了需要医疗器械审批，以及做完临床试验之外，产品上市还有没有其他必要的条件？

王浩冲：还有的。一个医疗器械产品的成果转化，要经过一系列步骤，像我们现在的工作主要还是学术推广和临床培训，里面还有更深层的新技术产品标准。

对于很多医生与患者来讲，这种康复技术都是相对比较陌生的，但是我们在高校已经做了十多年这方面的科学研究，而且结合临床做了大量实验，已经验证了技术的可行性以及疗效。我们在2021年筹备的事情，有几个方向：一是我们会联合医生开展学术培训会，以及通过各种论坛普及脑机接口技术在神经康复领域的应用；二是临床操作方法的培训，还有新的应用场景探讨；再者，我们也会扩大对普通民众的康复意识教育。

Q：目前中国的康复医疗发展如何？市场前景是否看好？

王浩冲：中国的康复医疗还处于起步阶段，很多患者对康复没有明确的认知。其实，如果在超早期就能够介入这种专业的、智能化的康复治疗，那么能够大幅缩短患者的术后治疗时间、降低致残率。目前在中国中风之后的致残率有80%，这是一个相当高的比例。在美国或者日本，其实这个比例只有百分之三四十。

　　我国在康复配套、康复服务这块还是比较欠缺的，所以我们会通过新产品推动患者以及家属对康复意识的重视。我们将针对社区和居家，包括社区康复中心以及养老院，还有一些医养结合机构，已经在做新技术的普及以及新产品试用。明年我们注册获批之后，就会进行大规模的市场推广。

思考与行动

　　1. 简述大学生创新创业项目和赛事的区别。
　　2. 简述大学生创新创业项目与赛事对医学生创新创业的作用。
　　3. 撰写大学创新创业生涯计划书。

大学创新创业生涯计划书

一、自我认知

（从专业、性格、兴趣、价值观、能力、优缺点等方面入手进行自我判断认知。）

所学专业：_____

个人性格：_____
_____
_____

兴趣爱好：_____
_____

特长能力：_____
_____

职业价值观：_____
_____

个人创新创业优势及劣势：_____
_____

二、创新创业目标

个人价值目标：

短期：_____

中期：_____

长期：_____

经济效益目标：

短期：＿＿＿＿＿＿＿＿＿＿＿＿＿＿＿＿＿＿＿＿＿＿＿＿＿

中期：＿＿＿＿＿＿＿＿＿＿＿＿＿＿＿＿＿＿＿＿＿＿＿＿＿

长期：＿＿＿＿＿＿＿＿＿＿＿＿＿＿＿＿＿＿＿＿＿＿＿＿＿

社会效益目标：

短期：＿＿＿＿＿＿＿＿＿＿＿＿＿＿＿＿＿＿＿＿＿＿＿＿＿

中期：＿＿＿＿＿＿＿＿＿＿＿＿＿＿＿＿＿＿＿＿＿＿＿＿＿

长期：＿＿＿＿＿＿＿＿＿＿＿＿＿＿＿＿＿＿＿＿＿＿＿＿＿

三、创新创业认知

创新创业动机：＿＿＿＿＿＿＿＿＿＿＿＿＿＿＿＿＿＿＿＿

创新创业对于人生成长的意义：＿＿＿＿＿＿＿＿＿＿＿＿＿

四、环境分析

（自行学习运用几种企业发展环境分析模型：PEST、SWOT、4P、波特五力模型等对创业环境进行判断，以 SWOT 模型为例）

内部优势：＿＿＿＿＿＿＿＿＿＿＿＿＿＿＿＿＿＿＿＿＿＿

内部劣势：＿＿＿＿＿＿＿＿＿＿＿＿＿＿＿＿＿＿＿＿＿＿

外部机会：＿＿＿＿＿＿＿＿＿＿＿＿＿＿＿＿＿＿＿＿＿＿

外部风险：＿＿＿＿＿＿＿＿＿＿＿＿＿＿＿＿＿＿＿＿＿＿

五、具体计划

（对于自身创新创业的规划，明确各阶段的主要任务）

前期：＿＿＿＿＿＿＿＿＿＿＿＿＿＿＿＿＿＿＿＿＿＿＿＿

中期：＿＿＿＿＿＿＿＿＿＿＿＿＿＿＿＿＿＿＿＿＿＿＿＿

未来发展：＿＿＿＿＿＿＿＿＿＿＿＿＿＿＿＿＿＿＿＿＿＿

六、预计问题及解决方案

（通过自我分析及环境分析后，预判未来在创业过程中会出现的问题，并提出相应的解决方案。）

预计问题：＿＿＿＿＿＿＿＿＿＿＿＿＿＿＿＿＿＿＿＿＿＿

解决方案：＿＿＿＿＿＿＿＿＿＿＿＿＿＿＿＿＿＿＿＿＿＿

第三章　创新创业思维培养

学习目标

1. 理解创新创业思维及其分类。
2. 通过创新思维训练，掌握创新方法。

名家寄语

思维的质量将决定我们未来的质量。

——爱德华·德·波诺

知识、创造力以及对环境的敏感自觉，左右着一个人一生事业的成败。能够成就事业的人，并不见得特别聪颖、能干，只是比别人多了一分决心，即知即行，而且贯彻到底。

——王永庆

案例导读

近50年来，中国消化内镜经历了从无到有、从简单到复杂、从诊断到治疗的发展过程。自2003年产生了制作一颗"卫星胶囊"胃镜的想法后，中国工程院院士李兆申及其团队开始昼夜不休地研究，并于2005年开发出一套具有自主知识产权的小肠胶囊内镜系统，该系统目前已在70多个国家的3600多家医院应用，甚至被写入临床指南。

第一代胶囊内镜虽然显像好、病人无痛苦，但无法主动控制，容易遗漏胃内病灶。为升级产品，李兆申及其团队自2009年开始与企业合作，重点解决胶囊能按遥控在人体内"翻跟头"且不影响成像清晰度的技术问题。但该项产品的研发意义不止于此。

首先，消化道肿瘤病例约占国内所有肿瘤病例的50%，其中有85%左右属于晚期病例。究其原因，李兆申认为系中国消化道肿瘤的早期诊断率过低导致。而胶囊内镜的成功研制，将大大助力消化道肿瘤早期筛查的推广应用。"再加上大数据和人工智能，只要能把机器联网，在哪个地方做胃镜检查不重要，重要的是把患者的数据传到云上。"

其次，李兆申表示，中国每年约有67万病人接受PCI治疗，并因此需在术后进行双抗治疗。但无论是阿司匹林还是氯吡格雷，都会引起病人消化道损伤，进而可能影响心脏治疗，甚至不少病人会因并发症而再次入院。那么，这些病人的消化道损伤究竟到了什么程度？不同的伤害对病人有哪些影响？从此问题入手，李兆申及其团队还在尝试建立起世界上第一个胶囊内镜对于PCI患者全过程、无痛苦的研究体系。

再次，胶囊内镜甚至还能帮助肥胖病人减肥。李兆申举例说，肥胖病人吃饭之前可以服用一颗胶囊，而后通过手机遥控将气囊打开填满胃部，肥胖病人即可不再进食。

"要敢想，只有想不到的，没有做不到的。"更多的奇思妙想包括胶囊消除患者便秘、胶囊冲击结石、胶囊配合活检……

李兆申的理想是"卫星胶囊"像孙悟空一样可以72变，解决更多问题，"我相信这一天终会到来"。

正是凭着这种创新思维，李兆申院士在消化内镜领域研制成功了中国首台胶囊内镜和国际首台遥控胶囊胃镜机器人，解决了小肠疾病诊断难和胃镜检查痛苦的难题，率先提出了"内镜体检"新理念，创建了多项内镜新技术，建成了消化内镜诊疗中心，实现了中国消化内镜从胃肠到全消化道、从腔内到腔外的跨越式发展，建立了中国消化内镜质控标准和专业人才培训体系，引领并推动了中国消化内镜学科跻身国际先进水平之列；在胰腺疾病领域，针对胰腺炎救治困难、胰腺癌治疗效果差的难题，发现了急、慢性胰腺炎关键发病机制，创建了急性胰腺炎救治和慢性胰腺炎微创治疗新体系，建立了胰腺癌早期诊断新方法和中晚期微创治疗新技术，提升了中国胰腺病研究在国际上的学术影响力。

创业大讲堂

创新思维是以新颖的思路或独特的方式来解决问题，从而产生创新性成果的思维。它除了具有一般思维活动的特点外，还具有自己独特的一面。在整个创新思维过程中，各种思维方式和方法综合交互作用。通过掌握创新思维原理，遵循创新思维法则，运用创新思维方法，可以培育创新思维，提高创新能力。

第一节　创新思维

▍一、创新思维的概念

（一）思维的概念

思维是人脑对客观事物概括的、间接的反映过程，是人们认识活动的高级阶段。思维来源于客观世界，反映出客观事物的一般性和规律性之间的联系。在日常生活中，我们时刻都离不开思维，用它来学习知识、解决问题、辨别真伪、识别美丑、探索新知、创造未来。

思维具有以下3种特征。

1. 思维的概括性

思维的概括性是指思维可以在大量感性材料的基础上把一类事物共同的、本质的特征和规律抽取出来。其中，概括是形成概念的前提，是思维活动能迅速迁移的基础。概括能力是会随着人们认识水平的提高不断提高的。

2. 思维的间接性

思维的间接性是指人们通常会借助于一定的媒介和知识经验对客观事物进行间接认识。例如，即使你没有作者的经历也可以通过阅读在头脑中进行信息加工，感受作者所表达的喜怒哀乐。因此，思维的间接性能使人们超越感知觉提供的信息，认识那些没有直接作用于人感官的事物和属性。

3. 思维是对经验、信息的再加工

思维活动往往与场景密不可分，经常由一定的问题情境引起，大脑通过对已有的知识经验进行重建、改组和更新，从而解决当下情境所面临的问题。

（二）创新思维的概念

创新思维又称创造性思维，与其相对应的是常规思维。常规思维是指人们运用已获得的知识经验，按已有的方案和程序直接解决问题。

创新思维是多种思维的综合表现形式。它既是发散性思维与复合性思维的结合，也是直觉思维与分析思维的结合。广义的创新思维是指人们在提出问题和解决问题的过程中，一切对创新成果起作用的思维活动。狭义的创新思维是指人在创新活动中直接形成创新成果的思维活动，常常是非逻辑思维的一种形式。

普遍认为，创新思维不受传统经验所束缚，能把过去的知识经验部分抽取出来，重新组织已有的知识经验，提出新颖的解决方案或程序并创造出新的思维成果的思维活动。

一个人如果具有创新思维就能打破常规、突破传统，具有丰富的想象力、敏锐的洞察力、精确的预测能力和超强的感知力，从而使思维具有一种超前性、变通性。对于每个人而言，创新思维是可以通过学习与刻意练习来改变和提高的。大学生接受外界事物与适应变化的能力要高于普通群体，可以通过坚持不断地培养和刻意练习提升其创新思维能力。

创新思维的本质在于将创新意识的感性愿望提升至理性层面并进行探索，实现创新活动由感性认识到理性思考的飞跃。

▌ 二、创新思维的特征

创新思维具有以下特征。

1. 概括性

概括性是思维最显著的特征，是人们形成或掌握概念的前提，是一

"光的波粒二象性"理论提出

切科学研究的出发点。

2. 问题性

思维在概念的形成与问题的解决中产生，指向完成任务或解决问题。思维的问题性通常表现为 4 部分：发现问题（提出问题）、明确问题、提出假设和检验假设。

3. 新颖性

创新思维不受传统习惯和先例的禁锢，超出常规。在学习过程中对所学定义、定理、公式、法则、解题思路、解题方法、解题策略等提出自己的观点和想法，提出科学的怀疑、合情合理的"挑剔"等，都属于创新思维的范畴。

4. 联想性

面临某一种情境时，思维可立即向纵深方向发展；觉察某一现象后，思维立即设想它的反面。这实质上是一种由此及彼、由表及里、举一反三、融会贯通的联想思维方式，反映了思维的连贯性和发散性。

5. 灵活性

在学习过程中，创造性思维会突破"定向""系统""规范""模式"的束缚，也不局限于老师所教的常规模式，而是遇到具体问题灵活多变、活学活用，反映出创新思维的灵活性。

6. 综合性

创新思维可以调节局部和整体、直接和间接、简单和复杂的关系，对信息进行概括、整理、组合和再加工，把抽象内容具体化、繁杂内容简单化，从中提炼出较系统的经验。因此，创新思维具有综合性。

▌三、创新思维的类型

创新思维可以给人类带来新的、具有社会价值意义的成果，是一个人智力水平高度发展的产物。创新思维与创造性活动密不可分，是多种思维的统一。

人类社会最大的特点就是能够不断创新，即构建想象共同体。对于个人而言，创新思维是一种习惯，尤其是在社会中，每个人都应具备改变旧的、固有的思维习惯，建立新的思维习惯的能力。

创新来自创造

创新思维有很多种，以下是几种常见的思维类型。

（一）发散思维

发散思维又称求异思维、辐射思维、放射性思维或扩散思维，是指人们沿着不同的方向思考，重新组织当前的信息和记忆系统中储存的信息，产出大量的、独特的新思想，表现为思维角度广阔，呈现出多维发散状。这种思维的主要功能是求异。

发散思维作为一种创新方法，被广泛用于科学研究、科技发明以及企业的经营活动中。

事实上，发散思维是创新思维的最主要特征，同时也是测定创造力的主要标志之一。发散思维是典型的、艺术化的思维，能促使人们提高对工作、生活和学习的热情，是兴趣的乐园、智慧的发源地。

发散思维具有流畅性、变通性、独特性、多感官性等特点。常见的发散思维的表现形式有平面思维、立体思维、逆向思维、横向思维、纵向思维和组合思维等。

1. 平面思维

平面一般包括点、线、面三个基本构成要素。平面思维是指人的各种思维线条在平面上聚散交错，核心是联系和想象。它是线性思维向着纵横两个方向扩张的结果，更具有跳跃性和广阔性。

2. 立体思维

立体思维是指跳出点、线、面的限制，从空间网络、时间网络和事物联系的网络以至于整个立体思维空间来思考问题。它具有纵向垂直、横向水平、交叉重叠的组合优势，能扩大思维活动的范围，拓展思维的各种可能性。

3. 逆向思维

逆向思维也叫求异思维、反向思维，它是对司空见惯的、似乎已经成定论的事物或观点反过来思考的一种思维方式。对于某些特殊问题，从结论往回推，倒过来思考，从求解回到已知条件，会让问题简单化，从而更容易解决。运用逆向思维去思考和处理问题，实际上就是以"出奇"达到"制胜"。因此，逆向思维的结果常常会令人大吃一惊。

4. 横向思维

横向思维是指突破问题的结构范围从其他领域的事物、事实中得到启示而产生新设想的思维方式，它不一定是有序的，同时也不能预测。具有这种思维的人，思维面都不会太窄，且善于举一反三。横向思维是通过明显的、不合逻辑的方式寻求解决问题的方法，主要作为对传统的批判和分析性思维方式的补充，具有激发新观念、完善构思、保持思维开放状态以及对客观事物进行改造等作用。横向思维的特征是寻找更多答案、更多方案等，但其欠缺一定的深度。

5. 纵向思维

纵向思维是指在一种结构范围内，按照有序的、可预测的、程式化的方向进行的思维。纵向思维是符合事物发展方向和人类认知习惯的思维方式。通常情况下，纵向思维遵循由低到高、由浅到深、由始至终的顺序，从不同层面切入，具有突破性、递进性、渐变性。事物发展的过程性是纵向思维得以形成的客观基础，纵向思维在事物的萌芽、成长、壮大、发展和衰亡过程中可捕捉到事物的规律性。因此，纵向思维是我们日常生活中进行形势分析、研究常用的方法。

6. 组合思维

组合思维又称连接思维或合向思维，是指把多项貌似不相关的事物通过想象加以连接，从而使之变成不可分割的新整体的一种思考方式。组合思维具有创新性、广泛性、时代性和继承性等特点。常见的组合思维的形式有同类组合、异类组合、重组组合、共享与补代组合、概念组合和综合组合等六种。

（二）集中思维

集中思维又称收敛思维、求同思维和聚合思维。集中思维是一种有方向、有范围、有条理的收敛性思维方式。这种思维方式与求异思维相互依存、相互补充，结合形成完整缜密的思维体系和程序。从多种不同角度、不同信息源中引出一种结论，有助于对思维对象的把握和对思维层次的发掘。例如，教师根据各种教学参考资料归纳出一种正确的结论传授给学生。在进行这种集中思维时，往往需要把已提供的各种信息加以重新组织，然后找出最好的解决方案。

（三）联想思维

联想思维是指人脑记忆表象系统中，由于某种诱因导致不同表象之间发生联系的一种没有固定思维方向的自由思维活动。事实上，联想思维是以事物的普遍联系为基础的，主要的思维形式包括幻想、空想、玄想。其中，幻想尤其是科学幻想在人们的创新活动中具有重要作用。联想思维具有连续性、形象性和概括性的特征，其突出特征是悖逆性、挑战性、批判性。联想思维可以使我们扩展思路、升华认识、把握规律。

常见的联想思维的类型有相似联想、对比联想、关系联想、接近联想四种。相似联想是指由一事物联想到另一个与它在性质上接近或类同、近似的事物。比如，想到大海时会想到沙滩、海鸥、海豚、珊瑚礁、浮潜等。对比联想是指由一个事物联想到与其具有相反特点或特征的另一事物。比如，黑夜和白昼、夏天的酷热与冬天的严寒等。接近联想是指由一事物联想到在时间或空间上相接近的另一事物。例如，看到学生想到教室、老师、桌椅、粉笔、课本等相关事物。关系联想是指由事物所具有的各种关系而形成的联想思维。

（四）综合思维

综合思维又称复合性思维，是把某一事物的某些要素分离出来，组建到另一事物或事物的某些要素上的创造性思维过程。综合思维是掌握系统、整体及其结构层次上的综合，有着高层次的、全局的认识水平。综合思维中的分析是综合的分析，是以综合为认识起点并以综合为认识归宿的，是"综合→综合分析→新的综合"的思维过程。这种由"综合而综合"的思维方式体现了对已有智慧、知识的交杂和升华，绝不是简单的相加或拼凑。比如"瞎子背瘸子"就是典型的综合思维，二人充分发挥优势，形成优势互补，从而达到不仅可以看见、还可以行动的目的。

（五）逻辑思维

逻辑思维常称为"抽象思维"，是符合某种人为制订的思维规则和思维形式的思维方式。逻辑思维是确定的、前后一致的、有条理和根据的，不是自相矛盾的。逻辑思维一般会用到概念、判断、推理等思维形式和比较、分析、综合、抽象、概括等方法，而掌握和运用相关形式与方法的程度形成了逻辑思维能力。逻辑思维具有规范、严密、确定进而可重复的特点。常见的思维类型有经验型和理论型两种，其中经验型常局限于经验，思维水平较低；理论型以理论为依据，运用科学的概念、原理等方式进行判断推理，思维水平较高。

（六）灵感思维

灵感思维是指在事物的接触及思考中，因受到某种启发而产生的创新思维方式，是文学艺术和科学研究中经常出现和运用的一种创新思维方式。灵感思维是灵感的产生过程，不是一种简单的逻辑或非逻辑思维的活动，而是逻辑思维与非逻辑思维相统一的理性思维过程。灵感思维具有转瞬即逝的偶发性、突发性和模糊性等特点，因此需要抓住稍纵即逝的灵感思维以促成新事物的应运而生或疑难问题的解决。常见的灵感思维有：自发灵感、诱发灵感、触发灵感和迸发灵感四类。灵感思维的方法有：久思而至、触类旁通、见微知著、梦中惊醒、自由遐想、急中生智、另辟新径、原型启示、豁然开朗等。

创业小贴士

灵感引发方法

引发灵感最常用的一般方法，就是愿用脑、会用脑、多用脑，也就是遵循引发灵感的客观规律科学地用脑。关于愿用脑的问题，这里就不谈了。下边分别谈会用脑和多用脑。

会用脑。凡是善于引发灵感，能够形成创造性认识的人，都很会用脑。一般人以为显而易见的现象，他们产生了疑问。一般人用习惯的方法解决问题，他们却有独创的方法，他们的特点是喜欢独立思考，遇事多问几个"为什么"、多提出几个"怎么办"。因为任何创新项目的完成，都是独立思考和钻研探索的结果。因此，既不能迷信、不能盲从、不能只用习惯的方法去认识问题，或只用现有的结论说法去解决问题，也不能迷信专家、权威；而是要从事实出发，从需要出发，去思考问题，去探索问题，去寻找新的方法、新的答案、新的结论。

多用脑。要促进灵感的产生，就必须多用脑，因为人的认识能力是在用脑的过程中得到锻炼从而不断提高的。所谓多用脑，不是指不休息地连续用脑，而是要把人脑的创新潜能充分地发挥出来。爱因斯坦对为他写传记的作家塞利希说："我没有什么特别才能，不过喜欢寻根刨底地追求问题罢了。"在这个寻根刨底的过程中，最常用的方法就是用脑思考。他深有体会地说："学习知识要善于思考、思考、再思考，我就是靠这个学习方法成为科学家的。"

"数字化教父"尼葛洛·庞帝说："我不做具体研究工作，只是在思考。"微软的比尔·盖茨从小就表现出勤于思考、善于思考的特点。

由此可见，科学用脑是开发大脑、创造潜能、引发灵感、形成创造性认识的最一般、最普遍适用的方法。

第二节 大学生创新思维的培养

一、影响创新思维的因素

创新活动的主体是人，现实生活中的每个人都生活在集体中，与周围环境有着密切联系。创新思维环境与一般的环境不同，它会影响人进行创新思维和创新活动过程的一切外部条件，如家庭环境、学校环境、工作环境、社会生产力、政治环境和国际环境都会影响创新思维。另外，创新思维环境还包括进行创新活动的人对外部环境的自我创新环境。

从客观上看，影响创新思维的因素有惯性思维、线性思维、惰性思维、群体思维等。

（一）惯性思维

惯性思维又称思维定式，是由先前活动造成的一种特殊的心理准备状态或活动的倾向性。思维定式一般与个人的世界观形成存在着内在的、必然的联系。思维定式具有社会性、阶段性以及知识经验的局限性，在一定的历史时期能够指导个人行为方式的固有模式，然而，当时代需要变更创新、新旧交替时却又成为其发展的主要障碍。如果给你看两张照片，一张照片上的人英俊、文雅，另一张照片上的人丑陋、粗俗，然后对你说，这两个人中有一个是全国通缉的罪犯，要指出谁是罪犯，大多数人可能会指向第二个人。从思维过程的大脑皮层活动情况看，定式的影响是一种习惯性的神经联系，即前次的思维活动对后次的思维活动有指引性的影响。所以，当两次思维活动属于同类性质时，前次思维活动会对后次思维活动起正确的引导作用；当两次思维活动属于异类性质时，前次思维活动会对后次思维活动形成错误的引导作用。大量事例表明，思维定式确实对问题解决具有较大的负面影响。当一个问题的条件发生质变时，思维定式会使人墨守成规，难以涌现出新思维、做出新决策，造成知识和经验的负迁移。

（二）线性思维

线性思维即线性思维方式，是把认识停留在对事物表面的抽象而不是本质的抽象，并以这样的抽象为认识出发点，片面、直线、直观的思维方式，是一种直线的、单向的、单维的、缺乏变化的思维方式。非线性思维则是相互连接的，非平面、立体化、无中心、无边缘的网状结构，类似人的大脑神经和血管组织。线性思维如传统的写作和阅读，受稿纸和书本的空间影响，必须以时空和逻辑顺序进行线性思维。该方式有两个基本特点：

(1) 把多元问题变为一元问题。事物之间的复杂联系往往是多元的，线性思维方式要求把其中一个问题突出，把其余问题撇开予以处理。

(2) 用一维直线思维来处理一元问题，使之成为具有非此即彼的答案。线性思维是高等生物认知事物的基础之石，但也是负重之石。人类走进这扇智慧之门，却又困于其中，中国人在某些方面尤为甚之。从单纯地用黑和白看待世界，到加入灰色改良，依然没有摆脱线性思维的纠缠。摆脱线性思维的束缚是一道难题，也是一种智慧。颠覆一种习惯，需要的是勇气和毅力，甚至需要涅槃的精神。

（三）惰性思维

惰性思维是指人类思维深处存在的一种保守的力量，总是习惯用老眼光来看新问题，用曾经被反复证明有效的旧概念去解释变化世界的新现象。惰性思维普遍存在于我们的现实生活中。比如，当碰到某件事的时候，人们习惯于想当然地以为它就应该是某个样子，或者是就应该朝着某个方向发展，还总会以此为借口，去怠慢于进一步思考。

（四）群体思维

群体思维是指高内聚力的群体认为他们的决策一定没有错误，为了维持群体表面上的一致性，所有成员都必须坚定不移地支持该群体的决定，与此不一致的信息则被忽视，即群体决策时的倾向性思维方式。

群体思维是群体决策中的一种现象，是群体决策研究文献中一个非常普遍的概念。当人们寻求一致的需要超过了合理评价备选方案、个人观点和想法时容易产生群体思维。事实上群体思维是伤害许多群体的一种疾病，它会严重损害群体利益。群体思维通常是组织内部那些拥有权威、说话自信、喜欢发表意见的主要成员的想法，但其实大多数人并不赞成这一提议。这种情形下做出的群体决策往往都是不合理的、失败的决策。当一个组织过分注重整体性，而不能持一种批评的态度来评价其决策及假设时，群体思维就会出现。预防或减少群体思维的一个有效的方法就是在群体决策时指定一位成员专门对其他人的论点提出质疑，对其他人的主张提出挑战，并提供具有建设性的批评意见。这种方法保证了群体决策时决策的参加人员能保持理性、全面、客观、清晰的思路。

创业小贴士

创造者的 13 个思维工具

创造性思维首先是感觉。要理解的愿望必须同感觉和感情混合起来，必须和智力混合起来，才能够产生创造力的洞见。我们的感觉和直觉并不是理性思维的绊脚石，相反，它们是理性思维的根源和基础。

美国教授鲁特·伯恩斯坦说，伟大的思想家使用过 13 种"思维工具"，使用这些工具可以使人成为创造者。它们是：

(1) 观察：通过观察磨炼所有的感官，从而使思维变得非常敏锐。

(2) 想象：使用某些或全部感官在心里创造各种形象。

(3) 抽象：观看或思考某种复杂事务，去粗取精，化繁为简，把唯一本质的东西找出来。

(4) 模式认知：观察和研究不同的事物，找出它们在结构或性能上的相似之处。

(5) 模式形成：找到或创立新方法，对事物理清头绪，纳入规范。

(6) 类比：虽然两件事物迥然不同，但是可以从它们的功能上找到相同点。

(7) 躯体思维：使用肌肉、肠胃的躯体感受与头脑思维配伍，理解并统一。

(8) 感情投入：将自己设想为自己所研究、绘画或写作的对象，与之合而为一。

(9) 层次思维：能把情绪变成不同的层次，就像把素描改成雕塑一样。

(10) 模型化：能将复杂的事物简化成一个模型。

(11) 游戏中的创造力：能从毫无目的的游戏活动中演化出技术、知识和本能。

(12) 转化：使用新获得的思维技巧，形成新发明的基本构图，然后制出模型。

(13) 综合：使用各种帮助思维的工具得出结果，能用各种不同的方式对事物进行思考，诸如身体、直觉、感官、精神和智力等。

二、创新思维的培养

（一）逆向思维训练

逆向思维也叫反向思维、反转思维，是指从事物的反面去思考问题的思维方法，其特点是改变惯常思维方式，从相反方面来认识事物、思考问题。由于这种思维突破了人们考虑问题的思维方式，因而往往能够获得惯常思维所不能取得的成效。这种方法常常使问题获得创造性的解决。创新，有时候不是突如其来的天才想法，而是正确思维方法的必然结果。常用的逆向思维训练方法如下：

1. 结构逆向

比如，手机都是正向显示的。如果把画面反转过来呢？这样你把手机放在汽车仪表盘上，导航软件的画面反射到前挡风玻璃上，就成了正面，那样你就不必低头看手机了。

2. 功能逆向

比如，保温瓶的功能是保热，"逆向思维"思考后——它是不是可以保冷呢？于是就有了冰桶。空调的目的是制冷，能不能同时制热呢？我们知道空调制冷的原理是通过把热量从房间交换到室外去的方法制冷，所以就可以把空调交换出去的热量，输出到厨房形成家用热水系统。

3. 状态逆向

比如，人走楼梯，是人动楼梯不动，如果把这个状态反转，人不动，楼梯动，于是就有了自动扶梯。

4. 原理逆向

比如，电动吹风机的原理是用电制造空气的流动，方向是吹向物体，逆向利用这个原理，空气还是流动，但是方向相反，电动吸尘器就诞生了。

5. 序位逆向

序位逆向就是顺序和位置逆向。比如，动物园是把动物关在笼子里，人走动观看。如果把这个状态反过来呢？人关在笼子里，动物满地走，于是就有了开车游览的野生动物园。

6. 方法逆向

比如，古代司马光砸缸救人也说明了逆向思维的作用。通常从大水缸里取物、救人只可由缸口打捞，或者将水缸放倒，而不损坏水缸。当时司马光年纪小，不可能采取以上两种办法，便急中生智，运用逆向思维砸缸救出小伙伴。

（二）正向思维训练

正向思维是从因到果的思维、从已知预测未知的能力。正向思维训练的常见方法有以下两种：

(1) 做一个"因果逻辑收集者"。看到有人愿意买 1000 万元的车，却不愿买 50 元的矿泉水，就收集一个叫"心理账户"的因果逻辑，放在人性区；看到太多管理错位的问题，就收集一个叫"责权利心法"的因果逻辑，放在管理区。

(2) 多读侦探小说，多读科幻小说。收集了大量"因果逻辑"后，调用这些因果逻辑依靠归因和预测两种方法。正向思维回溯过去就是归因；正向思维期待未来就是预测。要训练归因和预测的能力，可以多读侦探小说，多读科幻小说。

（三）全局之眼的思维训练

世界上的所有东西都是以一种叫作"系统"的方式存在着。要素是系统中看得见的组成内容；关系是系统中看不见的、要素之间相互作用的规律。要素之间的关系以及这些关系背后的规律叫作"全局之眼"。

"全局之眼"的训练主要依靠具象分析，探究关键事物的影响因素，找寻规律来习得。例如，企业家知道旺铺的重要性是因为较好的地段可以带来较多的人流量。可见，人流量其实才是"旺"和"铺"这两个要素之间的关系，从而得到这个关系背后的规律。把这个规律推演到整个系统中，哪里人流量大，哪里就会旺。于是，从早期的 PC 电商到后来的移动电商 / 微商和社群经济以及现在的网红移动直播，乃至未来的虚拟现实 (VR)，都可以适用这个规律。理解了关系和关系背后的规律，不但能在复杂的系统中理解现在，甚至可以在一定程度上预测未来。所有的战略，都是站在未来的角度看今天。

（四）分析列举式思维训练

1. 系统设问法

如果提问中带有"假如""如果""是否"等促使想象的词汇，系统设问法正是根据这样的思路提出的创造发明方法。系统设问法针对事物的某方面问题，系统地列举出问题，然后逐一研究讨论，多方面进行扩展，促使人们萌生多种新的设想。

(1) 转化。有无其他用途？有无新的使用方式？如何改进已知的使用方式？

(2) 借用。能否借用别的经验？有无与过去相似的东西？能否模仿点什么？

(3) 改变。能否做出某些改变？能否通过旋转、弯曲、扭转、回转的办法加以改变？功能颜色、运行、味道、形式、轮廓可否改变？有无其他可能的改变？

(4) 放大。能否增加什么？时间、频率、强度、质量、尺寸、附加价值、材料能增加？

(5) 缩小。能否减少什么？再小点？浓缩、微型化？再低些？再短些？再轻些？能否省略？

(6) 代替。能否取而代之？能否替换为其他材料、其他成分、其他配置、其他方法？

(7) 调整。能否调整顺序、排列、速度、条件、模式、配置？能否调整为其他型号、其他设计方案、其他程序、其他工作状态？能否调换原因与效果？

(8) 颠倒。反向有何作用？能否颠倒方位？能否调换相对组件位置？能否前后颠倒？能否上下颠倒？

(9) 组合。在这件物品上可加上别的东西吗？能否推出混合物、新品种、新配套？能否把零件、部件、连接件重新组合？目的能否组合？重要特征能否组合？创造设想能否组合？

2. 形态分析法

形态分析法是一种系统搜索和程序化求解的创新技法。因素和形态是形态分析中的两个基本概念。

所谓因素，是指构成某种事物的特性因子。如工业产品，可以用产品的特定用途或功能作为基本因素。对应地，其实现各种功能的技术手段则称为形态。例如，将"控制时间"作为某产品的一个基本因素，那么手动控制、机械定时器控制和电脑控制等技术手段则为相应因素的表现形态。

形态分析是对创造对象进行因素分解和形态综合的过程。在这一过程中，发散思维和收敛思维起着重要的作用。因素分析就是要确定研究对象的基本构成因素。分析时，要使各因素满足三个要求，分别是：在逻辑上是彼此独立的；在本质上是重要的；在数量上是全面的。

3. 列举法

常见的列举法有属性列举法、缺点列举法和希望点列举法。

(1) 属性列举法：也称为特征列举法。概括地说，属性列举法是一种通过列举、分析特征，应用类比、移植、替代、抽象的方法变换特征获得发明目标的方法。属性列举法的操作过程：确定对象—列出特征—分析特征—提出设想。列出特征是运用分析、分解及分类的方法，将研究对象的逐项特征一一列出；分析特征是从需要出发，对列出的特征进行分析、抽象并与其他物品进行对比，寻求功能与特征的替代，用替代的方法对原特征进行改造，在分析时尤其应抓住动词性特征；提出设想是应用综合原理将原特征与新特征进行综合，提出新设想；在使用时所确定的研究对象应十分具体，研究产品时应是具体的某一型号的产品，研究问题时应是具体的哪一个问题，而抽象研究则得不到应有的效果。研究的题目宜小不宜大，对于较为庞大、复杂的物体应先将它拆分为若干小部分，分别应用属性列举法进行研究，然后再综合考虑，列举属性时越详细越好。

(2) 缺点列举法：该方法是通过列举缺点来揭示问题进行创新的方法。缺点列举法是直接从人们的需要出发，强调问题，从而激励人们去革新和创造。

(3) 希望点列举法：该方法是通过列举研究对象希望被赋予的特征而进行创新的方

法。列举的希望点应与人们的需求或对美好生活的向往有关并且符合时长的需求。

（五）思维导图训练

思维导图又称脑图、心智地图、脑力激荡图、灵感触发图、概念地图、树状图、树枝图或思维地图，是表达发射性思维的有效的图形思维工具，也是一种利用图像式思考的辅助工具。

思维导图是使用一个中央关键词或想法引起形象化的构造和分类的想法，用一个中央关键词或想法以辐射线形连接所有的代表字词、想法、任务或其他关联项目的图解方式。它虽简单却又极其有效，是一种革命性的思维工具。思维导图运用图文并重的技巧，把各级主题的关系用相互隶属与相关的层级图表现出来，对主题关键词与图像、颜色等建立记忆链接。

思维导图充分运用左右脑的机能，利用记忆、阅读、思维的规律，协助人们在科学与艺术、逻辑与想象之间平衡发展，从而开启人类大脑的无限潜能。因此思维导图具有训练人类思维的强大功能。

思维导图是一种将放射性思考具体化的方法。我们知道，放射性思考是人类大脑的自然思考方式，每一种进入大脑的资料，不论是感觉、记忆或是想法，包括文字、数字、符码、香气、食物、线条、颜色、意象、节奏、音符等，都可以成为一个思考中心，并由此中心向外发散出成千上万的节点，每一个节点代表与中心主题的一个连接，而每一个连接又可以成为另一个中心主题，再向外发散出成千上万的节点，呈现出放射性立体结构，而这些节点的连接可以视为记忆，也就是个人数据库。

第三节　创业思维

■ 一、创业思维

创业思维是指如何利用不确定的环境来创造商机的思考方式，包括发现和解决问题的思维以及良好的推理能力。

1. 发现和解决问题的思维

发现和解决问题的思维是创业者必备的思维能力。创业过程中，如果能够及早发现问题，预测问题或难题的出现，将有助于创业者未雨绸缪，提前准备解决问题的不同策略和方法，避免创业危机的出现。

2. 良好的推理能力

推理能力是指能够根据已知的知识和给定的事实和条件，对问题进行逻辑推理和论证，得出正确的结论或做出正确的判断，并能把推理过程正确地表达出来。在面对创业困境时，良好的推理能力，尤其是逻辑推理能力能够帮助大学生创业者学会多角度分析问题，依照事物发展的规律推理问题发展趋势和方向。

■ 二、创业基础思维

1. 对未来充满好奇

未来的创业、就业，需要我们抱着一颗好奇的心去思考、去探索、去构想、去预见，你的想象决定你的状态，你的预见决定你的选择，你的行动决定你的未来。

2. 创业不能只靠直觉

直觉很重要，它引领我们去选择创业方向。但是，创业是一个具有挑战性的工作，如果你萌生创业的想法，全凭直觉判断去选择行业、选择创业项目，可能会误入迷途。

之所以能看到这个行业的机会，看到这个项目的潜力，是因为在此之前已经有很多人为此努力。也就是说，在这个显而易见的机会面前，更容易把握的是那些早已投入了大量时间、精力和资金的人。

从直觉的角度来讲，可以把人分为三类：一类是先知先觉的，一类是后知后觉的，还有一类是不知不觉的。如果你是第二或第三类，你所做的判断就和事物实际的发展结果有偏差，甚至有很大的偏差。例如，近几年来，很多创业者都选择了 O2O 项目、APP 项目，但在不到两年的时间里，几乎 90% 以上的项目都失败了。说明工作中出现了很多错误，这主要是因为错误的直觉所致。优秀的创业者都是在模糊的、复杂的、变化的环境中，追逐不确定性的机会，发掘最适合自己的项目再进行投资和管理的人。

当然，也经常有企业家和我们分享，在选择创业伙伴的时候，直觉常常比理性更为准确、可靠。由此可见，作为一个创业者，能正确地面对自己的直觉是何等重要。

3. 创业需要投入大量的时间、精力和资金

选择创业和找一份工作，思考方式和行为方式有很大的差别。创业必须着眼于长远的发展，做系统的规划和资金预算，然后组织相应的人员去实施，其结果往往是不确定的。而一个企业岗位的工作者的工作方式是在固定的时段做固定的工作，最后获得固定的薪水，也就是说，其结果是相对固定的。

创业不是做一笔生意或做一个项目，交易完成或项目完工就结束了。创业是长期经营管理某个生意或某个企业，是一项系统工程。有时候为了市场竞争力和客户满意度，创业者可能要投入更多资金、更多人力，同时也会给自己带来更大的压力。

很多人低估了创业所需要投入的时间、精力和资金。创业者要时刻调整好自己的心理状态，在投身创业前，要充分、由衷、深刻地认识到创业的过程节奏快、强度大、不确定的因素多，尤其是互联网、高科技方面的创业项目更是如此。

4. 创业项目不能凭空想象

创业项目有很多，涉及人们的衣、食、住、行等方面。创业项目从观念上来看，可分为传统创业项目和新兴创业项目；从方法上来看，可分为实业创业项目和网络创业项目；从经营领域来看，可以分为贸易型项目、生产制造型项目、服务型项目、农林牧渔型项目；

从投资上来看，可分为无本创业项目、小本创业项目和高额创业项目；从方式上来看，可分为加盟创业项目、自主创业项目。

每一个成功创业的企业家，都是顺应了当时的市场需求，创建了企业，而不是刻意地、绞尽脑汁地寻找创业的项目。所以，不要每天都刻意地为了寻找创业项目而寻找创业项目，直觉和自负很有可能让你犯错，自己的需求并不代表市场的需求。很多很棒的创业项目甚至在一开始都不被人关注。学习足够多的企业经营管理知识，建立坚实、丰富的知识体系，掌握一技之长，结合自己的实际情况和特长来加强学习，是每一个创业者要为创业做准备的基本功。对于那些真正让你感兴趣的问题，要花足够多的时间来思考，找出市场的痛点，并积极寻求解决方案；与你真正喜欢、尊重的伙伴积极充分地讨论，顺便也能物色合适的联合创始人。

5. 利用手头资源快速行动

创业并非起始于对机会的识别和发现，或者预先设定目标，而是首先分析你是谁（你的身份）、你知道什么（你的知识）以及你知道谁（你的社会网络），即了解你自己目前手中拥有哪些手段。创业行动应该是手段驱动，而不是目标驱动；创业者应该运用各种已有手段或手头资源来创造新企业，而不是在既定目标下寻找新手段。创业不同于厨师做菜，不能等到所有配料都准备齐了才开始，更像是手里只有三根残弦乐器的弹奏者，能利用三根残弦弹奏出什么样的音乐。

6. 根据可承受损失而不是预期收益采取行动

创业者必须首先确定自己可以承受的损失以及愿意承担的损失有多人，然后才投入相应的资源，而不是根据创业项目的预期回报来投入资源。毕竟，任何的预期收益都是不确定的，但失败后可能造成的最大损失是确定的。在采取每一步行动之前，创业者都应只付出自己能够承担并且愿意负担的投入，否则就跟赌徒差不多了。在考虑投入时，应该综合权衡各种成本，包括金钱、时间、职业和个人声誉、心理成本、机会成本等。

7. 小步快走，多次尝试

果敢的大步行动可能会获得很多的好处。不过，第一次就能迈对步子的概率微乎其微，因为一个想法或计划的成功率和投入的资源数量无关，所以小步行动通常是有道理的。因为如果能够小步行动，就可以有机会多次采取行动，而较大的步伐将提高我们碰上无法预测事物的可能性。所以，成功的关键驱动因素是不断尝试。

8. 在行动中不断吸引更多的人加入进来

寻找愿意为创业项目实际投入资源的利益相关者，通过谈判、磋商来缔结创业联盟，建立一个自我选定的利益相关者网络，而不是把精力花在机会成本分析上，更不要做大量竞争分析。联盟的构成决定创业目标，随着联盟网络的扩大，创业目标也会不断发生变化。

9. 把行动中的意外事件看成好事

西方有一句谚语"如果生活给了你柠檬，就把它榨为柠檬汁。"这实际上是要求创业者以积极的心态主动接纳和巧妙利用各种意外事件和偶发事件，它们在创业途中无法避免，不应消极规避或应付。在创业过程中，采取的行动很可能不会带来所期望的结果，这时需要友好对待，否则将会错失某些重要的东西。很多时候，意外同时也意味着新的机会。当然，意外也可能意味着问题。如果可能，解决这个问题，你的解决方案会变成你的资产。假如这个问题会永久存在并且你无法排除，那么它将成为你采取下一步行动的已知事实基础。

10. 理智地掌控创业中的利益得失

创业的冲动需要理智驾驭，就像装上发动机的汽车需要方向盘控制一样。创业和从事学术研究不一样，一般创业都要投入少则数十万元、多则上百万元的资金，一旦失败，可能血本无归，甚至还背负债务。所以创业需要理智的驾驭。所谓"运气"只是成功者大度的谦虚，考虑周全、高效执行、做好细节才是创业成功的保障。

所谓理智的掌控包含如下两个内容：实事求是的客观态度和科学有效的分析能力。影响人的客观态度的心理因素主要体现为懒、贪、怕、怨这样一些不健康的心理活动。

APP 微信
卖包子

科学有效的分析能力是个人通过系统学习和不断实践积累得到的。随着商业不断发展，个人的研究分析能力终究有限，创业者需要借助社会专业咨询服务机构的支持。

三、创业思维的五大原则

1. 用户导向

用户导向是相对于自我导向来说的。创业中应该从用户的真实痛点和需求出发来考察和设计自己的商业计划和商业模式，而非想当然地自以为是。

2. 行动导向

行动导向是相对于计划导向而言的。计划导向的特点是可度量、可预测。但是，从精益创业思维出发，用户和市场是不可度量和预测的，需要深入市场调研并进行用户探索和用户验证。

3. 科学试错

与其理性预测，不如科学试错。理性预测并不意味着就符合市场的真实要求，要想真正摸透市场的需求和用户的喜好，就应到市场中进行最小化验证。只有经过验证过、试错过、调整过的产品才能真正符合用户的需求。

4. 单点突破

创业项目最好从细分垂直领域作为切入点和着眼点，在这个细分垂直领域迅速做大做强，建立自己的坚实壁垒，其他行业中的大佬再进入这个领域就比较困难。俗话说，就是"先寻求立足之地，高筑墙，广积粮"。

5. 快速迭代

快速迭代是相对于完美主义而言的。在产品开发或创业中，应摒弃完美主义，不要等待产品完美无瑕了再去投放市场，否则会错失良机。提倡"小步快跑，快速迭代"，在不断试错的过程中，一旦发现存在的问题，就要及时改进。

从大学时代的创新思维到世界 500 强

第四节　大学生创业思维的培养

▌一、大学生应该具备的创业思维

1. 职业思维

大学生创业不同于学业，创业需要在社会领域内操作，还需要具备相应的实践经验。想创业的大学生，在校园学习的时候，就应注重职业思维的培养，熟悉一些专业技术领域的运作方式，从事相应的职业训练，掌握必备的职业操作技巧，形成相应的职业思维方式。只有这样，大学生以后进行创业尝试时才会从容不迫，不会显得手忙脚乱，创业项目实施起来也会做到有的放矢。

2. 经营管理思维

创业项目的实施，不是一两个人的事，需要一个团体进行合理分工、团结协作，也许一个项目在刚刚启动时不需要太多的人员，但随着项目的发展壮大，创业队伍会不断增大，人员的管理就显得非常重要。此外，团队负责人还应具备相应的经营能力，熟悉市场调研、市场预测、市场营销、售后服务等经营知识。所以，有创业梦想的大学生，就应利用创业课程的学习时间，重点学习与经营、管理相关的知识，培养自身的经营管理思维，使自己团队的创业项目不断变大变强。

3. "互联网+"思维

清华大学创业指导教师李肖鸣教授认为，尽管互联网目前还存在一些不完善的环节，但互联网内仍然蕴含着不可估量的创业空间，想创业的大学生就应具备"互联网+"思维，充分利用互联网这个创业平台。的确，互联网的普及、信息技术的飞速发展，改变了传统的创业理念和思维方式，拓宽了市场空间，拉近了产品和客户的距离，改进了货物的分销和配送方式，省略了中间流通环节，这也给想创业的学生提供了难得的操作平台。在互联网这个空间里，年轻人梦想成真的难度大大缩小，跟传统的创业模式相比，互联网创业不需要太大的资金投入，大大降低了创业准入门槛的难度，尤其适合年轻人进行尝试。

🔍 **创业小贴士**

培养大学生创新创业意识

1. 主动适应意识

社会不是为你而造的，要去适应它。与其抱怨社会环境不好，不如换个心态，每次危机都是一种转机，每一次变化都意味着机会。对社会的变化始终保持兴奋，才是创新创业的良好心态。大学生不要把精力放在愤世嫉俗上。

2. 危机意识

不管自己有再强的实力，或者多么的自信满满，大学生创业者们都应该清楚明白的一点是，要时刻保持清醒的头脑，要有危机意识。不光是创业的最初，就从自己开始跨入大学的那一天起，就应该给自己压力，知道自己担负了多少东西，人无远虑，必有近忧。所以在创业之前要做好充足的准备，包括心理准备和社会经验的准备。

3. 市场意识

当你发现市场机会时，你应当像猛虎扑食一样把它抓住。市场意识听起来像是空泛的大道理，然而它确实是创业成功的关键。大学校园不应约束大学生的创新思维，大学生应分出一部分精力加强对社会的了解，主动地分析市场。

4. 摆正心态意识

大学生一旦想要创新创业，就要立刻转变心态，知道自己应该做什么，要尽快从学生角色心态向社会职业人角色心态快速过渡和转变，这一角色心态的成功转变，可以说对大学生的创新创业有很大的帮助。我们都知道"心态决定成败"，所以大学生只有心态真正改变了，在创新创业过程中才有可能取得成功。

5. 坚忍不拔的意识

大学生创新创业是一个艰难、艰辛和充满挑战的过程。几乎所有创新创业的故事都告诉我们，成功来之不易，一个好的想法、好的产品、好的团队，都要经过一次又一次的历练。这个过程有时候会很痛苦、很迷茫，甚至要被迫放弃。大学生在创新创业过程中，必须要有坚忍不拔的意识，才能顶住压力，经受住困难的考验，最终迈入创新创业成功的殿堂。

6. 沟通意识

一切问题都是可以通过沟通解决的。成功的创新创业者都是长袖善舞的沟通者，总是善于与别人融洽相处。大学生在创新创业中要同各方面的人员打交道，无论是政府部门、社会服务机构，还是员工、客户、投资人、竞争对手，都离不开用沟通手段去解决分歧、摆平关系，形成趋利避害的聚合力。沟通是创业者战无不胜的武器。

二、大学生创业思维的培养途径

对每一名大学生来说，就业与实现自己的职业理想都是巨大的考验。着眼当下，大学生要想做一名有志青年，做一个有理想有抱负的人，就要有自己的职业理想，或者有一个能实现自我价值的创业梦。

创业小贴士

全国双创周

自李克强总理在2014年夏季达沃斯论坛上提出"大众创业、万众创新"后，在960万平方公里土地上掀起了"大众创业""草根创业"的浪潮，形成了"万众创新""人人创新"的新态势。

2015年政府工作报告明确提出，要将"大众创业、万众创新"打造成中国经济发展的"双引擎"之一。国务院决定自2015年起设立"全国大众创业万众创新活动周"（简称"双创周"）。活动周期间，在各地举办政策宣传、展览展示、经验交流、信息发布、文化传播、互动对接、投资交易、成果转化等活动，各地通过搭建"双创"展示平台，促进各类创业创新要素聚集交流对接，为全社会营造良好创业创新氛围。2021年"全国双创周"重点围绕双创带动就业、改革激发活力等方面，征集策划40余场专题活动，其中包括2021年"创响中国"海淀站暨京津冀双创示范基地联盟主站活动、2021年中关村5G创新应用大赛等重点活动10余场。中国空间站模型在北京会场首次展出，无人机、智能汽车、智能装备等领域的产品也相继亮相。

1. 学习创业知识

我们平时所说的创业，一般是指创办企业。所谓企业，是指依法设立的、以营利为目的、从事商品的生产经营和服务活动的独立核算经济组织。企业的运营是指把人的要素和物的要素结合起来，自主地从事经济活动。

创业知识是开展创业活动的基础，对创业起着举足轻重的作用，掌握全面的创业知识有助于系统性思维的形成，并且对创业活动的顺利开展具有指导意义。学习创业知识的途径包括与创业人物交往、修读创业指导课程、聆听创业讲座、查阅创业书籍报刊、观看创业视频、参加创业论坛、接受创业培训、浏览创业网站、关注创业微博资讯，等等。学习创业知识的核心并非把创业本身当成某种技能或流程来掌握，而在于创造用户真正需要的产品和价值。所以，初次创业者要把关注点和工作重点放在产品开发、用户体验和市场营销上，这也是成功创业真正的诀窍。

2. 要充满激情

(1) 保持激情。很多人都有一个创业的理由，如生活的压力、工作的兴趣、生活的追求、人生的理想、对社会的责任感等。那么创业如何开始呢？我们认为，创业需要激情，激情产生动力。人在激情的支配下，常能调动身心的巨大潜力。

激情是人针对具体的对象产生兴趣而引发的强烈感情。所以，创业要培养自己对项目的兴趣。兴趣有助于你理解产品、客户、市场、团队及竞争对手，有助于你感受创业过程中的努力、挫折、伤害、成功、失败……兴趣对人会产生各种各样的心理冲击。对创业和创业对象的兴趣有助于你深刻地感受成功的快乐，化解挫折的压力，承受失败的痛苦。创业的成功是建立在投入时间、投入精力的基础上的，由兴趣引起的关注可以帮助你不知疲倦地投入旺盛的精力。

创业要随心而动。在商业社会中，对物质利益的追求经常会将人置于异化的境地，逐渐背离自己最初追求的目标。然而感情是真实的，它能够帮助你随时检验工作的效果，调整自己的方向，真正获得由创业带来的幸福生活。

(2) 全心全意投入。创业必须全心全意，若希望在创业的同时保留一份原来的工作则是很困难的。对于大学生来说，不管是兼职创业还是初次创业，在创业的过程中所学到的知识和提升的经营管理能力，就是自己践行创业最大的财富。

为什么大学生兼职创业和初次创业多以失败而告终呢？其原因在于兼职创业者或初次创业者无法熟练地把控创业的过程，他们没有经验，没有优秀的团队，也没有足够的资金和市场营销资源，甚至开发推广的产品也不是市场所需要的。

要想成为一名成功的创业者，需要不断地提升自己各方面的能力，包括创新能力、分析决策能力、预见能力、应变能力、用人能力、组织协调能力、社交与沟通能力、团队激励能力。这些能力，都可以在学校学习期间和课外实践中加以锻炼提升。

3. 参加创业社团

大学社团活动能锻炼各种综合能力，这是创业者积累经验必不可少的实践过程。大学生可以积极参加创业协会、创业俱乐部和创业者训练营活动，在工作岗位上施展和检验自己的才能，并以社团为平台结识创业相关领域的专家和商家，为创业积累人脉资源。

4. 多听名人讲解

创业者应多听一些成功创业者的经验，以获取经验提升自己的能力，力求让自己少走弯路、避开陷阱；学习别人的失败经历，因为成功的原因有千千万万，失败的原因就一两点。通过别人创业失败的案例，总结经验教训。

5. 访谈创业人士

通过采访创业人士，可以详细了解特定职业或创业过程中不为常人所知的要求，可以帮助你在进入某一行业或创业前做好相关方面的技能准备，间接获得一定的行业知识，还可以帮助你建立创业人脉，为以后成功创业打下基础。具体途径包括参观知名企业，采访校内外创业成功人士和正在创业中的人士(包括大学生创业者)，以及向创业指导专家、创业指导课程老师请教等。

6. 明确创业目标

确立个人的创业目标时要切合实际，不能大而空、思路不清晰、不切实际。建议大学生从微小型企业的创立着手，规模过大则可能会使自己陷入许多困境当中；结合自身所学专业与特长做自己能驾驭的事，这样在创业过程中才能得心应手。创业者的个人目标与自己未来的企业发展目标要一致，为既定目标全程设计自己的创业规划并组织实施。

7. 投入创业实践

创业不是纸上谈兵。大学生可以在创业前去企业实习，积累相关的管理和营销经验；在社会资源储备方面，创业前可以先到相关行业领域工作一段时间，为自己日后的创业积累人脉；在管理能力的学习方面，创业过程中需要学习财务、营销、沟通、人员管理综合方面的管理能力。

大学生创业成功，是运用创新事物的理念和专业的培养课程体系来支撑、管理和运营团队等多方面合力的结果，缺乏其中任何一个方面都会导致创业失败。

作为大学生，投入创业实践主要有以下四种途径：

(1) 参加创业模拟实践：参加各种商业模拟游戏、创业沙盘推演、创业情景模拟等虚拟性实践活动。

(2) 参加创业大赛实践：包括校内外举办的各类大学生创业计划大赛、发明专利比赛、创新人赛、营销策划大赛、市场调研大赛等，通过比赛演练创业。

(3) 参加创业企业实践：到创业企业中去工作，掌握今后创业所需要的技能和经验，结合工作尝试开展带有开创性的项目，积累相关人脉资源。

(4) 直接创办企业或经营创业项目：在有些大学里开辟有专门的大学生创业园，以获得创业支持。

要提升创业素质，从本质上讲，最关键的是要培养创业精神。在这里，创业精神不仅仅指创办新企业、开发新产品和提供新服务，更重要的是指创新精神、冒险精神、合作精神、敬业精神和务实精神，这些广泛适用于所有工作领域和岗位，无论就业还是创业都离不开。

8. 创业风险的预见

大学生创业者在创业初期一定要做好市场调研，在了解市场的基础上创业；必须考虑是否有足够的资金创办企业，以及在企业创办后是否有足够的资金支持日常运作；在企业创建初期，需要调动社会资源来开展对外宣传等工作，大学生对此有可能会感到非常吃力。

🔍 医创案例

微医集团创始人兼 CEO 廖杰远——互联网医疗照进现实

廖杰远大学就读于自动化控制专业，毕业后分配到了福州的一家林业研究所，但他并不安于现状，更希望能让更多的人用上他设计的产品与服务。他开始尝试研究将计算机上的文字转换成声音——这也就是语音合成软件的雏形，当时的他还不到 25 岁。

在 1998 年，廖杰远就成为了"国家 863 计划"项目天音软件公司的总经理。第一次创业的他带领研发了中国第一套能听会说的"中国话王"，一款非常早期的语音识别兼语音合成设备，当时在中国卖了六万套，隔年又带领团队推出了第一台智能语音电脑"天音Ⅰ代"。廖杰远作为早期创始人成立的硅谷天音，也成了科大讯飞的雏形。

2010年家人一场痛苦的就医经历，让廖杰远义无反顾地踏入了数字健康领域。这年夏天，廖杰远两岁不到的小侄儿得了一种奇怪的病，一条腿上长了包，看得廖杰远心疼不已。他和家人带着小侄儿从夏天折腾到冬天，整整10个月，辗转7家医院，进行了两次滑膜切除手术，又经历两次复发，最后才知道侄儿的病是由结核引起的并发症，两次手术是完全的误诊，但孩子的一生都将因手术而运动机能受限，造成了终身的遗憾。

在深刻地经历了一个中国普通老百姓能在医院内经历的所有困难、无奈和无助后，当时的廖杰远就暗暗立志："这辈子但凡我还能做一件事，那就是用我熟悉的IT技术来让老百姓看病方便一点点。"当年创业的激情再次被点燃，这个年届不惑的汉子自此便一脚踏进了此前完全陌生的医疗行业，创立了"挂号网"（后更名为"微医"）。

廖杰远将微医的发展过程分为三个阶段。第一阶段是以挂号网起家，逐步成为国内流量最大、用户最多的数字化医疗健康服务平台。第二阶段，以2015年创建乌镇互联网医院为分水岭，微医建立起新型的智能健康医疗服务和远程医疗协作平台，跑通线上线下问诊全流程。第三阶段，以2018年为新起点，微医开始以地域为单元，跑通"市、县、乡、村，医、药、保、养"，创建以数字化为引擎的"健共体"。

在第一个阶段，最难的是把医院的围墙打开，把内、外网顺畅地连接起来。也就是在这一阶段，微医通过预约挂号让老百姓通过电脑、手机能够直接连接医院的窗口，把医院的窗口外移到互联网上。从2010年开始，廖杰远带领团队从无到有拓展医院，微医已在全国连接了7200多家公立医疗机构，让老百姓在家里面就可以直接和医院的窗口无缝交互。

在第二个阶段，微医依旧是第一个破局者。2015年，微医创办全国首家互联网医院——乌镇互联网医院，开具了全国第一张互联网医院电子处方，开创了在线诊疗、电子病历共享、电子处方等改革举措的先河，带来了全行业的关注。这是微医发展史上的一个重要时刻，也是廖杰远深受感动的一个时刻。作为一种新业态，乌镇互联网医院面临的政策环境是"政策没有说不行，但也没有说该如何办"。乌镇所在地桐乡市，市委专门安排出一个周末，讨论微医的"互联网医院"项目。在这场关乎亿万国人切身福祉的重大问题的讨论会上，桐乡市的父母官并没有吝惜权力，更没有明哲保身——所有的常委一致做出书面决议：全力支持"互联网医院"，一切问题由常委会来承担责任。他们提出了这样的口号：乌镇要做互联网医疗的小岗村。

2018年4月12日，是中国互联网医疗里程碑式的一天。这一天，李克强总理主持召开国务院常务会议，确定发展"互联网＋医疗健康"措施，审议并原则通过《关于促进"互联网＋医疗健康"发展的意见》。"互联网医院"第一次被写入国务院政策文件。历经两年多的试点，乌镇互联网医院从一家线上线下结合的医疗机构，成为高层文件认可的行业新业态。

2018年以来，"3.0"阶段的微医，在廖杰远带领下，先后帮助南平市、平顶山市、泰安市、银川市、厦门市、龙岩市、天津市等多地打造数字"健共体"，纵向打通市、县、乡、村四级医疗机构，构建四级数字医疗体系，横向实现医疗、医药、医保、医养"四医联动"，最终实现区域医疗水平提升、百姓健康指数提高、医保增幅降低的目标。

思考与行动

1. 简述什么是创新思维和创业思维。

2. 通过对创新思维的学习，运用创新思维结合自己所学专业进行局部创新或流程改进。

3. 创新思维能力测试。回答以下 10 个问题，如果符合你的情况，就回答"是"，不符合则回答"否"，拿不准的回答"不确定"。

(1) 你认为那些使用古怪和生僻词语的作家，纯粹是为了炫耀。

(2) 无论什么问题，要让你产生兴趣，总比让别人产生兴趣要困难得多。

(3) 对那些经常做没把握事情的人，你不看好他们。

(4) 你常常凭直觉来判断问题的正确与错误。

(5) 你善于分析问题，但不擅长对分析结果进行综合、提炼。

(6) 你审美能力较强。

(7) 你的兴趣在于不断提出新的建议，而不在于说服别人去接受这些建议。

(8) 你喜欢那些一门心思埋头苦干的人。

(9) 你不喜欢提那些显得无知的问题。

(10) 你做事总是有的放矢，不盲目行事。

参照下面的积分表，计算自己的得分。

创新思维评测积分表

题号	"是"评分	"不确定"评分	"否"评分
1	−1	0	2
2	0	1	4
3	0	1	2
4	4	0	−2
5	−1	0	2
6	3	0	−1
7	2	1	0
8	0	1	2
9	0	1	3
10	0	1	2

评分与解释

得分 22 分以上，说明被测试者有较高的创造思维能力，适合从事环境较为自由，没有太多约束，对创新性有较高要求的职位，如美编、装潢设计、工程设计、软件编程等。

得分 21 ～ 11 分，说明被测试者善于在创造性与习惯做法之间找出均衡，具有一定的创新意识，适合从事管理工作，也适合从事其他许多与人打交道的工作，如市场营销。

得分 10 分以下，说明被测试者缺乏创新思维能力，属于循规蹈矩的人，做人总是有板有眼，一丝不苟，适合从事对纪律性要求较高的职位，如会计、质量监督员等。

4. 跳出盒子的思考。小组讨论一下，看看谁能利用不超过 4 条直线，在不断笔的情况下，将下面 9 个点串联起来。

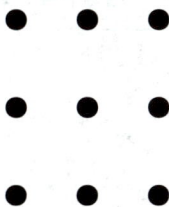

●　●　●

●　●　●

●　●　●

（提示：如果将这些黑点想象成一个"盒子"，那么将很难解决这个问题。具有创新能力的人，常常能够"跳出盒子来思考"。"盒子"代表的是我们强加给自己的思维定式。"跳出盒子来思考"，就是要突破思维定式，不故步自封，跨越自己大脑的一切界限，让思维从"盒子"里解放出来。）

快速思考：

(1) 向全班同学分享自己的做法。

(2) 你认为这个问题是否可以解答？请说明理由。

(3) 在解答这道题的过程中，你是否想过放弃？为什么？

(4) 你遇见困难时是否会积极探索解决问题的办法？请举例说明。

5. 根据下列案例回答问题。

小郑对学校的职业生涯课程和职业指导课程尤为感兴趣，努力学习创业知识。课余他积极参加各种校园活动和社会实践活动，提高自己的综合素质和创业能力。一直想自主创业的小郑在学校、老师和家人的帮助与支持下，成立了创业工作室，团队成员有 4 人，都是他同班的同学，主要从事动漫设计和制作。创业初期，他雄心勃勃，却屡屡受挫，很多事情想得很好，实施起来却很难，要么没有订单，要么制作出来的动画达不到客户的要求，要么团队内部成员不断产生矛盾。小郑感觉到前所未有的压力，但他不是一个轻易认输的人，经过不断地反思和总结，他为团队吸纳了其他专业的同学，特别是营销专业和会计专业的同学，同时，建立各项规章制度，规范了业务流程，明确了专业分工，最终使创业工作室的业务逐渐走上了正轨。

回答问题：

(1) 通过阅读案例，你有何感想？

(2) 如果你也想创业，你会借鉴小郑的哪些做法？

第四章　创新创业能力培养

案例导读

海尔"创业再出发"

对企业来说，增长是一个永恒的话题。如何持续不断地增长，也是当下诸多企业最关心的。"海尔要成为一个'时代的企业'，必须以归零心态，创业再出发。"在海尔集团召开的2022年工作总结表彰大会暨第八届职工代表大会第四次会议上，海尔集团董事局主席、首席执行官周云杰以《创业，再出发》为题发表了演讲。在演讲中，他给出了海尔的答案——"在机遇中识别风险，在风险中抓住机遇"，开创新的发展格局。38年来，创新与创业一直是海尔集团内部强调的最具代表性的高频词汇。按照创始人张瑞敏的说法，海尔只有创业没有守业，"守业是守不住的，只有永远的创业，永远在路上才有可能把事业做大"。

在不断变化的时代大背景下，中国正从高速发展迈向高质量发展，"要聚焦，保持战略定力，心无旁骛做主业；要稳健，守住风险底线，守住企业发展的压舱石；要有源动力，让创客制成为企业自我成长的永动机；要有根，创建卓越文化，让每个人都具有企业家精神。"

在数字技术、数字经济的发展大潮下，海尔再次明晰了企业的发展方向——继续聚焦实体经济，心无旁骛做主业，聚焦智慧住居和产业互联网两大赛道；另一方面，面对高度不确定性的世界，始终保持创业和"再出发"的危机感。"没有战略的企业没有未来，所以做什么很重要；偏离战略，会给企业带来毁灭性的灾难，所以确定不做什么更重要。"近些年，海尔的创新进程不断加快，外界也常常缺少对其战略全貌清晰的认知。"心无旁骛做主业""企业要经得起诱惑、耐得住寂寞""保持战略定力"等，海尔管理层多次有力的指向也回应了外界关心的相关问题。在海尔的规划中，心无旁骛的战略定力体现在智慧住居和产业互联网两大赛道。事实上，作为产业互联网的领跑者之一，海尔在产业互联网的"无人区"进行筑基、探路、落地，这其中必然少不了战略定力。为了支持两大赛道的引领，海尔将生态转型、数字化转型和科技自立自强放在战略高度上进行布局。面对家庭生活场景中多元化、立体化和全方位的用户之需，生态转型扣住"场景聚合产品，生态'复'盖行业"，打破行业边界，实现生态共建共创。数字化转型扣住以价值创造驱动的思维重塑和模式重构，以全流程、全要素的数据为关键驱动要素实现业务运行和资源配置方式的变革，使其成为应对变局和不确定性的重要手段。科技自立自强扣住让原创科技支持企业高质量发展，"补短板"与"锻长板"并重，强化自主创新能力，强化开放创新系统及科创生态体系构建，支撑世界一流科创平台、世界一流企业建设。

这并非海尔首次"归零""再出发"。创业38年来，创新与创业是海尔集团内部多次重点强调的战略。张瑞敏曾思考为什么海尔能够从一无所有起步创出名牌，就是靠"上下同欲"的拼搏创业精神。1995年，张瑞敏写了一篇文章《海尔只有创业没有守业》。在他看来，创业精神的天敌，是自己曾经成功的经验和思维定式。后来，这篇文章被放到海尔报上，演化成了如今的"双创精神"——创业和创新精神。双创精神从"1"扩展到"N"，目标是要做大做强。之后，2005年，"人单合一"模式诞生，海尔通过"砸组织"，形成一个个主动"出击"的小微企业，挑战传统的线性管理模式，激活了员工的"创新因子"。

进入物联网时代，海尔打造了高端品牌、场景品牌和生态品牌三级品牌体系，根据用户的个性化需求与生态方一起定制场景和服务，从而突破了传统家电企业的标签，成为面向物联网时代的生态型企业。这些，同样都是对"双创精神"的延伸。数字时代呼啸而来，海尔聚焦产业互联网，赋能传统企业转型升级、产业园区提质降本增效、城市经济换挡提速，赋能行业高质量发展。

海尔的每次转型，内生动力的关键都在"人"。海尔强调，人是一切价值的源泉。海尔通过"创客制"，为员工提供创业的平台，让每个人都有机会成为创客合伙人。海尔生物总经理刘占杰曾是一位研发人员。2006 年，刘占杰和团队研发出了中国第一台超低温冰箱，打破了该领域国外品牌 30 多年的垄断。2018 年，海尔生物医疗开放引进资源，67 名核心管理团队及技术团队创客跟投对赌。2019 年，海尔生物医疗在科创板上市，成为青岛市首家登录科创板的企业。刘占杰实现了从一名普通创客到上市公司负责人的蜕变，之前参与对赌的 67 名创客也成为海尔生物医疗的合伙人。"一切企业文化的核心都是企业家和企业家精神。"周云杰在演讲中透露，海尔正推动"全员参与、全员共治"，发挥每个人的企业家精神，共建卓越文化。由此理解海尔 2023 年"创业再出发"，除了要实现海尔自身的增长外，另一个重要方面是赋能与共创，与大家一起再出发。

创业大讲堂

大学生自主创业是一个动态发展的运作过程，其最终的目的就是把创业者的理想变成现实的事业。对于一个企业来说，创业者乃群龙之首，创业者的品质素质直接关系到企业文化和企业的灵魂精髓。想要创业成功，创业者必须具备一定的创新创业能力，否则即使勉强踏进了创业的门，也等于拿了张假的创业"通行证"，迟早会被清场。

第一节　创新创业能力

■ 一、创新创业能力的含义

创新创业能力是指运用一切已知信息，包括已有的知识和经验等，在各种实践活动领域中不断创造独特、新颖、具有社会价值或个人价值的新思想、新理论、新方法、新发明和新产品的能力。

创新创业能力是一种综合能力，以广博的知识为基础，它应具备的知识结构包括基础知识、专业知识、工具性知识或方法论知识以及综合性知识。创新能力直接影响和制约着创新实践活动的进行，是创新实践活动赖以启动和运转的重要条件。

对于大学生来说，创新创业能力更多的是指在学习过程中所表现出来的探索精神，发现新事物、掌握新方法的强烈愿望以及运用已有知识创造性地解决问题的能力。

■ 二、创新创业能力的特点

1. 主动性

主动性是创新的前提，表现为主动地参与各项创新实践活动，充分发挥主观能动性，自觉调动主体自身的创新积极性。通过自觉的"观"与"思""悟"与"行"，寻找创新机会，开展创新行动，落实创新成果，发挥创新优势。

2. 实践性

实践是创新的源泉，创新能力一定是在社会实践中形成和发展起来的。创新能力培养的目的、途径以及最终结果，都离不开实践。创新本身就是一种创造性的实践，实践也是检验和评价创新能力的标准。

3. 协作性

协作性表现为由若干人或若干单位共同配合完成工作任务的协调程度。创新能力不只是跟智力因素有关，个性品质中的协作性作为非智力因素也会影响着创新能力的发挥，具有良好的协作精神是创新能力的重要特征。

4. 发展性

创新能力不是一成不变的，它是一种潜在的综合能力，受多种内外因素的影响而不断发展变化。创新能力必然随着个体知识结构的丰富、思维方式的完善以及实践经验的积累而不断进步。

创业小贴士

测测你的创业能力

活动目的：

凭直觉回答下列问题，然后参照后面的指数来看看你的创业能力到底如何。

活动流程：

流程 1　测试题

每小题 A 和 B 共 2 个选项，在你认可的选项前打钩，然后分别统计 A 和 B 选项的和，参考答案见题后。

一、创办企业的动机

1. A. 我有一份工作

　 B. 我没有工作

2. A. 在决定创办自己的企业之前，我有一份好工作

　 B. 在决定创办自己的企业之前，我没有一份工作

3. A. 我从自己干过的每一份工作中都学到了一些东西，我发现工作很有意思

　 B. 我工作只为挣钱。工作没有什么乐趣，我对工作兴趣不大

4. A. 我想让我的企业成为我终生的事业

　 B. 我想创业，是因为没有其他选择

5. A. 我想拥有一家企业，这样我能够为我的家庭提供更好的生活方式

　 B. 我想创办企业是因为想取得成功，富人都有自己的企业

6. A. 我坚信，我的成功与否过多地取决于自己的努力

B. 一个人不论做什么，要想成功，都需要其他人的许多帮助

二、风险承受能力

7. A. 我坚信，要在生活中前进必须冒风险
   B. 我不喜欢冒风险

8. A. 我认为风险也蕴含机会
   B. 如果可以选择，我愿意以最稳妥的方式做事

9. A. 我只有在权衡了利弊之后才会冒风险
   B. 如果我喜欢一个想法，我会不计利弊地去冒风险

10. A. 即使投资于自己企业的资金亏掉了，我也愿意接受这样的现实
    B. 投资于自己企业的资金可能会亏掉，我难以接受这样的现实

11. A. 不论做任何事，就算我对这件事有足够的控制权，我也不会总是期待完全控制面
    B. 我喜欢完全控制自己所做的事情

三、坚忍不拔和处理危机的能力

12. A. 即使面对极大的困难，我也不会轻易放弃
    B. 如果存在很多困难，真的不值得为某些事去奋斗

13. A. 我不会为挫折和失败沮丧太久
    B. 挫折和失败对我的影响很大

14. A. 我相信自己有能力扭转局势
    B. 一个人能自己做的事情是有限的，命运和运气起很大的作用

15. A. 如果有人对我说不，我会泰然处之，并会尽最大的努力改变他们的看法
    B. 如果有人对我说不，我会感觉很糟并会放弃这件事

16. A. 在危急情况下，我能保持冷静并找出最佳的应对办法
    B. 当危机升级时，我会感到慌乱和紧张

四、家庭支持

17. A. 我会让家人参与对他们产生影响的企业决定
    B. 我不会让家人参与对他们有影响的企业决定

18. A. 因为对企业的全力投入，使我不能花很多的时间和家人在一起，他们会理解我
    B. 因为对企业的全心投入使我不能多花时间和家人在一起，他们会感到不快

19. A. 如果我的企业最初不是很成功，并且给家人带来经济上的困难，他们愿意忍受
    B. 如果我的企业最初不是很成功，并且给家人带来经济上的困难，他们会十分生气

20. A. 家人愿意帮助我克服企业遇到的困难
    B. 家人可能不愿意或者没有能力帮助我克服企业遇到的困难

21. A. 家人认为，我创办企业是个好主意
    B. 家人对我创办企业感到担心

五、主动性

22. A. 我不惧怕问题，因为问题是生活的组成部分，我会想办法解决每一个问题

B. 我发现解决问题很难，我害怕这些问题，或者干脆不想它们

23. A. 当我遇到困难时，我会尽力去克服困难，困难是对我的挑战，我喜欢挑战

　　B. 如果我遇到困难，我试图忘掉它们，或等待其自行消失

24. A. 我不会等待事情的发生，而是努力促使事情发生

　　B. 我喜欢随波逐流并等待好事降临

25. A. 我总是尝试做一些与众不同的事情

　　B. 我只喜欢做我擅长的事情

26. A. 我认为所有的想法可能都会有用，因此，我会寻求尽可有多的想法，并看其
　　　是否可行

　　B. 人会有很多想法，但是一个人不可能做所有的事情，我愿意坚持自己的想法

六、协调家庭，社会和企业的能力

27. A. 在企业能够承受的范围之内，我从企业拿出钱来供我和家人使用

　　B. 我的家人需要多少钱，我就从企业拿出多少钱

28. A. 如果我的朋友或家人有经济困难，我只会用预留给我个人的钱来帮助他们，
　　　我不会从我的企业拿钱

　　B. 如果我的朋友或家人有经济困难，我将帮助他们，即使这样可能会损害我的企业

29. A. 我不把大量的工作时间花在家人和社会关系上而忽略我的企业

　　B. 我会优先考虑家人和社会关系，他们高于企业

30. A. 家人和朋友必须像其他顾客一样，为使用我的产品、服务或企业的资金付钱

　　B. 家人和朋友将从我的企业得到特殊的好处和服务

31. A. 我不因为顾客是我的朋友或家人就可以赊账

　　B. 我会常常让我的朋友和家人赊账

七、决策能力

32. A. 我能够轻松地做决定，我喜欢做出决定

　　B. 我发现做决定很难

33. A. 我能独立做出艰难的决定

　　B. 在我做出艰难的决定之前，我会征求很多的意见

34. A. 一旦需要做出商定，我常能尽快地决定做什么

　　B. 我尽可能长地推迟做决定的时间

35. A. 在做决定之前，我会认真思考并考虑所有可能的选择

　　B. 我凭感觉和直觉做出决定，我只知道眼下做什么

36. A. 我不怕犯错误，因为我可以从错误当中吸取教训

　　B. 我经常担心会犯错误

八、适应企业需要的能力

37. A. 我只提供顾客需要的产品或服务

　　B. 我只提供自己喜欢的产品或服务

38. A. 如果我的顾客想要更便宜的产品或服务，我将想办法满足他们的需求

B. 如果我的顾客想要更便宜的产品或服务，他们只得找其他的企业

39. A. 如果我的顾客想赊购，我会想办法用最低的风险为他们提供赊购服务

　　B. 我不会向任何人赊销我的产品或服务

40. A. 如果将企业迁到其他地方生意更好，我准备这样做

　　B. 我不准备重新选择企业地点，无论我的企业在哪里，顾客和供货商都必须到那里

41. A. 我将研究市场趋势，并力图改变工作态度和方法，以跟上时代的发展

　　B. 最好按照我已知道的方法去工作，跟上时代发展太难了

九、对企业的承诺

42. A. 我善于在压力下工作，我喜欢挑战

　　B. 我不善于在压力下工作，我喜欢平静和轻松

43. A. 我喜欢每天工作很长时间，我不介意占用业余时间

　　B. 我认为工作以外的时间很重要，人不能长时间地工作

44. A. 我愿意为自己的企业而减少与家人和朋友在一起的时间

　　B. 我不愿意为自己的企业而减少与家人和朋友在一起的时间

45. A. 如果必要，我可能把社交活动、休闲娱乐和业余爱好放在一边

　　B. 我认为在社交活动、休闲娱乐和业余爱好上多花时间是很重要的

46. A. 我愿意非常努力地工作

　　B. 我愿意工作并做必须做的事情

十、谈判技巧

47. A. 我喜欢谈判，并且经常在不冒犯任何人的情况下达到目的

　　B. 我不喜欢谈判，按照别人的建议去做更容易

48. A. 我与别人沟通得很好

　　B. 我与别人沟通有困难

49. A. 我喜欢倾听别人的观点和选择

　　B. 我对别人的观点和选择一般不感兴趣

50. A. 谈判时，我会考虑什么对自己有利，什么对别人有利

　　B. 如果参加谈判，我更愿意作为一个听众并旁观事态的发展

51. A. 我认为，在谈判中达到目的的最好方法，是努力寻找一个使双方都受益的方案

　　B. 因为企业是我的，所以我的意见最重要，谈判中总有一方会失败

流程 2　游戏说明

以上共十个方面 51 道题，每一大题有 5 小题（第一大题为 6 小题）。每一大题中如果有 3 个选项为 A，说明你创业的能力基本具备；如果有 4 个选项为 A，说明你创业的能力较强。全部统计结果如果有 30 个选项为 A，说明你基本具备了创业能力，如果能达到 40 个 A 以上，说明你的创业能力较强。当然，这些都只是从理论上界定的，仅供参考，真正的创业能力还需要在实践中锻炼。

你是否有创业的想法？通过 3 个测评参考，看看自己是否具有创业的基础。

流程 3　结果分析

参照下面的人格特质测验评分标准，对结果进行分析。

人格特质测验评分标准

1：A＝1 B＝2	9：A＝1 B＝2	17：A＝0 B＝2	25：A＝1 B＝2
2：A＝2 B＝1	10：A＝2 B＝1	18：A＝1 B＝0	26：A＝1 B＝1
3：A＝0 B＝1	11：A＝0 B＝2	19：A＝0 B＝2	27：A＝1 B＝1
4：A＝0 B＝1	12：A＝1 B＝1	20：A＝1 B＝1	28：A＝2 B＝0
5：A＝2 B＝1	13：A＝2 B＝0	21：A＝1 B＝0	29：A＝0 B＝1
6：A＝0 B＝2	14：A＝1 B＝1	22：A＝1 B＝1	30：A＝2 B＝1
7：A＝2 B＝0	15：A＝1 B＝1	23：A＝0 B＝2	31：A＝1 B＝2
8：A＝1 B＝2	16：A＝2 B＝1	24：A＝1 B＝1	32：A＝1 B＝0

三、创新创业能力的作用

培养学生的创新能力，使其成为创造型优秀人才，是时代和社会对新时期教育工作提出的更新、更高的要求，是满足知识经济时代对高素质人才需求的重要途径和有效措施，也是教育教学改革发展的方向、潮流和趋势。

(1) 推进科教兴国战略、参与国际竞争、提高我国的综合国力和国际地位需要创新创业能力。当今世界各国之间竞争的重点已经转化为以经济、科技为中心的综合国力的较量，而归根到底则是作为科技载体的人才的竞争，谁率先拥有了具备较强创新能力的人才，谁就将在这场激烈的国际竞争中争取到更大更宽松的发展环境。因此，党和国家将科教兴国确定为我国的基本国策，是完全正确的。实施科教兴国战略，教育是基础，以创新能力教育为重点的高等教育，必须在科教兴国战略中发挥培养创新人才的龙头作用。

(2) 完成我国社会主义初级阶段的发展战略需要创新创业能力。对于承担祖国未来建设主力军任务的大学生来说，要义无反顾地承担起历史和时代赋予的使命，全面提高创新能力，为社会创造更多、更好的物质和精神财富，为全面建成小康社会贡献力量。

四、创新创业能力的种类

1. 发现问题的能力

问题是启发思考的源泉，是创新能力的重要基石，发现问题是解决问题的前提，发现问题往往比解决问题更为重要。我们生活的世界时时处处都存在着各种各样的矛盾，当某些需要处理的矛盾反映到意识中时，人们就会发现它是个要设法解决的问题，这就是发现问题的阶段。从问题解决的阶段性看，这是第一阶段，是解决问题的前提。发现问题不论对学习、生活、创造发明都十分重要，是思维积极主动性的表现，在促进创新上具有重要意义。

2. 提出问题的能力

提出问题的能力是指从外界众多的信息源中，阐明自己所发现的、有价值的问题信息的能力。"提出问题"不是仅仅指带有问号的一般性问题，而是特指那些可以引起思考和探究的问题。没有问题就难以诱发和激起求知欲，学生就不会去思考、去创造。因此，培养学生善于提出问题的能力，是促进个体认知发展的重要途径，也是教育学生学会学习的方法之一。提出问题的前提是发现问题，如果没有发现问题，就不能提出问题，科学探究便无从谈起。因此，善于发现问题和提出问题是创新创业能力的重要表现。

3. 分析问题的能力

分析问题的能力是指把事物的整体分解为若干部分进行研究的技能和本领。事物是由不同要素、不同层次、不同规定性组成的统一整体。认识事物的有效方式之一就是把它的每个要素、层次、规定性在思维中暂时分割开来进行考察和研究，弄清楚每个局部的性质、局部之间的相互关系以及局部与整体的联系，做到由表及里、由浅入深、由易到难地认识事物和问题。

分析问题能力的高低强弱与三个因素有关：一是个人的知识、经验和禀赋；二是分析工具和方法的水平；三是共同讨论与合作研究的品质。随着科学技术的发展，高性能计算机和各种科学仪器以及新的分析方法的出现和应用，有效地提高了人们的分析能力。当然，分析问题能力也有局限性和片面性，容易使人只见树木，不见森林，忽视从整体上把握事物。因此通常把分析能力与综合能力结合起来运用，将会取长补短，相辅相成。

4. 解决问题的能力

解决问题的能力包括提出问题和凝练问题，针对问题选择和调动已有的经验、知识和方法，设计和实施解决问题的方案，对于难题，能够创造性地组合已有的方法乃至提出新方法来予以解决。解决问题分狭义和广义，狭义的解决问题就是人们通常认为的各种问题的解决，如物理问题、数学问题、技术问题；广义的解决问题则包括各种思维活动，这种情况下，创新能力就等同于创新性解决问题的能力。

创业小贴士

能力对创业的影响

《你的降落伞是什么颜色》的作者理查德·尼尔森·鲍利斯将能力分专业知识能力、可迁移能力和自我管理能力。

1. 专业知识能力

这是指一个人所知道的东西，它涉及具体的专业知识，用名词来表达，比如：美学、英语、音乐、宗教、法律、光学等，需要经过有意识、特殊的学习或培训并通过记忆掌握特殊词汇、程序和学科才能获得。

2. 可迁移能力

这是指一个人的行动，用动词来表达，比如：教学、组织、说服、管理、调查、分析等，可以迁移到不同的领域和岗位中去。可迁移能力有类别之分，分别是人、事、观念和数据；可迁移能力还有水平高低之分。

3. 自我管理能力

这是指一个人的行事风格或特点，用形容词或副词来表达，比如：认真的、有创造力的、敬业的、负责任的等。

概言之，专业知识能力是从事工作的根本，可迁移能力是做事的基础，自我管理能力是做好事情的关键。

一般来说，专业知识能力会影响创业者选择进入哪个创业领域。可迁移能力里要注意能力归类，是喜欢与人打交道，还是喜欢与事物打交道；是喜欢观念，还是喜欢数据，这会影响到创业团队中的分工与从事岗位。自我管理能力对从事具体的创业岗位有影响，如有创造力的不适合安排事务性管理岗位。

第二节　创新创业能力的培养方法

▍一、创新创业能力的基本要素

1. 敏锐的观察能力

观察力对于一个人来说是非常重要的。敏锐的观察力可以使我们避免受表面现象的迷惑，而真正地看到事物的本质和变化的趋势，也可以使人变得更加睿智、严谨，发现许多人所不能发现的东西。

要培养敏锐的观察能力，掌握良好的观察方法十分必要。

(1) 要确立观察目的。对一个事物进行观察时，要明确观察什么、怎样观察、达到什么目的，做到有的放矢，这样才能把观察的注意力集中到事物的主要方面，以抓住其本质特征。目的性是观察力最显著的特点，有目的地观察才会对自己的观察提出要求，获得一定深度和广度的锻炼；反之如果东张西望、左顾右盼，对事物熟视无睹，你的观察力就得不到锻炼和提升。

(2) 要制订观察计划。在观察前，对观察的内容做出安排，制订周密的计划。如果在观察时毫无计划，漫无条理，那就不会有什么收获。因此，我们进行观察前就要做好打算，先观察什么，后观察什么，按部就班，系统进行。观察的计划，可以写成书面的，也可以记在脑中。

(3) 要培养浓厚的观察兴趣。每个人由于观察敏锐性的差异，在同一件事物的观察上产生不同的兴趣，注意到不同事物或同一事物的不同特点。因此，培养浓厚的观察兴趣是培养观察能力的重要前提条件。为了锻炼观察能力，必须培养每个人广泛的兴趣，这样才能促使人们津津有味地进行多样观察。同时，还要有中心兴趣。有了中心兴趣，就会全神贯注地对某一领域进行深入的观察。

(4) 要观察现象，探寻本质。观察力是思维的触角，要培养同学们的观察力，就要善于把观察的任务具体化，善于引导他们从现象乃至隐蔽的细节中探索事物的本质。

(5) 要掌握良好的观察方法。一个良好的观察者必须具备观察事物的技巧，掌握适当的观察方法。

2. 独立的思考能力

独立思考能力就是不受已有的常识限制，又不被他人想法左右的思考能力。独立思考是创新能力的重要方面，培养独立思考能力有时也需要技术性的方法，以下是培养独立思考能力的几种方法。

(1) 切断常规思维的源泉。在到图书馆翻阅经典书籍之前，在打开电脑进行资料搜索之前，在向权威专家虚心请教之前，先自己想想。越过那些限制你的常规思维，多独自思考，以提高自己独立思考的能力。独立的思考者并不一定背道而驰，然而他们反对不经思辨默认现状、固守成规的态度。

(2) 中断惯性思维的轨迹。不要受思维习惯的约束，不要受旧的经验的禁锢，要敢于投身到与固有知识相冲突的新体验之中，要善于从新的角度观察和思考问题，要勤于探索新的领域，要接受新的发现，要有新的思考，要勇于寻求新的方法、找寻新的答案。

(3) 置身事外清醒思考。先把切身利益抛在脑后，置身事外换一个角度看事物、想问题，然后就能头脑清醒、心无旁骛地进行独立思考，正所谓旁观者清。

(4) 养成怀疑的习惯。要有怀疑一切的勇气。怀疑一切并非否定一切，而是不对固有常识和权威观点采取认真思考的态度。养成本能的怀疑思维习惯，对任何所谓的不言而喻的"真理"持怀疑态度，除非自己能够证明那就是不争的事实。有怀疑的习惯才能有独立思考的习惯。

3. 新颖的创意能力

新颖的创意能力是指在一定知识积累的基础上，创意者充分发挥其主观能动性，积极调动智力和非智力因素进行创造性思维的能力。创意能力是在实践的基础上对已有知识经验在不同层面的灵活运用。就创意能力是创造性思维能力这一点来说，创造性思维是多种思维的结合表现，它既是发散思维与辐射思维的结合，也是直觉思维与分析思维的结合。它不仅包括理论思维，而且也离不开创造想象。这样来说创意能力主要指创造性思维能力，但更倾向于一种综合的能力，它包括一定思维模式和知识经验的综合。新颖的创意能力有三个方面的特点。

1) 智能性

智能性创意能力往往能出奇制胜。创意者利用超常的智慧，能将日常生活中最基本最简单的素材进行大力地组合，从而形成一个新的创意，并将其推向市场。这种智能性的创意能力往往具有极强的前瞻性，更具有独一无二的新颖性。智能性创意思维能力的养成并非由先天决定的，而是由后天有意识的培养和有利的环境因素对创意主体无意识的陶冶逐渐养成的。

2) 综合性

综合性创意能力是在对创意环境、创意对象充分了解的基础上，创意者通过系统、充分地比较、权衡以及对未知创意进行可靠的预测之后实现创意的一种能力。由于创意者已掌握了相当充分的资料，做了周密的准备，所以创意更具有市场占有的长期性。这种创意能力由于对创意对象已经有了充分的了解，故对创意者的市场调研力提出了更高要求，创意者必须通过具体的考察，以文案或图表形式表示调查结果。因为创意者同时且必须对诸多创意倾向进行系统而充分的权衡比较，所以必须具备冷静思索、坚决果断的决策力。综合型创意如果缺乏决策力，创意将流于空谈，只讲冷静思索而无决策力，创意就不会真正落到实处。冷静思索、果断决策二者的紧密结合才能将好的综合性创意变成现实。

3) 灵活性

灵活性创意能力是适应变化着的环境，对原创意做适当的调整或重新组织的一种能力。灵活性是市场对创意的内在要求。创意最终要融入市场，就必须具有市场适应性。市场在不断变化，创意要融入市场，灵活机动性首当其冲。当然创意能力的灵活性也有一个度的问题。如果创意者对事件的暂时性波动认识不够，就容易手忙脚乱而草木皆兵；反之，如果对市场关键性的转变缺乏敏感性，那只能痛失良机，坐以待毙。

创意能力的智能性、综合性、灵活性是相互关联的，三者互为依赖、相辅相成、互相补充。一个新颖独特的好创意产生的过程往往同时体现出这三个方面的特点。

4. 灵活的变通能力

在漫长的人生旅途中，每一个人不能不面对变化，不能不面对选择。学会变通，不仅是做人之诀窍，也是做事之诀窍。我们如何提高自己灵活的变通能力呢？

首先，学会审时度势，打破常规。一是要有一个良好的心态，如果心浮气躁，就看不清事物的本来面目而主观行事，一错再错。二是要学会换位思考。三是要打破常规，如果习惯按所谓既定的规则行动，不敢越雷池一步，其结果就是创新无成。

其次，学会变通。要有勇气应对变化，勇气的作用就是调动起自己全部的能力去迎接变化和挑战。它虽然不能具体地去处理某一个问题，克服某一种困难，但这种精神和心态却能唤醒人的创新潜能，帮助其应对一切变化和困难。

再次，要有信心开发潜能。所谓信心，就是一种心态潜能。如果你是一个充满信心的人，有信心克服困难，有信心获得成功，那么，你身上的一切能力都会为你的信心去努力；反之，如果你缺乏信心，总以为自己没有能力去做这一切，那么，你的一切创新能力也就会随之沉寂。

最后，善于改变自己的思维定式。实践证明，不管你是觉察到还是没有觉察到，不管你是愿意还是不愿意，每个人时时刻刻都在寻求变通，所不同的是，善于变通的人越变越好，而不善于变通的人越变越差。掌握了变通之道，就能应对各种变化，在变化中寻找到创新机会，在变化中取得成功。

机会随时会出现，也随时会溜走，要想抓住它，就不要让过去的经验成为阻碍自己前进的绊脚石。

5. 清醒的评价能力

评价能力包括社会评价和自我评价。所谓自我评价，就是一个人对自己能力、素质、水平等高低程度的评判。合理的自我评价对于调整一个人的焦虑程度、动机和志向水平，提高学习和工作效率都有着重要作用。社会评价，就是社会对个人在生活、学习、工作中表现出能力的综合评价。

自我评价的高低与学业成绩的优劣之间的关系，在临界值出现之前是正相关，即自我评价越高、学业成绩越好；但当自我评价超过了某个临界值以后，自我评价越高，学业成绩越差(即为负相关)。提高自我评价能力，不能简单地等同于要调高自己对自己能力、素质、水平的预期，而是提高自己对于自我素质、能力高低的评价"度"的把握能力。

合理的评价能力，对于一个人学业成绩和事业成就的影响都是巨大的。提高这种清醒的自我评价能力，把自己对于自己的预期调整到合理的水平，对于一个人创新能力的提高和创新水平的发挥具有重要作用。

二、常用的创新方法

(一) 模仿创新法

模仿创新法就是一种人们通过模仿旧事物而创造出与其相类似的事物的创造方法。在人类的创造活动中，模仿创造占有很重要的地位。人的创造活动分为两个阶段：第一阶段称为初期创造活动，主要依赖于模仿，因此称为模仿创造阶段；第二阶段称为后期创造活动，即在模仿创造的前提下进行再创造，这类创造往往突破模仿，成为一种独创。人们只要稍加注意自己身边的事情，勤于思考，就能通过模仿进行创造发明。

根据模仿的创造性程度不同，可分为机械式模仿、启发式模仿和突破式模仿三种。

1. 机械式模仿

机械式模仿是指把别人成功的经验和先进的生产方式直接加以借鉴，独创很少。

一般用这种模仿方法，是在模仿对象和被模仿者具有相同条件、相同要求的基础上进行的。也就是说，首先要搞清楚事物在什么地方有问题，找到问题的原因，然后找到被模仿对象究竟先进在什么地方，哪些先进的东西可以模仿、借用，从而做出优化的选择。否则，不管具体条件，不问青红皂白，把别人的东西照抄照搬过来，就会犯生搬硬套的毛病。

2. 启发式模仿

启发式模仿不是在二者相等条件下进行的，而是在其他对象的启发下借用过来做新的创造。例如，目前在废水处理中应用的活性污泥处理法，就是运用了启发式模仿法发明的。在自然界河川中夹杂的有机污泥流入海洋，海洋并不会因此受到污染。原因是什么呢？经科学家研究发现，海洋中生长着能消化有机物质的净化细菌，有机物质经它消化后变成了水和二氧化碳，从而使海洋具有自净化作用。在这种自然现象的启发下，科学家们就把它借用到现在的废水处理上来，人们模仿海洋的自净化作用，设计了一种净化池，在池中放入有净化细菌的污泥，然后再加入氧气，使净化细菌大量繁殖，废水在净化细菌的作用下，变成无污染的净水。

采用启发式模仿法，可以扩大人们的视野和模仿领域，而且也更容易产生新的创造。即人们可以在不同的领域中，找到对自己有用的东西，纳入自己的应用领域，这样就可以创造出自己领域中还没有的东西。

3. 突破式模仿

突破式模仿是指使自己所模仿的东西发生质的变化，从而成为自己的东西。这虽然有模仿的痕迹，但却是一种全新的创造。

（二）创意列举法

创意列举法是一种借助对一具体事物的特定对象（如特点、优缺点等）从逻辑上进行分析并将其本质内容全面地罗列出来的手段，再针对列出的项目一一提出改进的方法。

创意列举法主要分为属性列举法、希望点列举法、优点列举法和缺点列举法四种。

（三）头脑风暴法

1. 头脑风暴法的激发机理

头脑风暴之所以能激发创新思维，主要有以下几个原因：

(1) 联想反应。联想是产生新观念的基本过程。在集体讨论问题的过程中，每提出一个新的观念，都能引发他人的联想，相继产生一连串的新观念，产生连锁反应，形成新观念，从而为创造性地解决问题提供更多的可能性。

(2) 热情感染。在不受任何限制的情况下，集体讨论问题能激发人的热情。人人自由发言、相互影响、相互感染，突破固有观念的束缚，最大限度地发挥创造性思维能力。

(3) 竞争意识。在有竞争意识情况下，每个人争先恐后，竞相发言，不断思考，力求有独到的见解、新颖的观点。心理学的原理告诉我们，人类有争强好胜的心理，在有竞争意识的情况下，人的心理活动效率可增加50%，甚至更多。

(4) 个人欲望。在集体讨论解决问题过程中，个人的欲望自由不受任何干扰和控制是非常重要的。头脑风暴法有一条原则，不得批评仓促地发言，甚至不许有任何怀疑的表情、动作、神色。这就能使每个人畅所欲言，提出大量的新观念。

2. 头脑风暴法应遵守的原则

(1) 自由畅想原则。会议要求与会者自由畅谈。

(2) 严禁评判原则。对与会者提出的任何设想，即使是幼稚的、错误的、荒诞的都不许批评。这一原则也要求与会者不能进行肯定的判断。

(3) 谋求数量原则。会议强调在有限时间内提出设想的数量越多越好。

(4) 借题发挥原则。会议鼓励与会者用别人的设想开拓自己的思路，提出更新奇的设想，或是补充他人的设想，或是将他人若干设想综合起来提出新的设想。

3. 头脑风暴法的实施

(1) 召集特殊的会议：参加会议的人数5～10个，要有几个思想活跃的人。

(2) 确定会议主持者，并确定1～2名记录员，后者最好不是正式参加会议的人员。

(3) 每次会议的目标要明确，事先通知，并告知议题。

(4) 会议时间掌握在 20 分钟至 1 小时之内。

(5) 整理后另开会进行评判。

4. 头脑风暴法的应用

头脑风暴法的应用阶段主要是为会议做好各个方面的充分准备，包括确定会议主题，选好主持人和参会人员。头脑风暴法的应用包含以下六个阶段：

(1) 准备阶段。在准备阶段，策划与设计的负责人应事先对所议问题进行一定的研究，弄清问题的实质，找到问题的关键，设定解决问题所要达到的目标。同时选定参加会议人员，一般以 5 ~ 10 人为宜，不宜太多。然后将会议的时间、地点、所要解决的问题、可供参考的资料和设想、需要达到的目标等事宜一并提前通知与会人员，让大家做好充分的准备。

(2) 热身阶段。这个阶段的目的是创造一种自由、密切配合、祥和的氛围，使大家得以放松，进入一种无拘无束的状态。主持人宣布开会后，先说明会议的规则，然后随便谈一些有趣的话题或问题，让大家的思维处于轻松和活跃的状态。

(3) 明确问题。主持人简明扼要地介绍有待解决的问题。介绍时须简洁、明确，不可过于周全，否则，过多的信息会限制人的思维，干扰思维创新的想象力。

(4) 重新表述问题。经过一段讨论后，大家对问题已经有了较深程度的理解。这时为了使大家对问题的表述能够具有新角度、新思维，主持人或记录员需记录大家的发言，并对发言记录进行整理。通过记录的整理和归纳，找出富有创意的见解，以及具有启发性的表述，供下一步畅谈时进行参考。

(5) 畅谈阶段。畅谈是头脑风暴法的创意阶段。为了使大家能够畅所欲言，需要制订以下规则：第一，不要私下交谈，以免分散注意力；第二，不妨碍及评论他人发言，每人只谈自己的想法；第三，发表见解时要简单明了，一次发言只谈一种见解。主持人首先要向大家宣传这些规则，随后引导大家自由发言、自由想象、自由发挥，使彼此相互启发、相互补充，真正做到知无不言、言无不尽、畅所欲言，然后将会议发言记录进行整理。

(6) 筛选阶段。会议结束后一两天内，主持人应向与会者了解大家会后的新想法和新思路，以此补充会议记录。然后将大家的想法整理成若干方案，再根据设计的一般标准，诸如可识别性、创新性、可实施性等标准进行筛选。经过多次反复比较和优中择优，最后确定 1 ~ 3 个最佳方案。这些最佳方案往往是多种创意的优势组合，是大家集体智慧综合作用的结果。

（四）六项思考帽法

六项思考帽法提供了"平行思维"的工具，避免将时间浪费在互相争执上。该方法强调的是"能够成为什么"，而非"本身是什么"，是寻求一条向前发展的路，而不是争论谁对谁错。运用六项思考帽法，将会使混乱的思考变得更清晰，使团队中无意义的争论变成集思广益的创造，使每个人变得富有创造性。

六项思考帽是指使用六种不同颜色的帽子代表六种不同的思维模式。任何人都有能力使用以下六种基本思维模式。

1. 白色思考帽

白色是中立而客观的，代表信息、事实和数据。努力发现信息和增强信息基础是思维的关键部分。使用白帽思维时需要将注意力集中在平行的排列信息上，要牢记三个问题：我们现在有什么信息？我们还需要什么信息？我们怎么得到所需要的信息？这些信息的种类包括确凿的事实、需要验证的问题，也包括坊间的传闻以及个人的观点等。如果出现了意见不一致的情况，可以简单地将不同的观点平行排列在一起。如果说这个有冲突的问题尤其重要，也可以在稍后对它进行检验。

2. 红色思考帽

红色使人想到热烈与情绪。红帽思维是对某种事物或某种观点的预感、直觉和印象；它既不是事实也不是逻辑思考；它与不偏不倚的、客观的、不带感情色彩的白帽思维相反。红帽思维就像一面镜子，反射人们的一切感受。

3. 黄色思考帽

黄色代表阳光和乐观，代表事物合乎逻辑性、积极性的一面。黄帽思维追求的是利益和价值，是寻求解决问题的可能性。在使用黄帽思维时，要时刻想到以下问题：有哪些积极因素？存在哪些有价值的方面？这个理念有没有什么特别吸引人的地方？是否可行？

4. 黑色思考帽

黑色代表逻辑上的否定，象征着谨慎、批评以及对风险的评估。使用黑帽思维的主要目的有两个：发现缺点，做出评价。我们应考虑：思考中有什么错误？这件事可能的结果是什么？黑帽思维有许多检查的功能，我们可以用它来检查证据、逻辑、可能性、影响、适用性和缺点。

5. 绿色思考帽

绿色象征生命，代表勃勃生机。绿帽思维不需要以逻辑性为基础，它允许人们做出多种假设。使用绿帽思维时，要时刻想到下列问题：我们还有其他方法来做这件事吗？我们还能做其他什么事情吗？有什么可能发生的事情吗？什么方法可以克服我们遇到的困难？绿帽思维可以帮助人们寻求新方案和备选方案，修改和去除现存方法的错误，为开发创造力的尝试提供时间和空间。

6. 蓝色思考帽

蓝色是天空的颜色，有纵观全局的气概。蓝帽思维是"控制帽"，掌握思维过程本身，被视为"过程控制"；蓝帽思维常在思维的开始、中间和结束时使用。我们能够用蓝帽思维来定义目的，制订思维计划，观察和做结论，决定下一步的方向。使用蓝帽思维时，要时刻想到下列问题：我们的议程是怎样的？我们下一步怎么办？我们现在运用的是哪一种颜色的帽子思维？我们怎样总结现有的讨论？我们的决定是什么？

六项思考帽是一个操作极其简单且经过反复验证的思维工具，它给人以热情、勇气和创造力，让你的每一次会议、每一次讨论、每一个决策都充满新意和生命力。这个工具能帮助我们：增加建设性产出；充分研究每一种情况和问题，创造超常规的解决方案；使用"平行"思考技能，取代对抗型和垂直型思考方法；提高企业员工的协作能力，让团队的潜能发挥到极限。

（五）组合创新法

组合创新法是指利用创新思维将已知的若干事物合并成一个新的事物，使其在性能和服务功能等方面发生变化，以产生新的价值。

人类的许多创造成果来源于组合。正如一位哲学家所说"组织得好的石头能成为建筑，组织得好的词汇能成为漂亮文章，组织得好的想象和激情能成为优美的诗篇。"同样，发明创造也离不开现有技术、材料的组合。

组合创新法常用的方法有主体附加法、异类组合法、同物自组法、重组组合法及信息交合法等。

1. 主体附加法

以某事物为主体，再添加另一附属事物，以实现组合创新的方法叫作主体附加法。在琳琅满目的市场上，我们可以发现大量的商品是采用这一方法创造的。如在可擦圆珠笔上安上橡皮头，在电风扇中添加香水盒，在摩托车后面的储物箱上装上电子闪烁装置，都具有美观、方便又实用的特点。

主体附加法是一种创造性较弱的组合，人们只要稍加动脑和动手就能实现，但只要附加物选择得当，同样可以产生巨大的效益。

2. 异类组合法

将两种或两种以上不同种类的事物组合从而产生新事物的方法称为异类组合法。这种方法是将研究对象的各个部分、各个方面和各种要素联系起来加以考虑，从而在整体上把握事物的本质和规律，体现了综合就是创造的原理。

3. 同物自组法

同物自组法就是将若干相同的事物进行组合，以图创新的一种创新方法。例如，在两支钢笔的笔杆上分别雕龙刻凤后，一起装入笔盒里，称为"情侣笔"，可作为馈赠新婚朋友的好礼物；把三支风格相同、颜色不同的牙刷包装在一起销售，称为"全家乐"牙刷。

同物自组法的创造目的是在保持事物原有功能和原有意义的前提下，通过数量的增加来弥补不足或产生新的意义和新的需求，从而产生新的价值。

4. 重组组合法

任何事物都可以看作是由若干要素构成的整体。各组成要素之间的有序结合，是确保事物整体功能和性能实现的必要条件。有目的地改变事物内部结构要素的次序，并按照新的方式进行重新组合，以促使事物的性能发生变化，这就是重组组合。

在进行重组组合时，首先要分析研究对象的现有结构特点；其次列举现有结构的缺点，考虑能否通过重组克服这些缺点；最后确定选择什么样的重组方式。

5. 信息交合法

信息交合法是建立在信息交合论基础上的一种组合创新技法。信息交合有两个基本原理：其一，不同信息的交合可产生新信息；其二，不同联系的交合可产生新联系。根据这些原理，人们在掌握一定信息基础上通过交合与联系可获得新的信息，实现新的创造。

（六）逆向转换法

逆向转换法中的"逆"可以是原理、功能、过程、因果、结果或位置、观念等诸方面的逆转。

1. 原理逆向

原理逆向即从事物原理的相反方向进行思考。如：温度计的诞生。意大利物理学家伽利略曾应医生的请求设计温度计，但屡遭失败。有一次他在给学生上实验课时，注意到水的温度变化引起了水的体积的变化，这使他突然意识到，倒过来，由水的体积的变化不也能看出水的温度的变化吗？循着这一思路，他终于设计出了当时的温度计。其他的例子还有制冷与制热、电动机与发电机、压缩机与鼓风机，等等。

2. 功能逆向

功能逆向即按事物或产品现有的功能进行相反的思考。如：风力灭火器。火灾时消防队员使用的风力灭火器，风吹过去，温度降低，空气稀薄，火被吹灭。一般情况下，风是助火势的，特别是当火比较大的时候。但在一定情况下，风可以使较小的火熄灭，而且相当有效。又如：保暖瓶可以保热，反过来也可以保冷。

3. 过程逆向

过程逆向即对事物进行过程逆向思考。如小孩掉进水缸里，一般的过程就是把人从水中救起，使人离开水，而司马光救人的过程却相反，他采用的是打破水缸，让水离开人。还有一个例子就是除尘，既可以采取吹尘也可以采取吸尘的方法。

4. 因果逆向

因果逆向即原因结果互相反转，即由果到因。如数学运算中从结果倒推回来以检查运算过程和已知条件。

5. 结构或位置逆向

结构或位置逆向即从已有事物的结构和位置出发所进行的反向思考，如结构位置的颠倒、置换等。

6. 观念逆向

一般情况下，观念不同，行为不同，收获就可能不同。例如，我国工业生产经营从大而全的生产模式转变为专业化生产模式，大大提高了生产效率和产品质量；产品以产定销转变为以销定产，可以减少库存，提高资金利用率。

（七）移植创新法

移植创新法是指将某一领域中已有的原理、技术、方法、结构、功能等，移植应用到另一领域而产生新事物、新观念、新创意的构思方法。

1. 移植创新法应用的必要条件

(1) 用常规方法难以找到理想的设计方案或解题设想，或者利用本专业领域的技术知识根本就无法找到出路。

(2) 其他领域存在解决相似或相近问题的方式方法。

(3) 对移植结果能否保证系统整体的新颖性、先进性和实用性有一个估计或肯定性判断。

2. 移植创新法的基本方法

(1) 原理移植。原理移植是指运用某一学科中的科学原理解决其他学科中的问题。例如，电子语音合成技术最初用在贺年卡上，后来又用在了倒车提示器上，还有人把它用在了玩具上，出现会哭、会笑、会说话、会唱歌、会奏乐的玩具。

(2) 技术移植。技术移植是指应用某一领域中的技术解决其他领域中的问题。

(3) 方法移植。方法移是指利用把某一学科、领域中的方法解决其他学科、领域中的问题。

(4) 结构移植。结构移植是指将某种事物的结构形式或结构特征，部分或整体地运用于另外的某种产品的设计与制造。例如，缝衣服的线移植到手术中，出现了专用的手术线；用在衣服鞋帽上的拉链移植到手术中，出现了外科拉链，它比针线缝合速度快得多，且不需要拆线，大大减轻了病人的痛苦。

(5) 功能移植。功能移植是指通过使某一事物的某种功能也为另一事物所具有而解决某个问题。

(6) 材料移植。材料移植就是将材料转用到新的载体上，以产生新的成果。例如，用纸造房屋，经济耐用；用塑料和玻璃纤维取代钢来制造坦克的外壳，不仅减轻了坦克的重量，而且具有避开雷达探测的隐形功能。

3. 运用移植创新法的思路

(1) 成果推广型移植。成果推广型移植是指将现有科技成果向其他领域铺展延伸，其关键是在理解现有成果的原理、功能及使用范围的基础上，利用发散思维方法寻找新载体。

(2) 解决问题型移植。解决问题型移植是指从研究的问题出发，通过发散思维找到现有成果，通过移植使问题得到解决。

（八）奥斯本检核表法

所谓奥斯本检核表法，就是根据需要解决的问题，或者需要策划创造的对象，列出有关问题，然后从不同角度一个个地审核、讨论和研究，从而促进产生新的决策方案、产品或发明的一种创造技法。

奥斯本检核表法主要用于新产品的研制开发。

奥斯本检核表法以该技法的发明者奥斯本命名，引导主体在创造过程中对照 9 个方面 75 个问题进行思考，如有无其他用途、能否借用、能否改变、能否扩大、能否缩小、能否代用、能否重新调整、能否颠倒、能否组合。奥斯本检核表法是一种产生创意的方法，其核心是改进。它的基本做法是：首先，选定一个要改进的产品或方案；然后，面对一个需要改进的产品或方案，或者面对一个问题，从不同角度提出一系列问题，并由此产生大量的思路；最后，根据第二步提出的思路，进行筛选和进一步地思考、完善。

奥斯本检核表法主要面对的9组问题，是奥斯本在研究和总结大量近、现代科学发现、发明、创造事例的基础上归纳出来的，对于任何领域创造性地解决问题都是适用的。

1. 有无其他用途

在现有的东西（如发明、材料、方法等）保持原状不变的情况下，能否扩大用途？稍加改变，有无别的用途？人们从事创造活动时，往往采用两种方法：一种是当某个目标确定后，沿着从目标到方法的途径，根据目标找出达到目标的方法；另一种则与此相反，首先发现一种事实，然后想象这一事实能起什么作用，即从方法入手将思维引向目标。后一种方法是最常用的，而且随着科学技术的发展，这种方法将越来越广泛地得到应用。

2. 能否借用

能否借用别处的经验或发明？外界有无相似的想法，能否借鉴？过去有无类似的东西，有什么东西可供模仿？谁的东西可供模仿？现有的发明能否引入其他的创造性设想之中？电灯开始只用来照明，后来，人们发明了紫外线灯、红外线加热灯、灭菌灯等。科学技术的重大进步不仅表现在某些科学技术难题的突破上，也表现在科学技术成果的推广应用上。一种新产品、新工艺、新材料，必将随着它的越来越多的新应用而显示其生命力。

3. 能否改变

现有的东西是否可以做某些改变？改变了会怎么样？可否改变形状、颜色、音响、味道？改变了意义、型号、模具、运动形式……之后，效果又将如何？譬如汽车，有时改变一下车身的颜色，就会增加汽车的美感，从而增加销售量；又如面包，给它裹上一层芳香的包装，就能提高嗅觉诱力；而滚柱轴承变成滚珠轴承就是改变形状的结果。

4. 能否扩大

现有的东西能否扩大使用范围？能不能增加一些东西？能否添加部件、拉长时间、增加长度、提高强度、延长使用寿命、提高价值、加快转速……在自我发问的技巧中，研究"再多些"与"再少些"这类有关联的成分，能给想象提供大量的构思设想。使用加法和乘法，能使人们扩大探索的领域。

5. 能否缩小

缩小一些怎么样？现在的东西能否缩小体积、减轻重量、降低高度、压缩、变薄……能否省略？能否进一步细分？前者是沿着"借助于扩大""借助于增加"而通往新设想，这是通过"借助于缩小""借助于省略或分解"来寻找新设想。袖珍式收音机、微型计算机、折叠伞等就是缩小的产物；没有内胎的轮胎，尽可能删去细节的漫画，就是省略的结果。

6. 能否代用

可否由别的东西代替，由别人代替？可否用别的材料、零件代替？可否用别的方法、工艺代替？可否用别的能源代替？可否选取其他地点？例如，在气体中用液压传动来替代金属齿轮；用充氩的办法来代替电灯泡中的真空，使钨丝灯泡提高亮度。通过取代、替换的途径也可以为想象提供广阔的探索领域。

7. 能否重新调整

可否更换先后顺序？可否调换组件、部件？是否可用其他型号？可否改成另一种安排方式？原因与结果能否对换位置？能否变换日程……重新安排通常会带来很多的创造性设想。飞机诞生的初期，螺旋桨安排在机头，后来将螺旋桨装到了机顶，便成为直升机，而喷气式飞机则把螺旋桨安装在机尾，说明通过重新调整可以产生多种创造性设想。商店柜台的重新布置，营业时间的合理调整，电视节目的顺序安排，机器设备的布局调整……都有可能出现更好的结果。

8. 能否颠倒

通过颠倒思考也可以激发想象，启发思路。上和下、左和右、前和后、里和外、正和反是否可以倒换？可否用否定代替肯定？这是一种采用反向思维的方法，在创造活动中比较常见和实用。

9. 能否组合

能否把各种部件进行组合？能否装配成一个系统？能否将目的进行组合？能否将各种想法进行综合？例如，铅笔和橡皮组合在一起成为带橡皮的铅笔，多种部件组合在一起变成设备，几种金属组合在一起变成各种性能不同的合金，几种材料组合在一起制成复合材料，几家企业组合在一起构成横向联合……

要善于把各种事物进行重新组合，从而催生新物，产生新意。如传统玩具中的七巧板、积木，以及现在流行的拼板、变形金刚等组合玩具之所以深受儿童欢迎，就是因为通过将固定板块进行不同的组合可以得到形状各异的模型。

第三节　创新创业能力的应用

■ 一、创新成果

技术创新成果是指企业为占据市场并实现市场价值，将创新的知识、新技术、新工艺加以应用，在经营管理模式和生产方式上进行革新，从而提高产品质量，开发生产新的产品，提供新的服务。

二、知识产权

（一）知识产权概述

知识产权是人们就其智力劳动成果依法享有的专有权利，通常是国家赋予创造者对其智力成果在一定时期内享有的专有权或独占权。

知识产权从本质上说是一种无形财产权，它的客体是智力成果或是知识产品，是一种无形财产或一种没有形体的精神财富，是创造性智力劳动所创造的劳动成果。它与房屋、汽车等有形财产一样，受到国家法律的保护，都具有价值和使用价值。有些重大专利、驰名商标或作品的价值远远高于房屋、汽车等有形财产。

（二）知识产权的类型

1. 广义知识产权

根据《建立世界知识产权组织公约》的规定，广义的知识产权包括：① 关于文学、艺术和科学作品的权利；② 关于表演艺术家的表演活动、录音制品和广播的权利；③ 关于人们在一切领域中的发明的权利；④ 关于科学发现的权利；⑤ 关于工业品外观设计的权利；⑥ 关于商品商标、服务标记、厂商名称和其他商业标记的权利；⑦ 关于制止不正当竞争的权利；⑧ 在工业、科学和文学艺术领域中一切其他来自智力活动的权利。

广义知识产权的代表还有《与贸易有关的知识产权协议》所划定的权利：版权与有关权；商标权；地理标志权；工业品外观设计权；专利权；集成电路布图设计权；未披露过的信息专有权。

2. 狭义知识产权

狭义的知识产权一般分为两类：一类是著作权（也称为版权），另一类是工业产权（也称为产业产权）。

1）著作权

著作权又称版权，是自然人、法人或其他组织对文学、艺术和科学作品依法享有的财产权利和精神权利的总称。著作权主要包括著作权及与著作权有关的邻接权。

2）工业产权

工业产权是工业、商业、农业、林业和其他产业中具有实用经济意义的一种无形财产权，主要包括专利权与商标权、禁止不正当竞争权等。

(1) 商标权。商标包括注册商标和未注册商标，目前我国只对人用药品和烟草制品实行强制注册，通常所讲商标均指注册商标。商标注册申请人，必须是依法成立的企业、事业单位、社会团体、个体工商户、个人合伙以及符合《中华人民共和国商标法》第九条规定的外国人或者外国企业。

注册商标包括商品商标、服务商标和集体商标、证明商标。文字、图形、字母、数字、三维标志和颜色组合，以及上述要素的组合，均可以作为商标申请注册。注册商标的有效期为 10 年，可以申请续展，每次续展注册的有效期也为 10 年。

侵犯注册商标专用权的行为包括：① 未经商标注册人的许可，在同一种商品或者类似商品上使用与其注册商标相同或者近似的商标的；② 销售侵犯注册商标专用权的商品的；③ 伪造、擅自制造他人注册商标标识或者销售伪造、擅自制造的注册商标标识的；④ 未经商标注册人同意，更换其注册商标并将该更换商标的商品又投入市场的；⑤ 给他人的注册商标专用权造成其他损害的。

(2) 专利权。专利包括发明专利、实用新型专利和外观设计专利。授予专利权的发明和实用新型，应当具备新颖性、创造性和实用性；授予专利权的外观设计，应当同申请日以前在国内外出版物上公开发表过或者国内公开使用过的外观设计不相同和不相近似，并不得与他人在先取得的合法权利相冲突。

对下列各项，不授予专利权：① 科学发现；② 智力活动的规则和方法；③ 疾病的诊断和治疗方法；④ 动物和植物品种，但生产方法除外；⑤ 用原子核变换方法获得的物质。

发明专利权的期限为 20 年，实用新型专利权和外观设计专利权的期限为 10 年，均自申请日起计算。

目前，随着我国技术创新的不断出现和文学艺术事业的不断发展，为了保护这些新的创新成果，更多新权利类型必将出现。例如，大数据及其知识产权保护，商业模式知识产权的保护，都已经进入专家和学者的视野，相关的法律法规也在逐步建立和完善。我国知识产权体系也将越来越丰富，对知识产权的保护将会更加周到。

（三）知识产权的开发和保护

1. 知识产权对大学生创新创业的作用

大学生创业过程中，知识产权既可以成为应对竞争对手的壁垒，保证自己产品的市场占有率，也可以成为自己的核心竞争力，形成自己独特的市场优势。充分利用知识产权，对大学生创新创业能起到极大的促进作用。

(1) 通过法定程序确定发明创造的权利归属关系，从而有效保护发明创造成果，独占市场，以此换取最大的利益；

(2) 企业为了在市场竞争中争取主动权，确保自身生产与销售的安全性，要防止对手利用专利状告自己侵权，遭受高额经济赔偿、被迫停止生产与销售；

(3) 国家对专利申请有一定的扶持政策，如政府颁布的专利奖励政策，以及高新技术企业政策等，会给予部分政策、经济方面的帮助；

(4) 专利权受国家专利法保护，未经专利权人同意许可，任何单位或个人都不能使用，竞争对手侵权时，可以状告竞争对手，索取赔偿；

(5) 自己的发明创造及时申请专利，使自己的发明创造得到国家法律保护，防止他人模仿本企业开发的新技术、新产品，构成技术壁垒，别人要想研发类似技术或产品就必须经专利权人同意；

(6) 知识产权可以作为商品出售（转让），比单纯的技术转让更有法律和经济效益，从而达到其经济价值的实现；

(7) 新创企业的产品以专利为特点进行市场推广，取得的效果会更好；

（8）可以促进产品的更新换代，提高产品的技术含量和质量，降低成本，使企业的产品在市场竞争中立于不败之地；

（10）拥有多个专利是企业强大实力的体现，是一种无形资产和无形宣传；

（11）专利代理行业本身就是一个创业的方向，拥有医学背景的医学生在专利代理行业创业具有专业优势；

（12）知识产权可以作为企业上市和其他评审的一项重要指标，如：高新技术企业资格评审、科技项目的验收和评审等；专利还具有科研成果市场化的桥梁作用。

2. 医学领域知识产权的开发

医学领域知识产权开发的关注点主要在专利的开发上。在医学领域，用于各种疾病的诊断及治疗的仪器和设备属于机械领域，其他大部分发明专利申请属于化学、生物、医药领域，除科学发现、智力活动的规则和方法，疾病的诊断和治疗方法等按规定不授予专利权外，其他在医疗工作中产生的科技新成果，只要具备新颖性、创造性和实用性，可申报专利。

医院是医学科技创新的最重要场所，在人类健康的很多领域都能产生很多非常有价值的发明、创造和改进的新成果。但是很多医护人员往往不能把这些临床发明与"疾病的诊断和治疗方法"区分开来，从而失去了申请专利、取得专利保护的机会，失去了很好的创业机会。如果能够了解哪些创新成果可以申请专利，医护人员就能够从日常工作中总结出很多可以申请专利的成果。

目前医院申请专利大部分以器械、卫生材料、药物的配置工艺和方法等为主。专利申请在方法、中药、药物新用途以及生物材料等方面还有很大空间。按照请求保护的内容，化学、生物、医药领域可申请的发明专利可以分为产品、方法和用途三类。

（1）化学产品。医药领域可申请专利的化学产品包括化合物、组合物，用适当的化学、物理参数和或制备方法描述的化学产品。例如：治疗糖尿病的中药组合物；一种从豌豆中利用酶解的方法获得的抗氧化肽；具有某种功能的基因或蛋白。

（2）化学产品的制备方法。例如，制备治疗糖尿病的中药组合物的方法；一种豌豆中酶解制备抗氧化肽的方法；制备某种功能的基因或蛋白的方法。

（3）化学产品用途发明。化学的医药用途如果以"用于治病""用于诊断病""作为药物的应用"等这样的权利要求申请专利，将不被授予专利权。但是药品及其制备方法均可依法授予专利权，因此物质的医药用途发明以药品权利要求或者例如"在制药中的应用""在制备治疗某病的药物中的应用"等属于制药方法类型的用途权利要求申请专利，可以授予专利权。例如：化合物 X 作为制备治疗 Y 病药物的应用；基因 A 在制备诊断 B 病试剂盒中的应用；蛋白 C 在制备治疗 D 病药物中的应用。

由于医学领域还涉及生物材料，因此还可以申请以基因、载体、重组载体、转化体、多肽或蛋白质、融合细胞、单克隆抗体为主题的发明，权利要求可包括上述主题的产品本身、制备方法以及用途。请求保护的用途，如与疾病的诊断和治疗有关，则应写成"在制药中的应用""在制备治疗某病的药物中的应用"。

医学领域中可申请专利的内容很多，医学生在日常学习工作中要注重积累，积极思考。

例如，医护人员在日常工作中接触最多的就是病例，医生们发表的文章大多基于病例研究。病例研究的统计结果并不能直接申请专利，如果经过文献调查和实验研究，能够明确疾病与某些基因的关系，这些统计结果就能够转化为可申请专利的内容。在申请的形式上，可以是检测基因 A 的试剂盒、引物、探针、检测试剂等，也可以是基因 A 在制备检测某种疾病的试剂盒中的用途等。再比如，临床医生通常会根据经验将多种药物进行联合应用，这些能够取得良好治疗效果的联合用药的成果，在具备新颖性和创造性的情况下，药物的应用是非常重要的专利申请。这也是目前很多企业在药品上市后非常重视的专利申请内容，医院是这些成果的主要发源地。

因此，医学生可以结合自己的学习和工作，挖掘出很多可以申请专利的内容，并将这些专利成果转化为市场效益，实现从创新走向创业的转变。

3. 知识产权的保护

1) 著作权的保护

如何保留证据，证明自己是作品的原始和唯一作者，是将来在可能发生的侵权纠纷中保护自己著作权最需要关注的问题。在我国，著作权自作品创作完成之日起产生，版权登记不是取得版权的前提条件，但是版权登记证明文件是登记事项的一种初步证明，可以作为主张权利或提出权利纠纷行政处理或诉讼的证明文件。相关的创作底稿、源代码、设计图纸等都需要进行版权登记。

计算机软件，可由中国版权保护中心负责登记；其他具有独创性的作品，如文字、美术、摄影、电影、音乐、建筑作品及工程设计图等，可由省版权登记部门负责登记；数字作品版权也可以选择在行业协会等第三方平台登记备案，或选择基于自主知识产权的包括并不限于数字指纹技术、数字水印技术、反盗载技术、融合可信时间戳技术、公证邮箱等可信第三方群技术的大众版权认证中心进行存证。

2) 商标权的保护

我国注册商标采取"先注册"保护原则，所以建议大家按照"市场未动，商标先行"的原则，确定产品名称后即着手商标查询和申请，不必等到产品上线，以便抢占先机。注册商标时，需要在 45 个类别当中找到符合创业团队本身的商品或服务项目的类别进行注册，避免出现商标注册保护范围太窄或保护错误。密切关注《中国商标网》等权威信息的发布，对涉嫌与本企业的在先权利相冲突的他人申请注册或已经注册的商标，在法定期限内提出商标异议或争议申请。加强对市场的关注，及时发现可能对自己商标权的侵犯。发现他人涉嫌侵犯其注册商标专用权时，应及时制定并采取应对措施，搜集并以公证方式固定下列证据：侵权商品及商标标识；销售合同及凭证；生产、销售、储运场所照片；其他有关证据。建立风险防控机制，对可能出现的侵权风险进行预测以及对策的制定。与律师事务所、商标代理机构等第三方中介服务机构进行合作，借助他们的专业优势对自己的商标权进行保护。

3) 专利权的保护

专利权的保护相对复杂，虽然我国申请专利是被专利法保护的，但专利一旦被侵权，要确立侵权，专利权人必须出局诸多证明：一是实施了禁止行为；二是禁止行为必须在专利申请公布以后发生，或者当没有早期公布时，在颁发专利以后发生；三是禁止行为必须在专利授权的国家发生；四是禁止行为必须是关于属于专利权利要求范围的产品或者方法。而一项禁止行为的构成因素广泛，又包含了制造、使用、销售或进口专利产品，或者使用专利方法以及制造、使用、销售或进口通过该专利方法直接获得的产品等。

由于专利权的保护难度较大，很多证据又极易灭失或不易取得，因此在实践中，创业者往往会因为怕麻烦或其他种种原因放弃对自己专利权的保护，使自己的损失无限制地扩大。因此，要做到专利权保护，要早申报、早准备，并且提前考虑专利布局，注意专利布局的规模性和多样化，争取通过专利布局将多个专利组合成一个保护范围更大、更完整、创新风险更低的"超级大专利"。专利申请和保护需要与专业的专利代理事务所合作，使自己的专利权得到更全面、更专业的保护。

医创案例

中药做的小口罩，不仅防雾霾，还能预防鼻炎……这种脑洞大开的创意，在安徽中医药大学 2013 级中医学专业学生肖淑雅的身上变成了实实在在的专利产品，开启了她的 95 后中医创业人之路，一举斩获了 2017 年自主创业类"安徽省优秀大学生"称号等多项荣誉。她成了小有名气的"口罩西施"。

翻开肖淑雅的简介，"共产党员，曾任安徽中医药大学中医学院学生会主席，入校至今担任班团支部书记，获批国家重点创新、创业项目两项，连续四年获得奖学金，其中'新绿药'社会奖学金一次……"肖淑雅同学是一名品学兼优的乖学生，可是，乖学生也喜欢"搞事情"。

"谁说学医一定要当医生？"在安徽中医药大学中医学专业学习的时间里，虽然她深深折服于中医的魅力，但在"大众创业，万众创新"的热潮中，在校园大学生创新、创业的浓厚氛围中，她积极参与各种社会实践、大学生创业培训和比赛等活动，一有发明创造的想法就会跟好朋友们讨论。她认识到"中医还有很大的发展空间，我们新一代中医人还有很多事情要做"。

肖淑雅曾经是过敏性鼻炎患者，换季和刮大风的时候容易流鼻涕，她一直不在意。直到参加学校运动会 3000 米长跑项目后，肖淑雅的鼻炎症状彻底爆发了，眼泪、鼻涕一大把，跟重感冒似的，别提多难受了。她找到学校的中医周老师，开了七副中药，没想到吃了四副就好了。

灵光一现，她有了一个大胆的想法，把外治鼻炎的中药跟口罩结合起来，既方便使用，成本又不是太高。在查阅文献、口罩市场调研后，她发现，随着空气污染严重、亚健康人群增多等问题的日益凸显，中国的鼻炎患者数越来越多，市场上却没有一款类似的口罩，类似的专利也没有成型。"搞事情"的好机会来了。

查资料、收集数据、申请专利、联系工厂……她找到四个志同道合的大学好友：研发人员肖书毓、市场专员靳晨晨、新媒体运营宣传推广人员秦雨松、细致负责的外勤人员彭超。肖淑雅负责项目规划和管理，再将财务外包给会计专业的同学，这样"凑"出了一个中医创业小团队。大学生创新创业比赛过程中积累到的人脉、学习到的实战知识，都为项目的成长和发展打下了坚实的基础。

2017年3月3日，安徽百会中医养生健康科技有限公司应运而生，并开始有条不紊地运转起来。不仅如此，产品深受前期用户的喜爱与支持，回购率达到70%，淘宝店的好评率更是达到了100%，目前已经达到三颗星的等级。但是困难随后而来，没有人会轻易给一个初出茅庐的大学生团队太大的投入。

于是，学校为团队提供了创业平台和资源支持。中医学院党委书记董昌武教授、纵横副教授等及时给她们进行了专业性的指导，对产品进行了改善。根据不同的季节，中医药保健口罩推出了不同的明星产品。春季产品可以防治流感、花粉和柳絮过敏，夏季产品侧重于解暑清凉，秋季产品主打滋阴润肺防风，冬季产品侧重于保暖防寒通窍。肖淑雅介绍，口罩上还有一个可塑硅胶鼻夹。"鼻夹一方面可以稳定口罩，同时可以按摩迎香穴，可以有效缓解鼻塞、喷嚏、流涕等症状。最新一代的鼻夹还有磁疗功能。"目前，该公司已经租赁了一条专业生产线，并将加大对市场的投放力度。

该校团委将项目作为该校重点扶植项目，从学校的创业孵化基地成功入驻安徽省皖科融创创业平台，让项目走出学校、走向全国。在短短的一年时间，团队一路斩获"新奥杯"首届全国中医药高等院校创新创业大赛三等奖、"昆山花桥杯"第十一届安徽省大学生职业规划设计大赛暨大学生创业大赛"创客之星（金奖）"、2017年度"青苗杯·中建智立方"安徽省项目资本群英会银奖。"百会中药保健口罩项目"成为国家级重点大学生创新、创业项目。团队代表学校参加了第三届全国中医创客训练营，注册了安徽百会中医养生健康科技有限公司，并获批"皖新百会"商标和"一款中药保健口罩"专利一项。

如今，对肖淑雅来说，要走的路还很长。"不想给自己划定太多界限，很多时候并不是因为我不行，而是我以为我不行，就放弃了。喜欢的事物就去尽力地求索。"她很清楚，只有不断地学习、积累各方面的知识和技能才能带好一个创业团队，才能发展壮大，追逐梦想。

🔍 思考与行动

1. 结合你所在的学校，谈谈学校培养大学生创新创业能力的途径有哪些。
2. 查找生活中应用"移植创新"的案例。
3. 请以教室为对象，使用奥斯本检核表法进行检核。
4. 组织一次头脑风暴会议。
5. 你认为当前大学生创新创业能力的现状如何？是什么原因造成的？
6. 简述知识产权对大学生创新创业的作用。

第五章　创新创业团队及其组建

学习目标

1. 了解创业者与创业团队的概念、特征、类型及对创业的重要性。
2. 熟悉创业者在创业过程中所需要的能力和素质。
3. 熟悉创新创业团队的类型及其要素组成。
4. 掌握创新创业团队组建和经营的策略。

名家寄语

一堆沙子是松散的，可是它和水泥、石子、水混合后，比花岗岩还坚韧。

——王杰

大成功靠团队，小成功靠个人。

——[美国]比尔·盖茨

案例导读

一位藏族大学生的创业之路

索南才让，出生于青海果洛藏族自治州，2011 年毕业于湖南农业大学电子商务专业。在校期间，他利用校园推销、网络论坛等多种方式宣传、销售家乡的冬虫夏草，走上了创业之路。

2007 年，长沙的虫草价格非常高，而自己家乡由于交通不便，信息不发达，村民们缺乏虫草的外销渠道，只能将虫草以较低的价格卖给上门收购的商贩，这个信息触发了索南创业的想法。他开始利用课余时间走访了长沙大街小巷的虫草专卖店和药店，对长沙的虫草价格和供货情况进行了详细深入的市场调查，掌握了长沙虫草销售市场的第一手资料。经过这次调查，索南发现虫草具有很大的买方市场，于是他决定自己创业，打造家乡的虫草品牌，这样既能帮助家乡父老把虫草价格卖得更高一点，又能为自己挣一点生活费、减轻家庭的负担。

创业初期，没有资金，不懂营销推广，不熟悉长沙方言，性格内向不擅长与人交流……这些问题都是索南创业的拦路虎。为了推销冬虫夏草，他努力学习当地方言，并借了500元钱，300元买了一部电话机，200元印刷宣传单；向冬虫夏草批发商、销售公司和专卖店打了1万多个电话；他跑了80多公里的路，在学校周围发放宣传单，介绍家乡的虫草，希望寻找到潜在顾客。这种推销方式别人并不买账，不是表示没听说过，就是对他产生怀疑。经过几年的坚持，与客户不懈地交流，索南的普通话有了很大的长进，并练就了一副好口才。

兴许是藏族人天生具有乐观的性格，面对市场的打击，索南没有放弃。就在索南一筹莫展之时，老师给了他一个建议：虫草价格昂贵，老百姓一般不容易接受人力推销，在电子商务快速发展的时代，可以借助网络平台销售虫草。了解到这些之后，索南向亲戚借了2500元钱买了一台电脑，开始学习网络营销。他利用假期回到青海去原产地了解冬虫夏草的行情和市场情况，并将老乡采集虫草的全过程拍摄下来，以"一个藏族学生与冬虫夏草的故事"为名发布到各大论坛，向大家普及虫草知识。这一举动引起了广大网民的强烈反响，网友们被索南的"软黄金"故事打动，纷纷支持他继续创业，索南也一度成为网络红人，虫草销售市场一下被打开。随后他又请藏医药专家介绍更多的藏医文化，普及藏药的使用方法，传播藏医药学知识，因此被老乡、当地政府和部分网民称为"冬虫夏草的代言人"。

索南的再次创业避免了第一次创业时的莽撞，他通过网络搜集冬虫夏草的行情与销售模式，熟悉行业运作的规则，并且与虫草的采购商、批发商、零售商联系沟通。索南在寝室里接了第一笔价值7000元的订单，当时没钱进货，学院辅导员李良民老师借给他2000元钱，完成了第一笔生意，虽然挣得不多，但对他来说意义非凡。索南用第一次挣的钱不断地滚雪球，慢慢积累了资金。2011年初，趁着论坛上对于索南的冬虫夏草反响强烈之际，索南进驻了淘宝网站，开办了名为"冬虫夏草故乡"的淘宝店，闻讯而来的网友们用实际行动表达了对索南的支持，淘宝店铺销售额逐月攀升，1月份时只有千元业绩，到8月份已经达到了48万元。目前索南的淘宝店铺业绩以每年200%～300%的增长率跃居淘宝交易全国前三名，2015年达到了2260万元交易额。

毕业后，索南一直秉持"坚持就是胜利"的信念，逐步打开了创业局面。然而，索南的目标并不止于个人获得财富，他要打造家乡的虫草品牌，为家乡造福。2011年6月，索南携手5位大学同学，组建了自己的团队，成立了长沙市雪山阿佳电子商务有限公司，接着在母校湖南农业大学成立冬虫夏草研究室；2012年在青海西宁建立"索南才让冬虫夏草产品基地"；2012年2月，在家乡果洛建立"索南才让冬虫夏草生态开发协会"，同时采用"公司＋农户"的运营模式，实现对虫草的生态开采；同年，在湖南举行的绿叶杯创业大赛上，索南团队赢得了湖南绿色食品展示销售中心300万元的投资，还与湖南省德邦医药公司达成合作，联合开发高原特产新品。2014年，应青海省商务厅邀请，公司入驻了朝阳国家电子商务示范基地，拥有360平方米标准化办公环境；同时在长沙万达广场设立了自己的分公司；在大通北川中小企业创业园拥有1080平方米的生产车间，具有自主生产、OEM代加工能力，公司年产值大约2500万元。青海总公司共有成员15人，长沙分公司有员工10人，公司设立了销售部、技术部、客服部、运营部、售后部、采购部和发货部；主要通过淘宝、京东等线上平台销售冬虫夏草、藏红花、昆仑雪菊、黑枸杞等青藏高原100多种天然野生原药材及特产。全国各地设立了代理商30余家，微商代理50余家。

作为一个将虫草销售至全国各地的藏族大学生，索南的创业经历打动了很多人，人民网、新华网、中国青年报等许多媒体都报道过他的创业故事。面对赞誉，索南不忘自己最初的梦想：改善家乡的面貌。为此，索南及其团队在经营好虫草"软黄金"的同时，做出了两件特别有利于当地藏民的事情：开展物资搜索，搭建物资平台，让外地有实力的公司将积压的生活物资运往青海果洛等地销售，改善家乡物资匮乏的局面；利用果洛地区旅游资源，搭建旅游平台，把藏区人民的情谊带给五湖四海的嘉宾。在谈到今后的发展思路时，索南才让说，他计划借助家乡著名的夏宗寺旅游文化资源，为家乡开发总面积近3500公顷的平安峡群森林公园。2016年4月在青海海东市成立了青海索南才让旅游开发公司，以"互联网+"模式开拓了旅游产业，承包了峡群原始森林公园作为旅游开发的第一个试点景区项目。索南承包了村子里近80%的土地，用于美化峡群森林公园风光，种植了上千亩适合高原生长的花卉，计划把景区公园打造成跟移动互联网、电子商务、体验经济等联系在一起的新经济产业生态圈，带动家乡父老一起致富，开创青海的"普罗旺斯"。

"理想是美好的，但现实五味杂陈。"谈到创业，索南强调需要脚踏实地、长期坚持。他希望自己的创业经历能与正在创业的80后分享。今后的路还长，我们有理由相信，他无论遇到什么困难，都不会放弃向理想前进的步伐。

创业大讲堂

在创新创业的过程中，团队是成功的重要保证。研究和实践证明，相较于个人的"单打独斗"，团队工作方式能够有效提高企业绩效，促进团结合作，提高员工的士气，增加员工满意度。如何整合团队力量，并做好管理工作，保持创新创业的激情和高效率的运转，是创新创业过程中必须考虑的问题之一。

第一节 创新创业者

一、创业者的定义、特征及类型

（一）创业者的定义

随着对创业者认识的不断深入，我们将创业者定义为能够承担风险，敢于创新，能够整合资源，在此基础上开展经济活动以获取利益的人。

（二）创业者的特征

创业者一般应该具有以下特征：

(1) 创业者应该是一个组织或企业中主导劳动力的领导人，是整个创业团队的领导者、核心人物。

(2) 创业者应该是具有使命、荣誉、责任能力的人，不仅要有远大的目标和愿景，还要有承担风险的能力和勇气。

(3) 创业者应该是能够组织、运用服务、技术等创造财富的人，应具备一定的组织和管理能力。

(4) 创业者应该是具有思考推理、判断能力的人，能够分析、判断商业机会，在关键时刻做出重要的决策。

(5) 创业者应该是让人愿意追随并能共同分享利益的人。

（三）创业者的类型

根据创业驱动力的不同，可以将创业者分为机会拉动型、技术创新型和热情驱动型 3 种类型。

1. 机会拉动型

这类创业者创业的开始通常是基于一个好的想法或创意，他们能够发现想法和创意背后的商业机会，从而创办企业。

2. 技术创新型

这类创业者通常是先创新再创业，他们往往具备技术创新能力，通过对技术、工艺、生产流程等进行改造和提高，从而开发出一些新产品、新服务或新的商业模式。这类创业者喜欢变革，愿意冒险，当他们发现市场缝隙时，就会采用新的商业模式、新的产品或是新的生产流程亲自将自己的创新推向市场，通过开发新产品等方式实现创业。

3. 热情驱动型

这类创业者首先是从有创业的想法开始的，他们主要是因为怀揣创业梦想，希望实现自己成功的创业目标。然后在创业热情的驱动下，他们持续寻找新的挑战、新的机会，一旦发现市场机会，就会根据他们对市场机会的洞悉程度，采用不同的商业模式、产品或生产流程来冒险进入这个市场，借机创办自己的企业。

创业小贴士

创业者的作用和地位

1. 掌握个人命运

创业可以让人拥有海阔天空的选择自由。绝大多数创业者之所以选择艰苦的创业之路，其根本原因在于志向远大。希望通过创业把兴趣和生计结合在一起，因此，他们宁愿冒着各种风险也要独立创业，按照自己的想法决策，做自己喜欢做的事，实现自己的人生价值。

2.创造社会财富

20世纪50年代，美国每年大约产生93 000个新企业，20世纪80年代每周大约产生12 000个新企业。创业经济是经济新的增长点，创业者是"美国的新英雄"。美国的硅谷、中国北京的中关村等创业基地的实践表明，创业可以提供广泛的就业机会，创造国民财富。同时，财富具有双重属性：个人属性与社会属性。个人有权支配它，但是当把财富用于投资时，它将会为社会创造更多的财富。李嘉诚曾表示："赚钱多可以爱国，可以回报社会。"

3.推动历史发展

人类经济发展史告诉我们，历史发展的变革时代往往是创业人才辈出的时代，创业者是变革时代的经济英雄。例如，连锁经营和超级市场是现代流通革命的两大标志。某全球大型零售企业通过折扣商店、购物广场、会员店、家居商店、网上超市等形式在国内外建立起连锁商店，用新的经营组织方式改变了传统商业的零售方式。

▌二、医学创新创业者必备的素质

随着国家对创业政策的不断放宽，越来越多的人投身于创业实践，但并不是每个创业的人都会成功，一个成功的医学创业者，应具备以下几种素质。

（一）良好的人格素养

1.高尚的道德品质

良好的思想道德品质是医学创新创业者的灵魂，也是对高素质医学创新创业者的基本要求。医学不同于其他学科，它关乎人的生命与健康，因此，医学生要有德行天下的仁爱胸怀，要有崇高的理想，在创业中能够抵制不良之风，不为一己之私而做有损社会的事。高尚的人格和正确的价值观可以指引医学创业者找对方向，指导医学创业者进行创业活动，赢得社会的广泛尊重。

2.社会责任感

医学创新创业者肩负着推动医学发展的重任，要有高度的使命感和强烈的责任心，在进行创业时，不仅要考虑我想做什么、我能获得什么，更要考虑我能为社会做些什么，时刻怀揣着为我国医疗卫生事业而奋斗的远大理想和抱负，以报国报民、推进医学发展为奋斗目标，通过创业来实现自己的价值。创业活动本身也是社会性的活动，是各种利益相关者协同运作的一个体系，创业者只有对社会保有高度的使命感和高度的责任心，才能赢得人们的信任、尊重和支持。

3.人文关怀

医学创业者要更加尊重健康，注重人文关怀，敬畏生命，尊重人的内心，把握人的情绪，在产品、商业模式上更多体现人文关怀。医学创业更多的是服务患病的人，所以要突出对患者和亚健康人群的体贴、关心、理解，站在患者、亚健康人角度考虑问题，让他们感觉温暖、可信，更有人情味。

4. 坚韧执着

创业并不是一件容易的事情。我国的创业成功率很低，这是因为创业过程中会遇到各种意想不到的困难和挫折，无论是在时间、金钱还是心理方面，创业者都要承担很大的风险。创业活动极为考验创业者的意志力，身处逆境时，创业者要坚定信念，相信自己，永不言败，也许坚持不一定成功，但不坚持就注定会失败，最后的成功往往就在于不断坚持的努力之中。

5. 诚实守信

讲诚信，守诺言，不仅是为人的处世哲学，更是创业者必备的品质，是创业活动的立足之本和发展源泉。在市场经济条件下，诚实守信体现了成功创业者的人格魅力，风险投资者也更愿意与这样的创业者合作。讲诚信就要言行一致，身体力行，勇于承担责任，只有给予别人诚信，才能赢得他人的信任，积累更多的人脉，寻求更大的发展。作为一名医学创业者，如果没有信誉可言，企业将很快在竞争中消亡。

（二）良好的身心素质

1. 身体素质

身体素质是指身体健康、体力充沛、精力旺盛、思路敏捷。一切创业活动的开展都是建立在拥有健康的身体之上。创业之路艰辛复杂，尤其在创业初期，创业者需要亲力亲为，花费大量的时间和精力，精神压力大，经常需要高强度工作，如果没有健康的身体、充沛的体力、旺盛的精力，就会显得力不从心，难以承受创业的重任。只有拥有良好的身体素质，医学创业者才能有机会发挥自己的光和热。

2. 心理素质

(1) 创新精神。创新主要指个体在思想和行为上的创造性倾向，包含创新性、创造性和进取心等。创新不仅是设想一种新产品、新服务或是对传统方法的更新，也是用一种新方式处理老问题。创新是创业精神的核心要素，面对医学技术的日新月异，医学创新创业者要从不同角度看问题，创造性地思考和解决问题。只有具备创新精神，创业者才会在以后的工作中发挥创新能力、占有更广的市场、开发更多的客户，才能促进企业的迅速发展，实现企业利益的最大化。

(2) 创业意识。创业者要想创业成功，首先要有创业的愿望和意识。医学是专业性很强的一门学科，医学生要有很强的专业归属感和很高的职业忠诚度，因此，在传统就业观念的驱使下，绝大多数医学生都会选择到医疗卫生企事业单位就业。少数选择创业的医学生，往往是具有强烈创业意识的人，他们做事主动，渴望成功，有强烈的竞争意识，努力实现自身的价值，这种欲望驱使着他们产生创业行为。

(3) 冒险精神。创业必然伴随着风险，创业者要敢于做第一个吃螃蟹的人，只有敢于冒险并抓住机遇，才有可能创业成功。

(4) 自信乐观。创业者要对自己有信心，对目标的实现有信心，才能有动力在创业的道路上前行。创业之路从来都不是一帆风顺的，它充满了艰辛与曲折。面对挫折与挑战，创业者要对自己充满信心，要有继续前行的勇气，如果遇到困难就对自己丧失信心，那么创业注定是要失败的。乐观，就是积极地看待问题，无论对事还是对人，都积极地看待与面对，永远充满正能量。

(5) 独立自主。医学创新创业者要有独立的人格和思维能力，面对外界的质疑与偏见，不能轻易被舆论和环境所影响而摇摆不定。人们经常所说的科学态度即是将主见、远见、胆量以及求实集于一体的精神。

(三) 良好的知识储备

良好的创业知识是进行创业活动的基本要素。创业需要专业技术知识、经营管理知识和法律知识等三类知识。

1. 专业技术知识

对于医学创新创业者而言，系统而全面地掌握医学相关知识及相关行业知识是其开展创业活动的基础。医疗卫生行业的企业组织机构与其他行业有所不同，比如创办民营医院，应了解医院的内部结构，一般应包括门诊、住院、医疗技术科室、医疗辅助科室和管理科室等；了解当前医疗信息化的发展情况；了解本行业仪器设备的品牌、生产供应商和基本维修等。

2. 经营管理知识

一个医学企业想要良好地经营发展下去，除了需要创业者具备相关的医学知识外，还要有一专多能的知识结构以及科学的运营策略。比如创办诊所、民营医院等医疗机构，由于医疗行业门槛较高，医疗机构的审批、环评、经营管理对于没有相关经验的医学创业者来说都是很大的挑战。只有了解相关的经营管理知识和方法，如市场营销、财务管理、国际贸易、金融、人力资源管理等，才能提高经营管理水平。

3. 法律知识

医学创业者身处一个有序的市场竞争环境，需要了解国家相关法律法规、综合政策，如《中共中央国务院关于深化医药卫生体制改革的意见》《中华人民共和国药品管理法》等。如创办个体诊所，需要了解《医疗机构基本标准》《医疗机构管理条例》《医疗机构管理条例实施细则》《执业医师法》等；创办妇婴护理保健机构，需要了解《中华人民共和国母婴保健法》《妇幼卫生工作条例》；创办中医理疗保健中心，需要了解国家中医药管理局下发的《中医医疗机构管理办法 (试行)》等。

(四) 能力素质

1. 专业技术能力

做好每一种工作都需要具有专业技术能力，专业技术能力是创业者在创业活动中将已有的专业知识，充分投入到专业生产的能力。作为一名创业者，无论有什么样的目标，抑或是多么伟大的目标，全面而娴熟的专业技能都应该作为其固有的前提而存在，否则创业梦想就变成了一种空想。当前，不论是医疗行业本身还是广大客户，对专业化程度的要求都越来越严格。不管是技术、产品还是专利资源，医疗创业企业都要把其中某些点做到行业之最。作为一名医学创新创业者，只有自身拥有娴熟且全面的专业技能，才有可能一步一步实现自己的创业梦想。

2. 创新能力

创新是推动技术进步、生产发展的主要力量，也是企业抵御风险、在竞争中取胜的有效途径。医学技术的飞速发展和医疗器械的推陈出新，对医学创新创业者提出了更高的要求。医学创新创业者只有发挥想象力和创造力，根据市场环境的变化和人们的需求，不断创新，探寻解决问题的新技术、新方法、新路子，不断开拓新局面，才能让自己的企业在这个领域中脱颖而出。

3. 机会识别能力

商业机会的识别与把握是创业活动的起点，是创业者首先要解决的问题，没有机会，创业将无从谈起。识别与把握机会是创业者应具备的重要技能，医学创业者要对医学领域的发展变化有高度的敏感性，要对市场环境和企业发展方向进行深入的调研和科学的分析，能够及时地从纷繁复杂的市场环境、消费者未满足的需求中捕捉商业机会。

4. 决策能力和执行能力

决策能力是一种综合能力的表现。在创业活动中，几乎每个阶段都离不开创业者的决策、创业项目的选型、企业产品的定位、企业的发展战略、企业的商业模式及盈利模式等，都需要排除各种干扰，做出正确的决策。"千里之行，始于足下"，有相同想法的人成千上万，但是最后能成功的是那些少数将想法付诸行动的人。执行力是决策变现的必要能力。

5. 经营管理能力

经营管理能力是一种较高层次的综合能力，它涉及企业中人、财、物、信息等各项资源，以及对这些资源的计划、组织、指挥、协调和控制的能力。试想，如果一个创业者不具备管理能力，他将如何管理公司、如何实现创业成功呢？

6. 沟通交往能力

无论是对创业团队核心人员还是对员工、合伙人、客户、投资人，有效沟通都是非常关键的。创业者要妥善处理好内部与外部的关系，团结一切可以团结的力量，建立一个有利于自己创业的和谐环境，为成功创业打下良好的基础。

7. 学习能力

知识经济时代，市场信息在不断更新，创业者若不想被淘汰，就要具备强大的学习能力。这种学习既有知识的学习，又有经验的学习；既要通过学习来提升自己的专业能力，拓展自己的见识，又要学会从失败中总结经验。创业者只有不断提升自己，才能跟上市场的变化。

第二节　创新创业团队

■ 一、创业团队的定义及内涵

（一）创业团队的定义

创业团队是由两个或者两个以上的，技能互补、贡献互补的创业者组成的特殊群体。该群体在一个共同认同的、能使彼此担负责任的程序规范下，为达成高品质的创业结果而共同努力，相互协作、相互依赖、共同担当。

狭义的创业团队是指有着共同目的、共享创业收益、共担创业风险的一群创建新企业的人。

广义的创业团队是指与创业过程有关的各种利益相关者，如风险投资家、专家顾问等。

（二）创业团队的内涵

创业团队的内涵包括以下方面。

1. 目标一致性

创业团队是一种以共同认知为基础的特殊群体。

2. 成员互补性

团队绩效应大于个人独立绩效之和，原因在于团队成员的有效能力互补。

3. 价值影响性

创业团队成员的共同目标追求，使其产生凝聚力。

4. 核心单一性

创业团队需要有一个灵魂人物，在明确方向、确定策略、坚定信心、攻克难关等方面具有引领作用。

5. 组织发展性

创业团队是高层管理团队的基础和最初的组织形态，随着创业活动的发展也会产生变化。

（三）创业团队和群体的区别

创业团队和群体的区别主要表现在以下方面。

1. 目标实现

团队成员在实现目标过程中相互之间需要进行更多的联系，彼此协调、相互依存；群体成员目标的实现往往表现为个人目标的集合，保持相对独立，彼此间的相互依存性比较弱。

2. 责任承担

团队成员对于是否完成团队目标一起承担成败的责任，并且同时承担个人的责任；群体成员间由于相对独立，只承担个人成败的责任。

3. 绩效评估

团队绩效的评估是以团队整体的表现作为评估依据，团队绩效通常会大于每个群体的个体绩效之和；群体绩效评估以个人表现为依据，等于每个群体成员的绩效之和。

4. 决策管理

团队成员在向目标迈进的过程中，彼此信息共享，共同参与决策；群体自我管理、自我决策。

二、医学创业团队的作用

随着医疗技术的不断更新、医学规模的不断扩大、医疗水平的不断提高，个人因能力有限而无法独立完成所有的事情，此时往往需要依靠团队的力量。一个出色的医学创业团队对新创企业来说是一笔宝贵的财富，团队成员间应互相信任、团结协作，才能把企业做大、做强。

1. 优势互补

医学创业团队好比一台大型机器，团队中的每一位成员相当于大型机器的"零部件"。每个人都有自己的优劣势，团队中单独的一位成员无法将机器的优势完全地发挥出来，只有将所有"零部件"组合在一起，才能弥补其不足，使其优势得以最大化。一个企业的运作涉及技术研发、市场运营、财务、人力资源管理等不同内容，团队人员合理搭配，协同合作，充分发挥各自的专业优势，最终实现 $1+1>2$ 的效果。

2. 智慧运营

医学生作为受过高等教育的高素质人才，能根据市场变化、团队的运营模式和现有的能力来确定不同时期的发展目标、规划；在面临重大决策时，能以大数据为依据，以广泛的市场调研为基础，集思广益，发挥团队成员的智慧，提高决策的正确性，避免走弯路、发生重大失误。

3. 资源整合

医学创业团队还有一个很重要的作用，即可以资源互补。一个人所能协调的资源是有限的，而通过拥有不同资源的人组成团队就可以更好地解决创业过程中遇到的困难。在组建创业团队时，除了要考虑资金，还要更多地考虑市场资源、客户资源、公共关系、行业经验、渠道等隐性的资源。

4. 平台搭建

医学创业团队通过参加相关的科研竞赛、活动、组织，与不同层次、不同领域的专家进行交流，不仅可以展示团队的研究成果，提高自身的能力，放宽眼界，而且还可以吸引相关医学专家的注意，从而使项目得到更加充分的指导。同时，借助高校，与政府、智库、专家进行合作，建立广泛的交流平台，获取高端前沿的信息，对接社会方方面面，这样团队才能更好地发展。

三、医学创业团队的要素

医学创业团队需要具备 5 个重要的要素，即目标 (Purpose)、人 (Person)、定位 (Place)、权限 (Power) 和计划 (Plan)，简称为"5P"。

1. 目标

创业团队应该有一个清晰的目标，或者相对稳定的研究方向，这样才能为企业指引方向，为成员提供动力。目标需要具体，可衡量、可实现。

目标的正确决策来自 4 个前提：① 成员素质高；② 了解市场情况，并集思广益；③ 大方向必须选择正确；④ 思路必须清晰，准备多种可选方案。

2. 人

目标的确定与执行需要人来实现，人是创业团队的核心要素。在一个团队中，要有人提出想法，有人制订计划，有人负责执行等。团队需要不同的成员跨界组合而成，通过有效分工来实现团队目标。在团队成员的选择上，要知人善任，团队不是随便几个人凑在一起的团体，每个成员都要明确知道"我在这个团队的价值是什么？能为团队做什么？"。

3. 定位

团队的定位包含两层意思。一是团队的定位，具体包括：团队在企业中处于什么位置？由谁选择和决定团队的成员？团队最终应对谁负责？团队采取什么方式激励下属？二是个体的定位，具体包括：团队中的每一个成员应在团队中担任何种角色？需要完成哪些任务？例如，是制订项目计划还是承担具体的实施或者评估任务？

4. 权限

团队当中领导者的权力大小跟团队的发展阶段有关。一般来说，团队越成熟，领导者所拥有的权力相应越小。在团队发展的初期，领导权是相对比较集中的。团队的权限关系两个方面：① 团队在组织中掌握的决定权，如财务决定权、人事决定权、信息决定权等；② 组织的基本特征，如组织的规模、团队的成员人数、组织对于团队的授权范围、业务类型等。

5. 计划

计划包括两个层面的含义：

(1) 目标最终的实现，需要一系列具体的行动方案。如：确定工作责任和项目，拟订行动计划、计划的负责人和行动时间等，可以把计划理解成目标的具体工作程序。

(2) 按计划进行可以保证团队创业的进展顺利。创业团队只有进行有计划的操作，才会一步一步向前推进，最终实现目标。

四、创业团队类型

创业团队类型最常见的有以下几种。

1. 领袖型

创业团队中的核心人物充当领军人的角色，以他为核心组建的创业团队称为领袖型创业团队。该类型团队的特点是结构紧密，向心力强，主导人物在组织中的行为对其他个体的影响非常大；在决策程序上，团队是相对简单的，组织效率比较高，但主导人物的权威容易导致过度集权而增加了决策的风险。

2. 伙伴型

伙伴型创业团队成员主要来自因为经验、友谊和共同兴趣而结缘的伙伴。伙伴型团队的特点是没有明确的核心，组织结构比较松散，通常采用集体决策的方式，效率比较低，且团队成员的相似地位容易形成多头领导的局面，但是团队成员的地位平等，成员组成比较稳定，更有利于团队的沟通和交流，可以充分发挥合作的优势。

3. 核心型

核心型创业团队是由伙伴型创业团队演化而来的，是领袖型和伙伴型创业团队的中间形态。该类型团队的核心成员，其地位的确立是团队成员协商的结果。因此这个核心成员从某种意义上来说是整个团队的代言人，但并不是主导人物。在创业团队中，需要有个灵魂人物，这在古今中外的创业实战中都得到证实。这个灵魂人物就是核心。伴随着创业活动的开展，伙伴型创业团队必将逐步转化为核心型创业团队或者是领袖型创业团队。

创业小贴士

如何管理好一个创业团队？

要管理好一个创业团队，第一，要管理好自己。作为一个优秀团队的管理者，自己在各方面一定要做得最好，成为团队的榜样；要把自己优良的工作作风带到团队中，影响到团队中的每一位成员；要有海阔天空的胸襟，用真诚去打动每一位成员。

第二，要在团队中做好培训工作，把企业的文化和知识技能、自己的特长传授给团队中的每一个成员。"工欲善其事，必先利其器"，丰富的企业文化和知识技能培训，也是一种留住团队成员的有效方法。

第三，在团队中培养良好严谨的工作作风，要让每一个成员行为端正，认真工作。

第四，进行人性化的管理。虽然工作是严谨的，但是管理需要人性化，管理者要切实站在成员的立场思考问题，照顾成员的工作情绪，并协调上下层之间的人际关系，让成员感到这个团队是温暖的。

第五，要让每个成员明白团队工作的目标，掌握高效完成工作任务的方法。

第三节　医学生创新创业团队的组建

　　"一个好汉三个帮""众人拾柴火焰高"，这些俗语告诉我们：团队成员积极有效的合作会使整个团队的力量达到极致。创业活动也是如此，想要单枪匹马闯出一番事业的可能性很低。要想创业成功，就要找到适合的伙伴，组建一支高效、协作、互补的创业团队。

一、医学创新创业团队组建的原则

1. 可行的项目

　　一个好的项目是把创业伙伴聚合到一起的前提。创业之初，要找准方向，确定好目标，最好是在自己的优势领域进行创业。如果想在医疗健康领域创业，那么考虑好创业方向是医疗服务、医疗器械还是个性化医疗；是进行技术创新，还是基于专利进行科技成果转化。有目标才能吸引志同道合的人，大家才愿意为实现共同的理想而奋斗。当然，这个目标必须是切实可行的，而不是盲目跟风，要以医学领域问题的解决为出发点，要围绕这个目标进行价值创造。

2. 共同的信仰

　　共同的信仰是医学创新创业团队努力前行的驱动力。团队成员要有责任心，道德情操要达到一致，把创业项目当作自己的事业来做，用心经营，遇到问题时勇于承担风险，而不是把它视为赚钱的工具。医学生的职责是救死扶伤、治病救人，所以更要懂得尊重生命、尊重健康。

3. 合理的成员

　　医学创新创业团队建立之初，大多数成员是因为有着相同的技术能力或兴趣而走到一起的，创业者本身也往往倾向于选择与自己具有相似性的人共同创业，但相似的人在知识、技能、经验方面重叠度很高。一个医学创业团队的成员如果都是清一色的医学专业学生，只懂医学知识、技术，不懂运营、管理、财务，那么企业成长将困难重重。

　　创业初期，最好能组建一支核心成员为3～5人的创业团队，人员不宜过多，否则团队成员意见很难一致，容易影响决策效率；人员也不宜过少，否则很难发挥团队的优势。团队成员间的知识结构、能力结构互补，有人跑市场，有人做技术，有人负责商务运营和财务管理，从而将资源有机整合，形成良好的运营模式，企业才能长远发展。

4. 动态开放

　　创业团队在创建初期一般具有高度的不确定性和不稳定性，有的团队成员可能因为观念、能力等方面的原因选择离开，这时就需要及时调整团队成员的结构，及时补充新成员。

随着医学技术的不断进步，在项目的开展过程中，医学创新创业团队也要主动吸纳新成员，为团队注入新鲜血液、新思想和新技术。因此，在组建创业团队时，应注意保持团队的动态性和开放性，吸纳能够与团队相匹配的、能推动项目发展的人员到团队中来。

二、优秀医学创新创业团队组建应注意的问题

要组建一支优秀的医学创新创业团队，需要付出很多努力，同时有许多问题需要解决。

1. 富有人格魅力的领导者

想要打造一个优质的医学创业团队，首先需要一个好的领导者，他作为团队的主心骨，是核心中的核心，犹如船队的舵手一样，引领着团队沿着正确的航线前进。他不仅要有扎实的专业知识，还要有领导的魄力和号召力，能在重大问题上迅速做出决策，能妥善处理好团队成员间的关系，更能以团队利益为先，从团队出发来考虑和处理问题。

然而，不是谁提出可行性的建议，谁就能担此重任成为领导者，当然也不能只由资金、技术、专利申请等方面决定。领导者是有着独特人格魅力的人，成员发自内心地认可、信任、尊重并愿意追随他，相信在他的带领下，团队会有更好的发展。

2. 跨界的人才组合

一个优秀的医学创新创业团队，应该是一个优势互补的团队，由来自各界的人才组合而成。所谓"术业有专攻"，纯粹由医学研究人员组成的医学创业团队容易导致产品与市场脱节，全部由市场和销售人员组成的医学创业团队又会缺失技术。当前，医疗行业的创业正朝着与互联网、物联网、大数据、云计算结合的方向发展，医学创新创业团队要想跟上时代的步伐，就要聚合来自各界的人才，实现人才的跨界，才能让行业跨界成功。跨界人才不仅要有扎实的专业能力，还要具备可迁移能力。人才的跨界组合往往能碰撞出新的火花，成就颠覆性的创新。

3. 团队精神

企业能否成功的一个关键因素是创业团队中团队精神的有效发挥。创业过程充满竞争，就像拔河比赛，只有彼此心往一处想，劲往一处使，才能获胜。团队成员要彼此信任、互相学习，做到信息共享、资源共享、利益共享、风险共担，这样的团队才更具凝聚力和向心力，更容易达成创业目标。

微软作为世界个人计算机软件开发的领先集团，在用人方面非常注重团队精神。即便你是人才，能力突出，技术卓越，倘若你不懂得与人沟通、交流，则无法在团队中发挥作用，更别说取得事半功倍的效果了。因此，团队成员间的积极有效配合是非常重要的。

三、医学创新创业团队的人员组合

优势互补是医学创业团队搭建的根基，但团队成员能否做到优势互补，还取决于医学创业团队的成员选择与组合。人才是医学创业团队的核心资源，不同的人才在团队中扮演着不同的角色，起着不同的作用，相互配合形成团队合力。所以医学创新创业团队在组建

时，要慎重选择人才并进行合理的配置，才能发挥团队的最大效用。

（一）医学创新创业团队需要的人才类型

从工作角度来分，创业团队的人才类型可以分为技术型人才、营销型人才和管理型人才。技术型人才主要保障产品的生产以及服务的产出；营销型人才主要解决市场营销方面的问题，保障企业和项目在市场的销售；管理型人才主要把握项目方向，平衡价值生产与价值产出的矛盾，整合内外部资源，推动项目的良性发展。

在创业初期，若医学创业团队的核心竞争力不同，创业项目类型不同，这三种类型的人才的作用就不同。比如，以技术创新为导向的医学创业团队就应该以技术型人才为主，营销型人才和管理型人才为辅；以医疗器械为导向的医学创业团队则应该以营销型人才和管理型人才为主，以技术型人才为辅。因此三种类型的人才以哪种为主导是不确定的，具体要由创业团队的项目来决定。

（二）医学创新创业团队成员的选择和配置

1. 医学创新创业团队成员的选择

我们在组建团队时通常有个倾向，就是找和自己类似的人，比如说医学院校的同学，熟悉的亲戚、朋友，觉得类似的人比较好磨合，一起工作也会比较融洽。但在创业活动中，团队中的每个人都有自己的角色，以及与角色相匹配的性格和能力。这就造成了同质和异质的矛盾，这个矛盾的破解，就要靠成员在创业的理念、目标和志向上追求一致，在专业领域、性格、行为方式上能够形成互补。因此，在选择成员时需要考虑以下几个问题：

(1) 团队成员加入的目的。人的需求大体上分为五个层次：生理的需要、安全的需要、社交的需要、尊重的需要及自我价值实现的需要。团队成员基于哪种层次的需要而加入团队，对其在组织中的行为方式起着决定性作用。比如，对一个想通过创业来赚钱养家糊口、保障基本生活的人来说，更看重企业的盈利能力，这可能会导致企业逐利的短期行为；而基于实现自我价值的人，更看重企业的未来发展，把企业看成是施展抱负的舞台，这更有利于企业长远目标的实现。

(2) 团队成员的知识结构。团队成员的知识结构越合理，对创业活动的开展就越有利。具有专业性的医学创业团队不能全是只掌握技术层面的成员，当然也不能全是只拥有终端销售能力的成员，过于相似或者单一的专业技能和学术背景会使团队在创业过程中举步维艰。医学创业团队在成员的选择上要注意知识结构的合理性，如兼顾技术、营销、管理等，并根据团队的核心竞争力有所侧重地进行人才选择。来自不同文化背景、有着不同经历和不同技能的人才组合在一起，大家各有所长，才能相互补充，相得益彰。

(3) 团队成员的性格、个性、兴趣。创业团队建立初期，多数都是依靠自己的人脉来寻找合作伙伴，或是亲朋好友或是同学校友，彼此兴趣相投。但通过这种形式组成的团队往往会忽视成员的性格特征。创业起始阶段，成员们因相同的梦想走到一起，同甘苦、共患难，怀揣满腔的热情投身于工作中，容易掩盖成员的性格差异和处理问题的态度差异。一旦企业发展到某一阶段，或者处于一个巅峰期，成员的个性差异无疑会显露出来，相互间甚至会出现冲突，影响企业的继续发展。因而，创业团队在进行分工时，不但要重视成员自身的能力，还不能忽视其性格、个性，根据成员的特点分配工作，这样企业才可能稳步成长。

(4) 团队成员的价值观念。正所谓"道不同不相为谋"，创业成员的价值观念和道德品质对企业的文化形态起到了决定性的作用。甚至可以说，它是企业文化最初的表现形式。成员中有的人以诚为本，有的人只追求利益最大化；有的人具有极强的社会责任感，有的人只求独善其身。作为受过高等教育的医疗健康事业的建设者和接班人，医学创业要有境界，有觉悟，立意要高，创业的目的应该是让更多人受益，能够推动社会进步，对社会有贡献。可以说，一个人的价值观念是从出生到成长这数十年的过程中形成的，难以改变。因此，团队创建前需要充分了解每位成员的价值观念以及个人素质，尽量避免由于价值观不同而出现的冲突，这样创业成功的可能性才会更大。

2. 医学创新创业团队成员的有效配置

创业活动的有序开展以及创业效率的提高得力于团队成员的有效分工。团队成员看清自己的能力、搞清楚自己的职责，工作起来才不容易混乱，才能使团队发挥合力。一般情况下，成员在进行分工时需要遵循以下一些原则。

(1) 以工作为方向进行划分。例如技术、营销和管理这三类，在创业活动中，工作的分类可能在此基础上更加细化，细化的方向与创业项目的特性有关，也与项目进展的阶段有关。

(2) 以能力为依据，即根据成员的能力、特长进行划分。最重要的是将拥有相似知识、技能、经验的人综合协调，要最大限度地发挥每个成员的能力，形成合力，推动创业活动的开展。如你是 CEO，也可以是客服，因为你擅长沟通；你是 CTO，也可以是售后工程师，因为你擅长技术。

(3) 以认知为基础进行划分。团队成员基于自我认知和团队成员的相互认知，明确自己愿意干并且大家都觉得你能干，只有这样，才能给自己一个更加明确的定位。自我认知与相互认知是团队未来发展的基石，往往在创业初期，团队在角色和分工中很容易出现问题，而问题的根本就是自我认知不明确，相互间也不够了解，在自我认知与相互认知不够清晰的情况下，初创团队最大的问题可能就是能力的不均衡性。这种不均衡性，很可能导致创业失败。

(三) 医学创新创业团队成员的招募渠道

1. 熟人

根据项目需要，从亲戚、朋友、同学这些熟人中找合适的。首先，团队成员要是可信的，在对外人不了解的情况下，找熟人无疑是首选。其次，团队的磨合需要时间，而多年的相识和了解，彼此都非常清楚对方的优点和缺点，避免了成员间因互不了解而造成的各种矛盾和纠纷，或者即使出现问题也容易沟通和交流，容易达成共识，从而提高了工作效率。

2. 熟人推荐

熟人推荐是指通过熟悉的亲戚、同学、朋友，认识的师长、行业专家等推荐成员。创业者由于社会经历少，资源和人脉都比较有限，熟人推荐是一个有效的途径，他们从自己的人脉中帮助搜索较为合适的伙伴，帮助判断潜在合伙人的品性、能力、经验等是否与创始人匹配，缩短了筛选和配对过程。

3. 成员推荐

现有成员在深度了解创业项目、对项目发展前景看好的基础上，将其认识的认为合适的人推荐给团队，这也是团队发现人才的一种方法。这种方法能够形成一定的价值传递，完成获取人才的信息传播和对人才的初步筛选，相对提高了成员的忠诚度。

4. 校园招聘

通过发布校园招聘信息，从各院系具有专长的学生中筛选创业团队成员。信息的发布可以是在本校网站，也可以是跨学校招聘。由于医学院校培养更多的是具有医学知识和技能的人才，缺少企业运营所需的管理学、经济学等方面的人才，通过跨校招聘、筛选面试，从其他学校中找到志同道合、有创业意愿和能力的学生组建创业团队。

5. 借助孵化器

创业孵化器像是一个人才池，汇聚了各方的人才，是快速组建创业团队的一个很好的渠道。创业者借助这样的开放式平台，相互交流，分享创业想法，一般都能找到志趣相投的伙伴。

创业小贴士

创业团队组建的主要工作

1. 明确创业目标

创业团队的总目标就是要通过完成创业阶段的技术、市场、规划、组织、管理等各项工作，实现企业从无到有、从起步到成熟。总目标确定之后，为了推动团队最终实现创业目标，再将总目标加以分解，设定若干可行的、阶段性的子目标。

2. 制订创业计划

在确定了一个个阶段性子目标以及总目标之后，紧接着就要研究如何实现这些目标，这就需要制订周密的创业计划。创业计划是在对创业目标进行具体分解的基础上，以团队为整体来考虑的计划，创业计划确定了在不同的创业阶段需要完成的阶段性任务，通过逐步实现这些阶段性目标来最终实现创业目标。

3. 招募合适的人员

招募合适的人员也是创业团队组建最关键的一步。关于创业团队成员的招募，主要应考虑两个方面：一是考虑互补性，即考虑其能否与其他成员在能力或技术上形成互补。这种互补性形成既有助于强化团队成员间彼此的合作，又能保证整个团队的战斗力，更好地发挥团队的作用。一般而言，创业团队至少需要管理、技术和营销三个方面的人才。只有这三个方面的人才形成良好的沟通协作关系后，创业团队才可能实现稳定高效；二是考虑适度规模，适度的团队规模是保证团队高效运转的重要条件。团队成员太少则无法实现团队的功能和优势，而过多又可能会产生交流的障碍，团队很可能会分裂成许多较小的团体，进而大大削弱团队的凝聚力。一般认为，创业团队的规模控制在 2～12 人之间最佳。

4. 划分职权

为了保证团队成员执行创业计划、顺利开展各项工作，必须预先在团队内部进行职权的划分。创业团队的职权划分就是根据执行创业计划的需要，具体确定每个团队成员所要担负的职责以及相应所享有的权限。团队成员间职权的划分必须明确，既要避免职权的重叠和交叉，也要避免无人承担造成工作上的疏漏。此外，由于还处于创业过程中，面临的创业环境又是动态复杂的，不断会出现新的问题，团队成员可能不断出现更换，因此创业团队成员的职权也应根据需要不断地进行调整。

5. 构建创业团队制度体系

创业团队制度体系体现了创业团队对成员的控制和激励能力，主要包括了团队的各种约束制度和各种激励制度。一方面，创业团队通过各种制度（主要包括纪律条例、组织条例、财务条例、保密条例等）对其成员进行约束，以避免做出不利于团队发展的行为，保证团队的稳定。另一方面，创业团队要实现高效运作离不开有效的激励机制（主要包括利益分配方案、奖惩制度、考核标准、激励措施等），使团队成员意识到创业目标的实现关系到其切身利益，从而达到充分调动成员的积极性、最大限度发挥团队成员作用的目的。要实现有效的激励，首先就必须把成员的收益模式界定清楚，尤其是关于股权、奖惩等与团队成员利益密切相关的事宜。需要注意的是，创业团队的制度体系应以规范化的书面形式确定下来，以免带来不必要的混乱。

6. 调整融合团队

完美组合的创业团队并非创业一开始就能建立起来，很多时候是在企业创立一定时间以后随着企业的发展逐步形成的。随着团队的运作，团队组建时在人员匹配、制度设计、职权划分等方面的不合理之处会逐渐暴露出来，这时就需要对团队进行调整融合。由于问题的暴露需要一个过程，因此团队调整融合也应是一个动态持续的过程。如图5-1所示，在完成了前面的工作步骤之后，针对运行中出现的问题，团队不断地对前面的步骤进行调整，直至满足实践需要为止。在进行团队调整融合的过程中，最重要的是要保证团队成员间经常进行有效的沟通与协调，培养强化团队精神，提升团队士气。

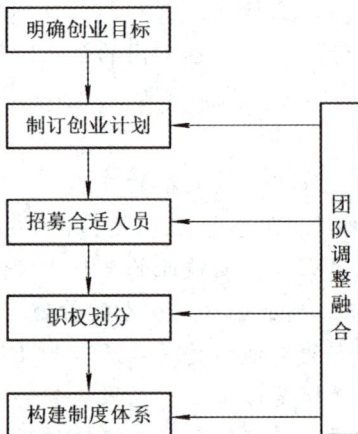

图 5-1　创业团队组建流程图

医创案例

毛陈：太过自信让我们沿错误方向走得很远

2012 年，南方医科大学大四学生毛陈开始第一次创业。

身为学生会主席的毛陈，把学校里擅长摄影、平面设计等的同学聚到一起，建立了一个针对校园的文化传媒工作室。"刚建立起来的时候，得到了学校老师的支持，还给我们投了 10 万元，让我们买设备、租场地。"

但是，"因为当时还是学生，需要上课，对创业也不是很懂，所以项目整体的运作比较松散。"毛陈回忆，整个项目运行了一年后，团队受到了一个致命性的打击，"我们团队里面基本上都是学医学的学生，到了大三之后学业压力非常重，再加上来自父母的压力——他们不想让自己的孩子去创业，更多的是希望让自己的孩子好好学习，有一个稳定的工作。所以这个时候有些队员开始提出退出团队。"

随后，毛陈的整个团队出现了很大的变动。一个接一个的人提出退出，在这种破窗效应的影响下，团队成员所剩无几。"大家都是医学专业的学生，所以各方面人才的配备都不是很到位，对于公司化的运作没有经验。仅仅只是几个同学有创业的兴趣，然后为了挣钱就凑到一起，甚至连创业的决心也不坚定。"

通过第一次创业，让毛陈明白创业决心、团队和商业化管理非常重要。这时，他自己也陷入一种迷茫的状态中："自己到底是适合创业还是就业？"后来，在找实习工作的过程中，面试官鼓励他去创业，这让他很受鼓舞。"在那之后我很认真地想了几天，然后下定了创业的决心。"

第二次创业，是与同学一起做避孕丁字裤的项目。"当时这个项目做出来，还登上了广州《羊城晚报》的头版，陆续有许多网络媒体来采访我们。我们当时也参加了第一届广州青年文化创意创业大赛，广州市委觉得我们这个创意不错，给我们对接了一个投资方，并且给予我们 200 万元的投资。"

然而，令毛陈他们意想不到的是，问题出在了投资方身上。"我们的投资方以往主要是投资在酒店、房地产这样的实业上，给我们投资没多久，就赶上整个房地产行业不景气。投资方没钱了，我们 200 万元的投资也就落空了。"毛陈只好另找投资方，但是在这个过程当中又遇到了问题。"投资方看我们大多是学医学专业的学生，没有什么管理的经验，所以都不敢投。再加上当时自己虽然有决心，但是其他的团队成员决心还是不够。有些人总想着创业、就业两头兼顾，项目暂时被搁置了。"

但毛陈并没有放弃。在参加比赛的时候，毛陈发现，很多团队都是在做移动互联网项目，受他们的启发，毛陈将移动互联网项目与自己所学专业结合起来，目前也找到了志同道合的投资方。

毛陈说："前两次的创业经历让我深刻地明白了团队的重要性。而要想组建一个专业的团队，首先必须要具有资源整合的能力和快速学习的能力。其次你要清楚你需要什么样的人才来建立你的团队，你去哪里能够挖到你想要的这些人才。最后你要有一个乐观的态度和坚定的信念。但同时我们也要怀有梦想，不能为了创业而创业，太过自信只会让我们沿着错误的方向走得很远，要有自我反思的意识。"

思考与行动

1. 什么是创业者？创业者有哪些特征？创业者需要具备哪些素质？

2. 阐述组建医学生创新创业团队应注意的问题。

3. 如何综合运用各种创业能力促进创业活动的顺利开展？

4. 自我测评——小企业经营者需要具备的 10 项能力。

特　征	程　度
	低　1 2 3 4 5　高
决策能力	□□□□□
计划与组织能力	□□□□□
经验	□□□□□
对市场反应的能力	□□□□□
人际交往能力	□□□□□
从错误中学习的能力	□□□□□
自我控制能力	□□□□□
谈判能力	□□□□□
理财能力	□□□□□
合计	

优秀：35 分以上。

一般：34 ～ 13 分。

差：12 分以下。

(1) 收集著名创业团队的材料，找出它们的共性，并比较它们的异同。

(2) 如果你计划进行创业，在选择团队成员时应有何要求？

5. 调研身边的创业团队，了解他们的组织结构及运行方式。列举优秀创业团队案例，分析它们有何共同点。

6. 合作能力测试。

是　否　(1) 我喜欢在别人的领导下完成工作。

是　否　(2) 我不喜欢参加小组讨论。

是　否　(3) 与陌生人一起讨论时，我会放不开。

是　否　(4) 我喜欢与人一起分担一项工作。

是　否　(5) 我与周围人的关系很和谐。

是　否　(6) 我觉得自己要比别人缺少伙伴。

是　否　(7) 很少有人可以让我感到可以真正信赖。

是 否 (8) 我时常感到寂寞。

是 否 (9) 我相信大合作大成就，小合作小成就。

是 否 (10) 我感到自己不属于任何圈子中的一员。

是 否 (11) 我与任何人都很难亲密起来。

是 否 (12) 我的兴趣和想法与周围人不一样。

是 否 (13) 我常感到被人冷落。

是 否 (14) 没人很了解我。

是 否 (15) 在小组讨论时我感到紧张不安。

是 否 (16) 我善于把工作分解，然后让合适的人一起做。

是 否 (17) 我感到与别人隔开了。

是 否 (18) 我感到羞怯。

是 否 (19) 我要好的朋友很少。

是 否 (20) 我只喜欢与同我谈得来的人接近。

提示：合作能力测试结果分析。

每题均有两个测试结果，即"是"和"否"，答"是"得1分，答"否"得0分。得分在12分以上表示合作能力亟待提高；8～11分表示一般；5～7分表示合作能力较好；4分以下表示合作能力非常好。

对希望提高合作能力者提出以下建议：

(1) 借鉴合作成功者的成功合作经验，总结合作失败的教训，为己所用。

(2) 培养发现别人的优点并能不吝赞赏、发挥其长处的能力。

(3) 与合作者求同存异。

第六章　创业机会与创业风险

学习目标

1. 理解创业机会的含义与特征,并学习利用合适的方法来寻找、认识和识别创业机会。
2. 掌握创业机会的识别和评估方法。
3. 了解大学生创业的风险及其防范措施。
4. 学会评估自身的风险承受能力,以及进行风险决策。

名家寄语

　　机会是极难得的,但它具备三大成功的条件,那就是:像鹿一般会跑的腿,逛马路的闲工夫,和犹太人那样的耐性。

——巴尔扎克

　　创新有时需要离开常走的大道,潜入森林,你就肯定会发现前所未见的东西。

——贝尔

案例导读

从潮玩亚文化走向大众消费品——泡泡玛特的 IP 帝国梦想

　　王宁,出生于 1987 年,从小受到家里经商父母的影响,对商业产生了浓厚的兴趣。后来,他考入郑州大学西亚斯国际学院广告专业,并在读书期间,和几个同学一起开了一家实体店。

　　2009 年,22 岁的王宁大学毕业之后,工作了近一年,他始终甩不掉创业的想法——开一家零售店。下定决心后,王宁和曾经一起开店的同学到各地进行考察。在香港,一家名为 LOG-ON 的公司吸引了他们的注意力,这家公司销售各种有趣的、新颖的文创产品、玩具和杂货。王宁和团队也由此找到了自己的创业方向:像超市一样销售潮流产品。

最初，王宁的生意让人摸不着头脑，因此屡屡被拒绝。2010 年 11 月，在北京中关村欧美汇购物中心的一个小角落，王宁的第一家店——泡泡玛特开业。那是一段异常艰难的时期。泡泡玛特这个名字鲜为人知，人们也无法理解他们到底要销售什么产品。

2011 年底到 2012 年初，王宁几乎要放弃泡泡玛特。直到他遇到了欣赏泡泡玛特价值的天使投资人麦刚，并获得了 200 万元的种子轮投资。

在获得资金后，泡泡玛特又开了多家新店。2015 年底做业务盘点时，王宁发现一款名叫 Sonny Angel 的日本 IP 玩具销售额一直快速增长，单个玩偶的收入占到门店收入的三分之一。敏锐的王宁当即跟团队说："从今天开始，所有的品类都不做了，只做潮玩。"

2016 年 1 月，Sonny Angel 的版权方决定终止泡泡玛特的独家代理，这让泡泡玛特管理层如坐针毡。面对这一危机，管理层开始思考破局之路。没有了授权，我们能不能自己打造 IP？于是，泡泡玛特的创始人王宁在微博上向粉丝提问："除了 Sonny Angel，你们还喜欢收集什么？"粉丝们的答案五花八门，但有一个名字出现得最多，那就是 Molly 娃娃。

对此一无所知的王宁等人决定一探究竟，最终提出了开发 Molly 玩具的想法。经过与 Molly 娃娃设计师王明信的三轮沟通，泡泡玛特的诚意和雄心打动了对方，拿下了 Molly 的 IP 授权。2016 年 8 月，Molly Zodiac 系列借助"盲盒"形式在天猫开售，一套售价 708 元。"我们定下的目标是第一天卖 200 套，但没想到 4 秒售罄。"王宁回忆。"2000 套、4000 套、8000 套……"宣毅郎说，"我们开始也不敢做太多，每次做点，很快脱销，继续补货，脱销……"

金发碧眼、嘟嘟嘴的小女孩形象一炮而红，收获了大批忠实"粉丝"，迅速引爆内地潮玩市场。通过对尺寸、包装、价格等产品标准的统一和成熟供应链的量产，Molly 从小部分爱好者的收藏柜里走上泡泡玛特的货架，走向更多消费者。

Molly 的市场表现出乎所有人意料。以此为契机，泡泡玛特做了一次"减法"，由潮流用品大杂烩向潮流玩具聚焦，从受制于人的渠道商转变为 IP 运营方。许多艺术家看到 Molly 的成功，纷纷寻求合作。经过几年积累，泡泡玛特目前已有 85 个 IP，其中包括 12 个自有 IP、22 个独家 IP 及 51 个非独家 IP。此外，泡泡玛特还拥有一支由 91 名设计师组成的创意设计团队及 28 位合作的知名艺术家。

得益于 IP 的成功开发运营，泡泡玛特扭亏为盈。2019 年，Molly 销售额达 4.56 亿元；Pucky 销售额达 3.15 亿元，成为泡泡玛特的第二大 IP；除此之外，The Monsters、Satyr Rory 等独家 IP 也有亮眼表现。2017 年至 2019 年，泡泡玛特营收分别为 1.58 亿元、5.14 亿元、16.83 亿元，连续两年营收增幅超过 200%，净利润从 156 万元增至 4.51 亿元，实现业绩爆发式增长。

创业大讲堂

面对复杂多变的社会时局，时机能为创业者带来机遇。创业者只有把握好大势的脉搏，关注市场和社会环境等因素，培养业务能力，分析市场趋势，把握市场变化，才能在时机出现时，灵活运用自身的技术，观察行业趋势，抓住有利商机，从而获得更大的成功。当然，创业本身就是一种冒险的行为，创业者要面对各种不确定性和变化。机会来临时，风险也往往同时存在，如技术风险、市场风险、政治风险、管理风险、生产风险和经济风险等。因此，创业者不仅要善于抓住稍纵即逝的机会，还需要具备充分的风险意识和应对能力，学会分析、评估、预防和转嫁风险。总之，创业者需要谨记时机乃创业之本，充分利用每一次创业机会以换取更多成功，同时抱着警醒的态度，做好风险防范的准备。

第一节 创业机会

■ 一、创业机会解析

（一）创业机会的含义

机会是具有时间性的有利情况，即时机、机遇。许多名言都强调了机会的重要性，如"良机只有一次，一旦错失，就再也得不到了。""善于识别与把握时机是极为重要的，在一切大事业上，人在开始做事前要观察时机，而在进行时要抓住时机。"一旦抓住机会，就成功奠定了基础。对于创业者而言，把握机会是成功创业的基础。

创业是创业者对自己拥有的资源或通过努力对能够拥有的资源进行优化整合，从而创造出更大经济价值或社会价值的过程。创业是一种思考、推理并结合机会的行为方式，它为机会所驱动，需要在方法上全盘考虑并拥有和谐的领导能力。创业是一个发现和捕获机会并由此创造出新颖的产品、服务或实现其潜在价值的过程。由此可见，创业由创业机会开始。

不同学者对于创业机会有不同的定义，综合梳理，主要有以下几种：

(1) 创业机会是可以为购买者或使用者创造或增加价值的产品或服务，它具有吸引力、持久性和适时性。

(2) 创业机会是可以引入新产品、新服务、新原材料和新组织方式，并能以高于成本价进行销售的情况。

(3) 创业机会是一种新的"目的—手段"关系，它能为经济活动引入新产品、新服务、新原材料、新市场或新组织方式。

(4) 创业机会主要是指具有较强吸引力的、较为持久的、有利于创业的商业机会，创业者可以根据这些机会为客户提供有价值的产品或服务，并同时使创业者自身获益。

综上所述，所谓创业机会，实际上就是创业者可利用的商业机会，是一种未来可能盈利的机会，创业者需要通过实际行动来支持这种机会，并通过具体经营措施的实施，以达到预期的盈利目标。事实上，大多数创业者都是因为把握了商业机会从而创业成功的。"运筹帷幄之中，决胜千里之外。"在机会面前，创业者需要以雷厉风行的姿态果断夺得先机；在变幻的市场面前，创业者需要以敏锐的眼光捕捉新的商机，从市场信息中作决策、求效益，从而牢牢地掌握生产经营的主动权，取得较好的经济效益和社会效益。

（二）创业机会的特征

真正的创业机会需要符合一定的标准，并且创业机会只有符合创业者的能力和目标才是有价值的。创业机会具备以下特征：

1. 创业机会对创业者具有强烈的吸引力

一个好的创业机会要能够创造较大的价值，因为创业是利用创业机会创办企业从而获取财富的，如果一个创业机会没有价值，那么它对创业者就失去了吸引力。

2. 创业机会具有持久性

创业者需要通过创业机会建立企业，并希望不断发展壮大，因此他们追求的创业机会并非昙花一现。一次性的、短暂的回报不是创业者所期待的，他们需要的是能够持续、持久盈利的创业机会。

3. 创业机会需要创业者付诸实施

机会需要付诸行动才能成为现实。创业者如果未付诸行动，即使创业机会拥有巨大的潜在价值，也不能实现，这很可能使创业者错失良机。创新企业要想生存下来并盈利，就必须将创造性构想与一流的行动能力结合起来，从而形成优势。

4. 创业机会具有客观性

无论创业者是否意识到，市场机会总是客观存在于特定的市场环境之中。一个创业者未能发现的机会，可能会被另一个创业者捕捉并利用。因此，创业者应积极从市场环境变化的规律中寻找机会。

5. 创业机会符合社会大众的利益

有时机会并不能为人们谋利，或者表面上迎合了市场需求，却在长远中导致人们失去了自我，失去了价值观，无法获得更多和更大的幸福。例如用色素制作假红心鸡蛋、往猪肉里注水以增加重量、以次充好、假冒伪劣等，这虽然能够为商家带来利润，但是产品可能对人们的身体健康造成伤害或者违背社会正常的竞争秩序，这样的商机不仅不能持久，还可能使自己的人生陷入囹圄。因此，是否可以为民谋利是判断一个商机是否为真正商机的首要法则。

二、创业机会的类型

从不同的角度，对创业机会有不同的分类。

1. 从创业机会来源的角度进行分类

(1) 问题型机会。问题型机会是指现实生活中因问题尚未被解决所产生的机会。问题型机会大量存在于在人们的日常生活和企业运作中，如消费不便、顾客抱怨、无法买到称心如意的商品等。这些尚未被解决的问题中存在着价值或大或小的机会，但需要创业者用心去挖掘。

(2) 趋势型机会。趋势型机会是指在变化中能够看到未来的发展方向，并能预测到未来的潜力和机会。这种机会一般出现在经济变革、政治变革、人口变化、社会制度变革、文化习俗变革等多个方面，一旦被人们认可，其产生的影响将是持久的，带来的利益也是巨大的。

(3) 组合型机会。组合型机会是指将现有的两种以上的技术、产品、服务等因素组合起来，实现新的用途和价值而获得的创业机会。这种机会类型好比"嫁接"，通过对已经存在的多种因素进行组合，往往能实现与过去功能大为不同或效果倍增的局面。

2. 从市场的角度进行分类

(1) 识别型机会。识别型机会是指创业者面向现有市场的创业机会。在现有市场上，通常是一些比较成熟的企业在运营，因此，创业者只有通过有效的创新手段，应用新的运营模式，才能在市场上占领一席之地。

(2) 发现型机会。发现型机会是指面向空白市场的创业机会。空白市场属于尚未被开发或大企业关注较少的市场如缝隙市场，但只要运营得当，空白市场也会创造较大的价值。

(3) 创造型机会。创造型机会是指面对全新市场的机会。这个市场的创业机会不属于任何已经存在的企业。一方面，创业者可以根据消费潮流的变化，捕捉可能出现的市场机会；另一方面，通过分析消费者的心理，创新产品和服务，引导消费者的需求并满足其需求，从而创造一个全新的市场。在这个全新的市场上，创业者暂时没有任何竞争对手，但也没有现成的运营模式可以参考。在这种情况下，创业者需要警惕这个全新的市场是否具备高度成长的可能性。

三、创业机会的来源与识别

（一）创业机会的来源

创业机会产生于特定的环境中，它的出现往往归因于环境变化和市场不协调造成的混乱、信息的滞后以及其他因素的影响。也就是说，在一个自由的企业系统中，当行业和市场的环境发生变化，如混乱、混沌、矛盾、落后与领先、知识和信息的鸿沟以及各种各样其他变化，如技术革新、消费者偏好的变化、法律政策的调整等，此时创业机会就产生了。

创业机会的来源主要有以下几个方面：

1. 创意与发明

发明创造是指运用现有的科学知识和科学技术，首创出先进、新颖、独特的具有社会意义的事物及方法，来有效地解决某一实际需要。创造发明不仅带来了新产品、新服务，更好地满足了顾客需求，同时也给我们带来了创业机会。

2. 解决问题

创业的根本目的是满足顾客需求。顾客需求在没有得到满足前就是问题。寻找创业机会的一个重要途径是善于发现和体会自己和他人在需求方面的问题或生活中的困难。问题就是机会，问题越多，社会机会就越多。

3. 环境变化

创业的机会大都产生于不断变化的市场环境，市场环境发生变化，市场需求、市场结构必然发生变化。这种变化主要来自产业结构的调整、消费结构的升级、城市化的加速、人们思想观念的转变、政府政策的变化等诸方面。

4. 市场竞争

市场竞争的方式多种多样，如产品质量竞争、广告营销竞争、价格竞争、产品式样竞争和花色品种竞争等，这些就是通常所说的市场竞争策略。如果你能填补竞争对手的缺陷和不足，这将会成为你的创业机会。

罗三长
红糖馒头

5. 新技术、新模式

世界产业发展的历史告诉我们，几乎每一个新兴产业的形成和发展都是技术创新的结果。产业的变更或产品的替代既满足了顾客需求，同时也给我们带来了前所未有的创业机会。

（二）创业机会的识别方法

识别创业机会的方法有多种，其中有的来自启发，有的依靠经验，有的较为复杂，需要市场研究专家的支持。这里主要归纳三种常用的识别方法：

1. 通过系统分析发现机会

多数机会都可以通过系统分析得到，人们可以从企业的宏观环境（政治、法律、技术、人口等）和微观环境（顾客、竞争对手、供应商等）的变化中发现机会。借助市场调研，从环境变化中发现机会，是发现机会的一般规律。

2. 通过问题分析和顾客建议发现机会

问题分析首先需要找出个人和组织的需求以及其面临的问题，这些问题可能明确，也可能含糊，重要的是抓到核心问题，即"什么才是最好的"。通过向顾客询问建议，只有他们才清楚自己需要什么，顾客的建议多种多样，最简单的也是经常听到的非正式的建议便是"如果那样的话不是更好吗"。

3. 通过创造获得机会

这种方法在技术行业中最为常见，如音乐播放器、3D打印机、无人机等。它可能始于明确的市场需求，从而积极研究相应的新技术和新知识；它也可能始于一项新技术发明，进而积极探索新技术的商业价值，如最近全国都在谈论的"创客"。

（三）创业机会识别的影响因素

面对具有相同期望值的创业机会，并非所有潜在创业者都能把握。成功的创业机会识别是创业者个人特质和社会网络等共同作用的结果。

1. 创业者的创业愿望

创业愿望是创业的原动力，它推动创业者去发现和识别市场机会。没有创业意愿，再好的创业机会创业者也会视而不见，并与之失之交臂。

2. 创业者的知识和创业能力

创业者已拥有的知识或在特定行业中的先进经验有利于其识别创业机会。一类知识是创业者具有浓厚兴趣领域内的知识。在这种兴趣的驱使下，创业者会花费大量的时间与精力来学习，以提升其能力，并在这个领域内积累丰富的知识。还有一类知识涉及不同的领域，这些知识来源于常年的工作经验，而与其兴趣无关。这两个领域的整合可能直接会促使创业者识别新机会、新市场或者找到解决顾客问题的新途径。

3. 创业者的创业警觉性

提高创业警觉性有助于提高创业者的机会识别能力。创业者比一般人更渴望得到多样化的信息，他们搜索信息的频率更高，对信息高度的警觉性也更高。一般而言，在某个领域拥有更多知识的人往往比其他人对该领域内的创业机会有更高的警觉性。

4. 创业者的创造性思维

创业者具有与非创业者不同的一些思维特征和能力，其中创造性思维在创业机会的识别和开发方面起到重要的作用。创造性思维实质上是对不同类型信息的重新匹配、加工而获得新思想、新观念的突破性认知思维方式。但创造性思维本身不会产生新颖的想法，它需要对创业警觉性所敏感察觉到的信息进行加工，以便识别创业机会。

5. 创业者的社会网络

创业者资源匮乏，仅有未经核实的人力资本，难以发现或者获得创业机会。为了克服因信息不对称和不确定造成的种种障碍，创业者通常会求助其社会网络。社会网络是指社会个体成员之间因为互动而形成的相对稳定的关系体系。创业者所处的社会网络对机会的感知非常重要，这种关系网络是企业的重要隐形资源，对创业企业的生存以及发展具有非常重要的推动和促进作用。成功的创业企业通常能够从其社会网络中捕捉商机、获取资源，为企业创造出显性资源无法实现的价值。创业者社会网络的深度与广度会影响创业者对机会的识别。通常情况下，拥有大量社会网络的人会比那些拥有少量社会网络的人更容易获得更多的机会。一个良好有效的社会网络能为创业者提供有价值的信息和信任基础，从侧面帮助创业者收集创业信息，筛选和甄别这些信息，并在很大程度上帮助创业者识别创业机会。

第二节　创业机会的评价

　　把握创业机会首先从识别机会开始，一旦识别出创业机会，就应采用各种评价模型对创业机会进行评价，如果创业机会难以衡量或评价，那么创业机会始终停留在概念层面，无法为创业者创造价值。一个机会是否能够通过每个阶段预先设置的"门槛"，在很大程度上取决于创业者面临的约束或限制，如创业者的目标回报率、风险偏好等。一个机会如果不能成功通过某一阶段的评价门槛进入下一阶段，那么这个机会应加以斟酌甚至放弃。因此，通过循环"识别—评价—开发"步骤，一个最初的商业概念或创意就会逐步完善起来。

一、定性评价

　　定性分析侧重考虑确定该创业机会所需具备的成功条件；分析本企业 / 创业者在该创业机会上所拥有的优势；企业 / 创业者所拥有的竞争优势；判断该创业机会与本企业 / 本创业者的发展方向和目标是否一致。可以从五个方面评价创业机会：

　　(1) 机会的原始市场规模。市场规模越大越好，但较大的市场规模可能会吸引强有力的竞争对手。

　　(2) 机会存在的时间跨度。一切机会都只存在于一段有限的时间之内，商业性质决定了机会时间跨度的长短。

　　(3) 预期特定机会的市场规模将随时间而变化。一个机会可能带来的市场规模随时间而变化，一个机会可能带来的风险和利润也随时间而变化，机会存在的某些时期可能比其他时期更有商业利润。

　　(4) 良好的创业机会具有五个特点：前景市场可以明确界定；前景市场前 5 ～ 7 年的销售稳步且快速上升；创业者能获得利用创业机会所需的关键资源；创业者不被锁定在刚性的技术路线上；创业者可以用不同的方式创造额外的机会和利润。

　　(5) 特定机会对特定创业者的现实性。创业者是否具备利用某个创业机会所需的资源；是否能填补资源缺口，存在可以占有的前景市场份额，甚至可以创造市场；创业者是否拥有相应的能力，如管理能力、自身的营销经验和其他专长等。

　　定性评价创业机会的五个步骤：

　　(1) 分析新产品或新服务将如何为购买者创造价值，判断使用新产品或新服务的潜在障碍，以及如何克服这些障碍。根据对产品和市场认可度的分析，得出新产品或新服务的潜在需求、早期使用者的行为特征和产品达到创造收益的预期时间。

　　(2) 分析产品在目标市场投放的技术风险、财务风险和竞争风险。

　　(3) 进行机会分析，在产品的制造过程中是否能保证足够的生产批量和购买者可以接受的产品质量。

(4) 估算新产品项目的初始投资额和融资渠道。

(5) 在更大的范围内考虑产品带来风险的等级，以及如何控制风险和管理风险。

■ 二、定量评价

定量评价主要是评价创业机会的可行性及经济效益，其任务是在初步拟定营销规划的基础上对创业机会进行评价。评价创业机会时，既可以从收益成本角度评价创业机会的价值创造潜力，又可以从个体创业角度评价该机会是否具有实现价值的可能性，还可以将这两者结合起来做一个综合的评判。

（一）量本利评价法

想从财务上进一步判断选定机会是否符合创业目标，一般通过量、本、利分析法进行。

1. 市场需求量的预测

通过对市场需求量的预测，可以了解该机会所面临的市场状况及市场潜力，这也是进行经济效益分析的基础。对市场需求量的预测可以运用一定的数学方法来进行，主要方法有趋势预测法、因果预测分析法、市场调查分析法、判断分析法等。

2. 成本分析

成本分析主要从投资成本、生产成本、营销成本三个方面分析利用该机会所需付出的成本，可采用专门的成本预测方法，如直线回归法、趋势预测法等。

3. 利润分析

在市场需求量预测、成本预测的基础上进行利润测算，一般可采用损益平衡模型、现金流量模型、简单市场营销组合模型、投资收益率等分析法进行。

（二）蒂蒙斯创业机会评价模型

假设简单计算只是创业者对机会的初始判断，而进一步的创业行动还需依靠调查研究对机会价值作进一步的评价。美国百森商学院的蒂蒙斯教授提出了一个比较完善的创业机会评价模型，该模型共包含八类分项指标。在国内外的创业研究中，涉及创业机会评价时，所参考和引用的主要是这一评价模型。

🔧 创业小贴士

蒂蒙斯的创业机会评价框架涉及行业和市场、经济价值、收获条件、竞争优势、管理团队、致命缺陷、创业家的个人标准、理想与现实的战略性差异这八个方面共53项指标，见表6.1。通过定性或量化的方式，创业者可以利用这个体系模型对上述八方面评价要素做出判断，从而评价一个创业项目或创业企业的投资价值和机会。

表 6.1 蒂蒙斯创业机会评价表

评价要素	评 价 指 标
行业与市场	1. 市场容易识别，可以带来持续收入 2. 顾客可以接受产品或服务，愿意为此付费 3. 产品的附加价值高 4. 产品对市场的影响力大 5. 将要开发的产品生命长久 6. 项目所在的行业是新兴行业，竞争不完善 7. 市场规模大，销售潜力达到 1000 万～ 10 亿元 8. 市场成长率在 30%～ 50%，甚至更高 9. 现有厂商的生产能力几乎完全饱和 10. 在 5 年内能占据市场的领导地位，达到 20% 以上 11. 拥有低成本的供货商，具有成本优势
经济价值	1. 达到盈亏平衡点所需要的时间在 1.5 ～ 2 年以下 2. 盈亏平衡点不会逐渐提高 3. 投资回报率在 25% 以上 4. 项目对资金的要求不是很大，能够获得融资 5. 销售额的年增长率高于 15% 6. 有良好的现金流量，能占到销售额的 20%～ 30% 以上 7. 能获得持久的毛利，毛利率要达到 40% 以上 8. 能获得持久的税后利润，税后利润率要超过 10% 9. 资产集中程度低 10. 运营资金不多，需求量是逐渐增加的 11. 研究开发工作对资金的要求不高
收获条件	1. 项目带来的附加价值具有较高的战略意义 2. 存在现有的或可预料的退出方式 3. 资本市场环境有利，可以实现资本的流动
竞争优势	1. 固定成本和可变成本低 2. 对成本、价格和销售的控制较高 3. 已经获得或可以获得对专利所有权的保护 4. 竞争对手尚未觉醒，竞争性较弱 5. 拥有专利或具有某种独占性 6. 拥有发展良好的网络关系，容易获得合同 7. 拥有杰出的关键人员和管理团队
管理团队	1. 创业者团队是一个优秀管理者的组合 2. 行业和技术经验达到了本行业内的最高水平 3. 管理团队的正直廉洁程度能达到最高水平 4. 管理团队知道自己缺乏哪方面的知识

评价要素	评价指标
致命缺陷	不存在任何致命缺陷
创业家的 个人标准	1. 个人目标与创业活动相符合 2. 创业家可以做到在有限的风险下实现成功 3. 创业家能接受薪水减少等损失 4. 创业家渴望进行创业这种生活方式，而不只是为了赚大钱 5. 创业家可以承受适当的风险 6. 创业家在压力下状态依然良好
理想与现实的 战略性差异	1. 理想与现实情况相吻合 2. 管理团队已经是最好的 3. 在客户服务管理方面有很好的服务理念 4. 所创办的事业顺应时代潮流 5. 所采取的技术具有突破性，不存在许多替代品或竞争对手 6. 具备灵活的适应能力，能快速地取舍 7. 始终在寻找新的机会 8. 定价与市场领先者几乎持平 9. 能够获得销售渠道，或已经拥有现成的网络 10. 能够允许失败

评价体系说明：

(1) 该指标体系主要适用于具有行业经验的投资人或资深创业者对创业企业的整体评价。

(2) 该指标体系必须运用创业机会评价的定性与定量方法，才能得出创业机会的可行性及不同创业机会间的优劣排序。

(3) 该指标体系涉及的项目比较多，在实际运用过程中可作为参考选项库，结合使用对象、创业机会所属行业特征及机会自身属性等进行重新分类、梳理简化，提高使用效能。

(4) 该指标体系及其项目内容比较专业，创业导师在运用时一方面要多了解创业行业、企业管理和资源团队等方面的经验信息；另一方面要掌握这53项指标内容的具体含义及评估技术。

三、市场调研

1. 市场调研的含义

市场调研是一种把消费者、公共部门和市场联系起来的特定活动。市场调研到的信息用以识别和界定市场营销机会和问题，可以产生、改进和评价营销活动，监控营销绩效，增进对营销过程的理解。市场调研实际上是一项寻求市场与企业之间"共谐"的过程。

2. 市场调研的分类

从方法属性划分，市场调研可分为定量研究、定性研究；从研究领域划分，市场调研可分为渠道研究或零售研究、媒介和广告研究、产品研究、价格研究等；从行业属性划分，市场调研可分为商业和工业研究、针对少数民族和特殊群体的研究和民意调查以及桌面研究等相对独立的研究。

3. 市场调研的流程

市场调研流程如下：撰写调研计划—设计调研问卷—发放调研问卷—收集、整理调研问卷—分析数据—撰写调研报告。具体包括 11 个步骤：

第一步：确定市场调研的必要性。

第二步：定义问题。

第三步：确立调研目标。

第四步：确定调研设计方案。

第五步：确定信息的类型和来源。

第六步：确定需要收集的资料。

第七步：设计问卷。

第八步：确定抽样方案及样本容量。

第九步：收集资料。

第十步：分析资料。

第十一步：撰写调研报告。

4. 调研内容

1) 市场环境调研

市场环境调研主要包括经济环境、政治环境、社会文化环境、科学环境和自然地理环境等。

2) 市场需求调研

市场需求调研主要是消费者需求量调查和消费者行为调查。具体包括消费者购买原因、购买内容、购买方式、购买习惯、购买偏好和购买后的评价等。

3) 市场供给调研

市场供给调研主要是产品生产能力调查，包括可以提供的产品数量、质量、功能、型号、品牌等，以及生产供应企业的情况等。

4) 营销策略调研

营销策略调研主要包括产品、价格、渠道和促销的调查。

5) 行业竞争调研

行业竞争调研主要包括对竞争企业的调查和分析。包括了解竞争企业的产品、价格等方面的情况；了解竞争企业采取的竞争手段和策略，做到知己知彼，帮助企业确定竞争策略。

5. 调研方法

1) 文案调研

文案调研是指资料的收集、整理和分析。资料主要来自网上搜索和图书馆等书籍信息搜索。

2) 询问法

询问法是调查人员通过各种方式向被调查者发问或征求意见以搜集市场信息的一种方法。它可分为深度访谈、座谈会、问卷调查等方法，其中问卷调查法又可分为电话访问、邮寄调查、留置问卷调查、入户访问、街头拦访等形式。

3) 观察法

观察法是调查人员在调研现场直接或通过仪器观察、记录被调查者行为和表情，以获取信息的一种调研方法。

4) 实验法

实验法是通过实际的、小规模的营销活动来调查关于某一产品或某项营销措施执行效果等市场信息的方法。实验的主要内容有产品的质量、品种、商标、外观、价格、促销方式及销售渠道等。实验法常用于新产品的试销和展销。

第三节　创业机会的开发与实现

创业者对评估后的创业机会进行开发和精炼，进而得到最终产品或服务，即创业机会的开发与实现过程。对源于商业机会的产品、服务进行有效的、全方位的生产和运营，是投入全部资源创办有效的生产系统和商业系统的过程。

创业者的机会开发过程遵循"探索开发—退出"的逻辑路径。机会探索包括"机会发现—信息搜寻—资源评价—机会选择"四个过程。如果创业者发现机会只是主观想象的而非现实可行的，或是创业者缺乏开发机会的资源，他们常常会选择退出，否则，他们会进入机会开发阶段。机会开发又包括组织、协调、战略更新和学习四个阶段。开发过程中可能出现两种情况：一种是创业者从中发现了新的创业机会，便同时进行已有机会的开发和新机会的探索两项工作，即组合创业；另外一种是创业者专注于一项创业机会，并在机会开发结束后退出创业。

一、创业机会选择的原则

1. 政策分析，规划前景

想要开创自己的一番事业，就必须先要知道国家目前正在扶持、鼓励哪些行业发展，哪些行业是允许的，哪些行业是限制的，尤其是哪些行业是被禁止的。创业者如果能正确研判国家政策，看清行业发展趋势，对于日后企业发展将起到不可估量的作用。此外，也要核查当地政府出台的优惠政策和银行贷款利率，以确保资金充裕。

2. 深入调研，挖掘需求

不少创业者认为办企业、办公司就是为了赚钱，哪些行业火，哪些行业赚钱就做哪个，其实这种想法是不对的。创业必须树立企业是为满足客户需求才存在的观点，才能确保企业长盛不衰。创业项目的选择需要以市场为导向，投资何种项目不是凭空想象的，而是通过深入细致的调查研究，从社会实际需求及个人自身条件出发，综合衡定出来的。特别是首次创业者，一定要对市场作详细的调研。

3. 利用优势，发挥所长

市场就好比一个汪洋大海，创业者好比沧海一粟。每一个人都有自己的长处和优势，在对某一行业、某一领域感到熟悉的同时，又在技术上有所专长，这就是自己行业的长处之一。切记，能充分发挥自身优势，并且选择自己有兴趣且熟悉的行业，创业就成功了一半。

4. 量入为出，量力而行

创业算是一种价值风险投资，所以每位创业者都必须遵从量力而行的原则，才能安稳创业。若拿着自己的血汗钱或者借钱、贷款创业，则应该尽量规避风险较大的创业项目，将为数不多的资金投资到风险较少、规模较小的创业项目当中，积少成多、滚动发展。很多创业者在项目选择时贪大求全，希望"一口吃个胖子"，其结果很大概率会失败。

5. 借壳生蛋，积累经验

"创业有风险，入行需谨慎。"任何人创业都不是一件很容易的事情，没有人不是经过跌倒、爬起来、再跌倒、再爬起来的多次反复才取得最后成功的。因此，为了规避创业的众多风险，减少创业的盲目性，可以采取瞄准目标，试探经营，积累经验，图谋发展的办法，在确定好自己的创业目标之后，一方面可以通过逐级打工、摸清底细和熟悉情况来积累经验；另一方面可以通过与人合伙或挂靠他人"借壳生蛋"等方式创业，来熟悉流程，从而积累经验。

创业小贴士

创业机会的把握

创业机会虽然无处不在，但也有时效性和"保质期"，机会的出现往往转瞬即逝。因此，当机会来临时，创业者必须善于把握，敢于把握。

机会常常偏爱有准备的人，所以创业者要养成随时随地搜集相关创业信息的习惯。

1. 阅读相关书籍、杂志、网站、微博等

从这些公开发布的资料中可以获得大量的经济、科技和市场信息，这些信息不仅可以帮助创业者了解行业形势、竞争者、目标客户偏好趋势、产品创新等方面内容，而且常常费用往往较低，有时甚至是免费的。除了收集本行业信息外，还要留意与本行业密切相关的其他行业情况，因为一方面行业之间可能会引起连锁反应，另一方面也许可以从其他行业借鉴一些经验。

2. 使用搜索引擎

通过搜寻、整理某一行业的竞争者、产品／服务、顾客反馈等信息，获得对该项行业、

重点竞争者的整体印象与关键信息。

3. 参加行业研讨会与贸易展览

参加行业研讨会与贸易展览可以更好地了解本行业、本地区以及国际上产品的生产经营状况，新产品开发情况，以及商品的种类、质量、成本、数量、盈利等。此外，通过这种方式，创业者还可以做价格调查，包括了解材料的价格变动及趋势、销售商品的价格变动及其趋势。

4. 查询竞争者的资质

竞争者的很多信息可以从政府主管部门和行业协会等地方查询得到。如果竞争对手是一家上市公司，可通过证券交易所存档的公司年报中了解其业务领域和财务信息，因为这些报告是公开的。目前很多公司都有自己的专属网站，一些竞争者会将大部分信息放在公司网页上，如公司历史、管理队伍概况、产品信息以及最新动态等。

5. 购买竞争者的产品／服务

通过作为消费者的亲身体验，来了解竞争者如何应对目标客户的信息，了解其产品／服务的优点与不足。

6. 进行实地调研与访谈

除了以上提到的这些搜集信息的间接渠道，现场观察、实地调研、访谈等直接渠道的信息搜集对经验不足的创业者尤为重要。通过自身考察得到的信息，尤其适用于区域性的行业，如投资额较小的快餐业的经营、社区服务项目等。

二、创业机会的选择步骤

创业机会的选择一般需要经历以下几个阶段：

1. 信息收集阶段

利用创业者的知识经验，求助专家或社会网络，查阅各种相关书籍，以及浏览新闻、网页来进行信息收集。

2. 方向拟定阶段

在科学分析大量信息的基础上，通过深入思考，及时确定创业方向，比较 2～3 个具体的创业项目。

3. 深入了解阶段

通过对选取项目进行直接或间接的观察、体验和交流，分析项目的整个运行过程以及存在的问题。

4. 可行性分析阶段

通过收集与创业项目相关的政府部门和各类协会的资料，咨询创业专家，调研市场需求，分析项目的市场前景、预期收益及成长发展等方面的可行性。尤其需要注重风险评估，预先考虑最坏结果。

5. 项目确定阶段

对不同项目进行可行性分析后，结合个人优势、兴趣，选择最适合自己的创业机会。

■ 三、创业产品或服务开发流程

开发流程分为构思阶段、概念阶段、营销规划阶段、商业分析阶段、产品开发及市场测试阶段。

1. 构思阶段

创业产品的构思是产品开发的第一步，是后续所有步骤的前提和基础。任何一个新产品均产生于某种构思，即使后来的新产品开发，与原来所构思的初步方案发生了一定的变化，也不会改变新产品的开发是以构思为基础的事实。当原来的构思已被证明难以实现或不适宜时，开发工作便陷于停滞，必须重新构思，提出新的设想方案来重新推动开发工作。一般来说，新产品开发的后续步骤，往往是完善构思并使其便于实现。构思的优劣会直接影响开发工作的进度和质量，并且在很大程度上决定了新产品开发成果的质量和前景。新产品开发的实践和统计表明，新产品开发成功与否，70% ～ 80% 取决于第一阶段，即战略规划阶段。由此可见，创业者必须高度重视新产品的构思。

一般来说，新产品的构思来源于市场调查、顾客需求、科研人员、竞争者、营销管理人员、技术信息报纸杂志、互联网信息及高层决策人员等。通过市场调查、询问顾客、了解竞争对手的产品，往往可以找到最理想的产品构思；企业也可以通过科研人员获得新产品构思，因为科研人员了解新技术的进展情况和相关替代技术，同时也了解现有产品有待改进的地方；企业的销售人员和经销商由于比较了解顾客的需求，掌握他们对现有产品评价的第一手资料，因而常常可以产生好的产品构思；在信息时代，通过互联网、报纸和杂志，可以了解最新的技术动态和产品的发展趋势，通过与高层决策者及有关专家商讨，来获得新产品的构思。

2. 概念阶段

新产品构思经筛选后，需进一步发展为更具体、明确的产品概念。产品概念是指已经成形的产品构思，即能够用文字、图像、模型等予以清晰阐述，并使之在顾客心目中形成一种潜在的产品形象。

一个产品构思能够转化为若干产品概念。每个产品概念都要进行产品定位，以了解同类产品的竞争状况，从而选择最佳的产品概念。产品概念的选择依据的是未来市场的潜在容量，即投资收益率、销售成长率、生产能力以及对企业设备、资源的充分利用等。可采取问卷调查的方式将产品概念提交给目标市场具有代表性的消费者群体进行测试、评估。

3. 营销规划阶段

在选择了最佳的产品概念后，必须制订将该产品引入市场的初步市场营销计划，并在未来的发展阶段中不断完善。初拟的营销计划包括三个部分：① 描述目标市场的规模、结构、消费者的购买行为、产品的市场定位以及短期的销售量、市场占有率、利润率预期等；② 概述产品预期价格、分配渠道及第一年的营销预算；③ 分别阐述较长时期的销售额、投资收益率以及不同时期的市场营销组合等。

4. 商业分析阶段

商业分析即从经济效益分析新产品概念是否符合企业的目标。它包括两个具体步骤：

预测销售额和推算成本与利润。

　　预算新产品销售额可以参照市场上类似产品的销售发展历史，并综合考虑各种竞争因素，分析新产品的市场地位、市场占有率等。此时，创业者可能需要运筹学中的决策理论，如在一个假设的营销环境下，对几种不同销量和产量下的盈利率进行预估，运用不同的准则计算可能的报酬率及概率分布。对那些在全球市场开发的新产品来说，这些工作做起来会更加复杂，因为需要考虑的潜在顾客和市场范围更大。

5. 产品开发及市场测试阶段

　　在产品开发阶段，需要确定消费者对有形产品的反应，以确定顾客的偏好。通常可以采用市场测试的方法，将产品或服务拿到真实的市场中进行检验。在这个阶段经常使用的方法是把产品发给一组潜在的消费者，让他们记录产品使用情况，并评价其优缺点。

大学生 300 万元打造家电大卖场

　　尽管产品开发阶段的结果为最终的营销计划提供了基础，但市场测试可以增加商业化功能的可能性。市场测试与市场调查不完全相同，询问消费者是否愿意购买产品和他们实际是否购买往往是两回事。市场测试阶段可以提供实际销售结果，反映消费者对产品的接受程度，肯定的测试结果表明产品成功进入市场及创办企业的可能性较大。为打开中国市场，雀巢咖啡选择在一些城市向居民投放小包袋装咖啡就是一种市场测试。

第四节　创业风险的评估与防范

　　"创业有风险，入行需谨慎"。风险，就是发生不幸事件的概率，换句话说，风险是一个事件产生我们所不希望的后果的可能性，是某一特定危险情况发生的可能性和产生的后果的组合。风险其实就是在一定环境、一定时间段内，影响决策目标顺利实现的不确定性，或是某种损失发生的可能性。换句话说，风险就是损失的不确定性。

一、创业风险的含义

　　创业风险是指在创业过程中，由于创业环境的不确定性，创业机会与创业企业的复杂性，创业者、创业团队的能力与实力的有限性，而导致创业活动偏离预期目标的可能性及产生的后果。例如，政策变化不利带来的损失、技术转换失败带来的损失、团队成员分歧带来的损失等。

哈乐斯百货公司成功运用价格风险促销

二、创业风险的构成

　　创业风险的构成主要包括以下三个方面：

1. 创业风险因素

创业风险因素是一个抽象的概念，具体包括人的因素和物的因素。人的因素就是创业者以及团队的道德、心理情况和状态，如道德风险和心理风险等；物的因素就是有形的真实的情况，如技术不确定性和经济条件恶化等。

2. 创业风险事件

创业风险事件主要是创业风险的可能性变为现实，而引起损失后果的事件。如因技术的不确定引起产品研发的失败，经济条件的恶化导致销售的下降等。

3. 创业风险损失

创业风险损失是指因企业风险事件出现，给创业者或创业企业带来的可以用金钱计量的经济损失。如产品研发失败将造成产品无法及时投放市场，而带来一定的经济损失。

三、创业风险的分类

创业风险的分类很多，按照风险来源，分为主观风险和客观风险；按照创业风险影响的范围，分为系统性风险与非系统性风险；按照创业风险的可控程度，分为可控风险和不可控风险；按照创业的过程，分为机会识别与评估中的风险、团队组建风险、确定并获得创业资源的风险、准备与撰写创业计划风险以及创业企业管理的风险；按照创业风险内容的表现形式，分为技术风险、管理风险、财务风险和市场风险。

最常用的创业风险分类是以创业风险内容的表现形式来划分的，具体如下。

1. 技术风险

技术成败、技术前景、技术寿命、技术效果、技术成果转化等的不确定因素都会带来技术风险。尤其是高新技术的快速发展，无法预知技术存活时间的长短，新技术短时间内取代旧技术，这些都会增加技术风险。

2. 管理风险

导致管理风险的原因很多，如管理者素质低下、缺乏诚信、权力分配不合理、管理不规范、决策失误、缺乏文化价值观等。

3. 财务风险

创业所需资金估计失误、创业资金匮乏、财务结构不合理、融资不当、现金流管理不力等都会造成财务风险。

4. 市场风险

市场供给和需求的变化、市场接受时间的不确定、市场价格变化、市场战略失误等都会带来市场风险。

四、创业风险识别的方法

创业风险识别要求创业者对创业过程中可能发生的风险进行感知和预测。一般需要利用掌握的风险类型进行分类，全面观察创业过程，找出导致风险的原因，将引起风险的因素分解成简单的、容易识别的要点，并标注出影响预期目标实现的各种风险，在这个过程中需要小团队的合作。可以采用绘制创业流程图、市场调查法、制作风险清单、建立风险档案和头脑风暴等方法来进行风险识别。

（一）绘制创业流程图

创业流程图较多，这里着重介绍适合大学生的创业流程图。

大学生创业流程示意图

1. 创业意向

产生创业意向后，向学生工作办公室辅导员咨询创业的相关步骤，进行创业能力和风险决策测评，参加创业课程，阅读校内学生创业扶持政策，寻找创业项目。

2. 创业起步

确定创业项目，组建创业团队，开展市场调查。

3. 创业计划

撰写创业计划书、市场调查报告、财务分析报告等，在学院学生工作办公室登记创业团队资料。

4. 入驻孵化器

向学校申请、注册创业团队和创业项目，学校为具有知识产权、创业基金或进入工商注册程序的团队提供场地和相关资金支持。在此阶段，可以进行融资，包括家人资金支持、银行贷款和政策扶持资金。

5. 成立公司

成立公司的步骤包括：企业名称核准→租用办公场所→企业设立登记（撰写章程、网上注册、提交申请材料）→领取营业执照（三证合一）→刻制公章→银行开户（银行办理开户许可）、入资→领用发票或申请防伪税控系统→招录员工及办理社会保险。

（二）市场调查法

市场调查法是运用科学方法，有目的地、系统地搜集、记录、整理有关市场信息和资料的方法。市场调查法便于全面掌握市场情况，为决策提供客观、正确的资料。市场调查包括调查内容和实施步骤两个方面。

(1) 市场调查内容：包括市场环境调查、市场需求调查、竞争对手调查、销售调查和产品调查。

(2) 市场调查实施步骤：预调查阶段、正式调查阶段和调查结果处理阶段。预调查阶段主要确定调查目标；正式调查阶段完成调查实施计划制定、问卷设计、抽样设计和资料收集；调查结果处理阶段主要完成资料的整理分析和提交市场调查报告。

▌五、创业风险评估

创业风险评估包括风险估计和风险评价两个方面。

1. 创业风险估计

创业风险估计包括对创业风险事件发生的可能性、可能产生结果的范围和危害程度、预期发生的时间、因风险因素所产生的风险事件的概率四个方面的估计。

2. 创业风险评价

创业风险评价是根据风险评估的结果，运用各种风险评价技术来判定风险影响的大小、风险危害程度的高低。评价时，可以采用定量分析方法，如敏感性分析、决策性分析、影像图分析等；也可以采用定性分析方法，如专家调查法、层次分析法等。

🔍 创业小贴士

创业者风险承担能力和创业风险收益的估算

1. 充分了解应规避和降低的主要风险

第一步，罗列、穷尽特定创业机会所对应的风险来源。

第二步，将每类风险来源下的风险具体化。

第三步，客观评估各类风险因素发生的概率。

第四步，剔除发生概率较小的风险因素，揭示发生概率较大的风险因素。

第五步，在发生概率较大的风险因素中，揭示一旦发生将造成损失较大的风险因素。

2. 创业者需要评估自己的风险承受能力

在分析上述问题，特别是分析了在揭示发生概率较大的风险因素中，风险一旦发生将造成损失较大的风险因素后，创业者需要评估自己的风险承受能力。尤其是需要评估创业者对于那些发生概率较高、可能导致较大损失的风险因素的承受能力。

3. 创业者需要进行机会选择的风险决策：风险收益评估

在评估了各项风险因素的发生概率和可能造成的损失后，需要测算特定创业机会的风险收益，并依此判断是否值得"冒险创业"。通常，只有创业机会的风险收益足够大，创业者才值得冒险去利用这个创业机会。

六、创业风险的防范方法

创业风险防范常用方法主要有以下几种。

1. 风险转嫁

创业风险转嫁是创业者有意识地将损失或与损失有关的财务后果转嫁给他人承担的方法，目的是避免承担风险的损失，具体方式有保险转嫁、转让转嫁、合同转嫁等。

2. 风险抑制

风险抑制是当损失发生时或在损失发生后，为缩小损失幅度而采取的各种应对措施。该方法在损失幅度较大且风险又无法避免的情况下采用，如损失发生后的自救或损失处理等。

3. 风险避免

风险避免是一种消极的创业风险防范方法，其目的是设法回避损失发生的可能，从根本上消除特定的风险或中途放弃某些既有的风险。当某种特定风险所致损失的频率或者损失的幅度较高，或者采用其他方法不符合成本效益的时候可使用该方法。

4. 风险自留

创业风险自留是创业者自我承担风险损失的一种方法。通常在某种特定风险导致的损失概率和幅度较低、损失短期内可以预测，以及最大损失不影响创业活动的情况下使用该方法。

5. 风险预防

风险预防是为了消除或减少风险因素，在风险损失发生前采取的风险处理的具体措施。通常在损失频率高但损失幅度低的情况下使用该方法。

▌七、创业者及新创企业的风险防范方法

这类风险是由创业者或创业企业自身因素引起的，其防范是由创业者或创业企业通过一定的手段预防和分散风险的防范方法。具体的防范方法因创业风险类型而定，最常用的是从技术、管理、市场、财务四个维度来防范。

1. 技术风险的防范方法

创业者可以通过自身能力建设或建立创新联盟等方式减少技术风险发生。具体可以采取下列防范措施：加强对技术创新方案的可行性论证，减少技术开发与技术选择的盲目性，建立技术信息预警系统；通过组建技术联合开发体系或建立创新联盟等方式来分散风险；提高创业企业技术系统的活力，降低技术风险发生的可能性；重视专利申请、技术标准申请等保护性措施，运用法律手段提高技术风险防范能力。

2. 管理风险的防范方法

提高管理者的素质，改变管理和决策方式可有效应对创业企业的管理风险。具体可以采取下列防范措施：努力提高核心创业成员的素质，树立诚信意识和市场经济观念；实行民主决策与集权管理相统一，合理分配企业的执行权力；明确决策目标，完善决策机制，减少决策失误。

3. 市场风险的防范方法

建立市场监测及策略调整机制可作为应对市场风险的防范方法。具体可采取下列防范措施：在企业运营过程中，定期进行市场分析，保持对关键市场信号的敏感度，结合产品适销的推广阶段，调整先期制定的市场营销策略机制；与强者联合，规避市场风险；借助行业中强势企业的力量，进入市场。

4. 财务风险的防范方法

筹资困难和财务结构不合理是很多创业企业明显的财务特征和主要财务风险的来源。

具体可采取下列防范措施：要对创业所需资金进行合理估计；学会建立和经营创业者自身和企业的信用，提高获得资金的概率；要学会权衡企业的长远发展和当前利益，设置合理的财务结构，从恰当的渠道获得资金支持；要管好创业企业的现金流，避免因现金流不足带来的财务拮据甚至破产清算。

🔍 医创案例

　　江琏，长沙医学院 2003 级临床专业毕业生，现任湖南恒昌医药股份有限公司董事长。他外表阳光、清瘦且有活力。他出生于 1984 年，是典型的 80 后，在短短 5 年间，带领其企业在业内声名鹊起，与包括石药、国药、华北制药等品牌合作，还亲手打造了"乐赛仙"这个占领单体药店半壁江山的品牌。疫情期间，为响应国家号召，他还组织自发生产口罩。口罩厂在 2020 年 3 月短短 12 天之内拔地而起，口罩日产能达 250 万只。

　　江琏出生在一个并不富裕的家庭，父亲是位村医，从小耳濡目染，他立志将来也要悬壶济世。

　　他的第一份工作是在"天地恒一医药公司"，在工作的三年里他蝉联销售冠军，从业务员升到了 OTC 部总监，其开拓市场的能力得到了老板的高度认可。之后，老板表示想把公司最核心的业务——江浙临床市场交给他。如果接受，一年能赚 100 多万元，他当然心动。可是如此一来，从老家带来的十多位老乡便可能因为部门裁撤而失业。经过一夜的思考，他毅然决定放弃升迁，带领大家辞职创业。对江琏的决定老板感到意外，但只说道："江琏，公司现在战略转型，放弃 OTC 市场，这方面所有的业务都转交给你，只要一年后把所有货款还我就行，我看好你！"

　　2009 年是新医改启动之年，也是医药行业控销模式（所谓控销模式，总结来说就是"控制渠道、控制终端、控制价格"，通过省总、地总、县总三层分包体系，逐层铺货，加价。）火热兴起之际。在此背景下，单体药店、中小连锁药店面对强势药企和大型连锁店没有话语权，生存极为艰难。江琏也是在这时创立了恒昌医药的前身——恒昌药品部。2012 年，恒昌药品部终于凭借黄金单品的模式开始盈利，生意越来越好。

　　经济条件的改善，并没有让江琏停下脚步，反而让他再次反思过去。2015 年的一天，他将一同创业的伙伴聚在一起，突然问道："假如我们不做这些产品了，有人会记得我们吗？我们还会被需要吗？"听完他的话，大家陷入了沉思。

　　于是，他放弃了做黄金单品的短期利益，把搭建服务平台以持续"被需要"作为人生的更大目标。2015 年，恒昌医药诞生了。

　　江琏在创业过程中说，"被需要"是一种幸福。

　　江琏认为，对企业来说，如果客户没有需求了，企业就会失去生存和立足之本。因此，为了"被需要"三个字，他立志建"全国最大连锁总部"，帮助门店和诊所解决采购和运营难题；立志做"大健康产业集成服务平台领航者"，为消费者提供极具性价比的健康产品和服务；为了永久"被需要"，他要扶持 2000 家会员药店做成"百年老店"。

　　2020 年，恒昌医药已经联合了超过 200 家百强及优质工业合作伙伴，成立百强工业品质联盟，为药品品质护航；也汇集了 10 万家会员药店，通过互联网 B2B 平台进行抱团直采；最初合作的客户也一同前行了十年光景……这些看似遥不可及的目标，正在逐步实现。

无论是提供极具性价比的药品，还是造厂生产口罩，江琎总是能换位思考，从未来的角度，审视当下的需求。他认为，最有潜力的创业机会永远来自人们内心最真实的需求。始终满足客户这种需求，让自己处于"被需要"的状态，才是创百年基业的最佳路径。

如今，恒昌医药集团正在建设新基地，一栋 8 万余平方米的集现代化、自动化、数字化的智慧仓储即将竣工。拔地而起的新家，让新长沙人江琎有了越来越强的归属感。江琎的未来目标是不断开拓自己的研发生产基地，帮助前方十万多家会员药店，打造自主品牌和知识产权的药品。同时，恒昌将在长沙建立外用药厂、医疗器械厂、保健品厂、直播工厂和游学基地。

创业成功的江琎，从不忘回馈社会。从 18 岁来到长沙求学，再到创业，江琎对长沙这片热土充满感恩之情，他用设置"江琎奖学金"的方式，回馈给母校长沙医学院的学弟学妹，激励他们奋力拼搏。他认为自己身上敢拼敢闯的先锋精神，得益于长沙这座历史古城的熏陶。他也正将这份厚重的文化底蕴传递给整个团队。在健康中国战略的指引下，长沙的医疗健康产业已成为新常态下服务业发展的重要引擎。

🔍 思考与行动

1. 简述创业机会识别的方法。
2. 简述创业机会的选择原则和选择步骤。
3. 简述创业机会和创业风险的关系。
4. 在你的学校及周边社区，有哪些商业和创业的机会？它们目前的经营状况如何？存在哪些竞争？未来又可能会有怎样的变化？
5. 与小组的其他成员合作设计一份简单的调查问卷。要求如下：
(1) 该调查问卷将用于访问一个创业者。
(2) 调查问卷涉及的问题需要集中在：
——创业者是如何产生他们的创业想法的？
——创业者如何识别和认识机会？
——创业者如何筛选、评估机会？
——创业者如何把创业构成转变成一个企业？
(3) 调查问卷不要超过两页。
(4) 测试调查问卷（在班级其他成员中测试，征求他们的意见），确定问卷的问题是否表达清楚，并在使用前请辅导员予以指导。
(5) 在访问创业者之后，分析创业者们的答案，撰写一个简短的调查报告并向全班汇报。

注意：小组成员必须协商和安排整个活动。必要时可以请辅导员给予指导和帮助。

第七章 创业资源与融资

学习目标

1. 了解创业过程中的资源需求。
2. 掌握创业资源的获取途径和方法。
3. 掌握创业融资的主要途径及风险。
4. 了解融资的过程。

名家寄语

第一条：保住本金最重要。第二条：永远不要忘记第一条。

——[美国] 沃伦·巴菲特

创业者在企业成长的各个阶段都会努力争取用尽量少的资源来推进企业的发展，他们需要的不是拥有资源，而是要控制这些资源。

——哈佛商学院教授 霍华德·史蒂文森

案例导读

宋美蓉：创业花开红艳艳

宋美蓉出生于 1972 年。穷人的孩子早当家，她自小就勤奋懂事，农活、家务活样样在行。毕业后宋美蓉认为自己年纪尚小，需要先在家乡积累一些工作经验，同时积攒一些钱外出备用。1992 年春节刚过，宋美蓉就开始计划外出务工。她到学校办理了手续，辞去了手头的"铁饭碗"，带着家人的不解与祝福，踏上了外出"寻梦"之路。

一个偶然的机会，宋美蓉跟随工友到一个人造花厂去玩。一走进门，百花齐放的盛况，一下子就吸引住了她那颗爱美的心。宋美蓉兴奋地对工友说："女人如花，我也要努力绽放！我仿佛看到了自己的梦想之花在绽放。"动了"花心"的宋美蓉第二天就辞掉了现有的工作，并在朋友的帮助下顺利进入该人造花厂工作。日复一日，年复一年，她认真学习，卖力干活，一步一个脚印从普工干到企业组长，班长，再到科长。在这里，宋美蓉度过了8年激情燃烧的岁月。其间，她收获了爱情，组建了美满的家庭。生活与工作恰如手头的人造花朵，如愿以偿般美好盛开。

掌握了技术，积累了经验，熟悉了市场，看到了前景，宋美蓉觉得时机成熟了，她谢绝了老板的挽留，辞去了高薪工作，与丈夫一起踏上了返乡创业之路。2014年，在亲人的帮助下，宋美蓉很快在万载县康乐街道联星村转包了一处200平方米的废旧厂区。利用手头的积蓄加上从亲朋好友借的钱，她改造了旧厂区，购置了相关设备，聘请了5个员工，创办了"万载县众利人造花厂"。创业之初，宋美蓉充分利用在外务工时积累的人脉，主动上门洽谈业务，积极推介自己的产品。丈夫则主要负责企业的内部管理。夫妻双双把业创，过上了"你耕田来我织布，我挑水来你浇园"的创业生活。由于质量稳定、用料环保，加上万载县在工资、场地等方面的成本较大城市更低，宋美蓉在产品竞争力上具有较大优势，真正做到了物美价廉。一年下来，万载县众利人造花厂制作的蝶兰、绣球、玫瑰等近百个人造花品种畅销上海、北京等地，并逐步在市场取得了一席之地。

随着市场的扩大，订单也随之而来，也包括来自欧美市场的订单。订单量大，赚得更多，也意味着前期投入更多。"机不可失，失不再来"，宋美蓉比任何人都更明白这个道理。她说："当时赚的钱不够花，要发工资，要购置原材料，要维持家庭生计，还有一部分要用来偿还债务。"去银行贷款没抵押且利息高，亲朋好友中能借的都借了。宋美蓉夫妻一筹莫展。不久，她想起了一个月前收到的手机短信，便翻出来认真查看。创业者不要出一分钱利息，有这么好的事？宋美蓉抱着试试看的态度，带着短信上要求的资料，按照短信上提供的地址，第一次走进了万载县创业担保贷款中心的大厅。出发前，她跟家里人说，打算去碰碰运气。了解到宋美蓉的来意后，万载县创贷中心的工作人员热情为她办理了手续。宋美蓉说："这里的服务真的很好，不仅端茶倒水，还帮助我复印各种资料，一次性就整好了资料。"

考虑到宋美蓉急需资金，万载县创贷中心立马联系经办银行开展上户调查。调查返回即召开贷款评议会，会上一致同意审批15万元。"从申请到资金到账，不到两天时间，万载创贷为我送来了'及时雨'。"谈起第一次享受创贷政策的体验，宋美蓉赞不绝口。有了创业贷款的扶持，宋美蓉果断接下来自海外的大单。尝到了甜头，宋美蓉便自觉当起了创贷政策宣传员，只要有机会，她就会不厌其烦地跟其他创业者讲解创贷政策及申办流程。用她自己的话来讲，就是"好东西，要分享，不雪藏。"据不完全统计，从2015年11月第一次享受政策以来，宋美蓉先后带动70多人到万载县创贷中心申请了贷款。

宋美蓉当义务宣传员的事迹在万载传为佳话，也感动了万载创贷全体工作人员。在第一轮2年即将到期之前，该县创贷工作人员上户开展贷后服务，为她颁发了"万载县创贷先进工作者"荣誉奖牌，并承诺到期还款后可实现"马上办"。

"当时，我刚好新招了9个建档立卡贫困户，她们都还不熟练，在一定程度上影响了任务进度。幸亏县创贷中心为我'马上办'，实现了'上午还款，下午到账'，解决了流动资金不足的难题。"谈起第二轮享受政策的体验，宋美蓉依然倍儿爽。

在企业的发展壮大过程中，宋美蓉主动融入脱贫攻坚大潮。她在康乐街道、高村镇等地创建了"就业扶贫车间"，在招聘中优先录用建档立卡贫困户，先后带动60多名贫困户在家门口就业增收。2018年以来，该厂先后被江西省人社厅评为"就业扶贫示范点"，被万载县人社局授予"就业扶贫车间"；她本人也被省人社厅评选为"2019年度创业就业服务系列活动"创业典型。

目前，宋美蓉正处于第三轮政策扶持之中，增加了200平方米厂房。疫情发生后，县创贷中心以电话的方式与宋美蓉取得联系，了解存在的困难，并为她提供了政策咨询、员工招聘等服务。

受疫情冲击，宋美蓉的部分货款难以回笼，流动资金面临短缺难题。有人建议，可以借疫情的理由，延缓2～3个月发工资，宋美蓉果断拒绝。她一面继续催货款，一面加大线上销售力度，做到了"不拖欠一分工资，不拖欠一天工资"。

"宋老板，您太讲义气了，您真是我们贫困户的贴心人。"面对夸奖，宋美蓉动情地说："人无信不立，商无信不兴。创贷之恩，无以为报，唯有凭自己的力量担当起一份社会责任。"

创业大讲堂

对于创业者而言，只要是对其项目或者企业发展有帮助的要素都是创业资源。大学生创业，首先要寻找好的创业资源。找到一个好的创业资源，就等于创业成功了一半。在变化纷繁的社会中，只要细心观察，就会发现资源时时都有，无处不在，所以想要创业的大学生先要学会开发创业资源。但创业资源不在于拥有，而在于整合与利用。本章内容主要讲解创业资源的内涵、开发与整合。

第一节 创业资源

一个人的成功不能仅靠自己的个人能力，还要依靠更多的人为你投资；有更多的创业资源，才能更好地发挥个人能力，使公司更加富强。若要创业，则必须要利用有利的资源。

一、创业资源的内涵

（一）资源的定义

《辞海》上关于资源的定义是：生产资料和生活资料的天然来源；经济学意义上的资源。经济学把以创造物质财富为目的而投入生产活动中的一切要素通称为资源，包括人力资源、物力资源、信息资源、时间资源等。其中，人力资源是一切资源中最宝贵的资源，是第一资源。

（二）创业资源的内涵

创业资源是指创业者在创业过程中所投入和运用的各种生产要素和支撑条件的总和。包括有形与无形的资产，诸如创业人才、创业资本、创业机会、创业技术和创业管理等。对创业企业来说，创业者是其独特的资源，也是无法用钱买到的资源。创业本身也是一种资源的重新整合。简单地说，创业资源就是创业者所需具备的一些创业条件，创业资源是企业创业以及成长过程中所需要的各种生产要素和支撑条件。

（三）创业资源的类型

创业就是把创业机会的识别与创业资源的获取、整合相结合的活动，了解创业过程中所需资源的种类，知晓创业资源获取的技巧和策略，可以降低创业者整合资源的难度。对创业资源的分类有很多种，常用的有根据资源的性质分类、根据资源的存在形态分类、根据资源的参与程度分类、根据资源的来源分类等。

1. 根据资源的性质分类

根据资源的性质分类将创业资源分为八种类型，即人力资源、社会资源、信息资源、财务资源、物质资源、技术资源、组织资源和政策资源。

(1) 人力资源：具体指创业者与创业团队的知识、训练、经验，也包含组织及其成员的专业智慧、判断力、视野、愿景，甚至是创业者本身的人际关系网络。创业者的价值观和信念更是新创企业的基石，新创企业之间的竞争实际上是创业者个人之间的竞争。

(2) 社会资源：又称人脉资源，创业企业拼的不仅仅是智力、体力、专业、勇气，更是人脉资源的拼搏。社会资源可以是人力资源的一部分，或者说是特殊的人力资源。对新创企业而言，社会关系网络非常重要。因为社会资源能使创业者有机会接触到大量的外部资源，有助于通过网络关系降低潜在的风险，加强合作者之间的信任和声誉。扩展社会资源是创业者的重要使命。

(3) 信息资源：信息资源包括依靠什么来进行决策，从哪里获得决策所需的信息，从哪里获得有关创业资源的信息；科技资源主要考虑新企业凭什么在市场上去竞争，为社会提供什么样的产品和服务。创业环境复杂多变，创业企业必须有准确、真实、便利的信息为其成长和发展保驾护航。尤其在创业的早期阶段，信息对创业者来说更为重要，尤其是对于计算机、通信和网络等高科技企业来说，良好的信息资源能为新企业提供快捷、便利、全面的技术信息、创新信息、市场信息等，使新企业在激烈的市场竞争中得到快速发展。

(4) 财务资源：财务资源是根本资源，包括资金、资产、股票等。对大部分创业者来说，财务资源主要来自个人、家庭成员和朋友。财务资源对企业的重要性不言而喻，新企业的经营活动，从原材料采购、运输、组织生产加工到产成品销售等各项活动能否顺利进行，取决于各个环节的资金保证。受新创企业高成长性的要求，创业者需要整合企业内外部资本以保障企业的发展。

(5) 物质资源：具体指创业和经营活动所需要的有形资产和无形资产，如厂房、土地、设备、技术专利等。其中，技术专利可以通过申请国家相关的法律保护形成企业的无形资产。物质资源有时也包括一些自然资源，如矿山、森林等。

（6）技术资源：包括核心技术、制造流程、作业系统、专用生产设备等。技术资源与智慧等人力资源的区别在于，人力资源主要存在于个人身上，随着人员的流动会流失；技术资源一般附着在物质资源上，可以通过法律手段予以保护，形成企业的无形资产等资源。

（7）组织资源：具体指组织结构、作业流程、工作规范、质量系统。组织资源通常指组织内部的正式管理系统，包括信息沟通、决策系统以及组织内正式和非正式的计划活动等。一般来说，人力资源需要在组织资源的支持下才能更好地发挥作用，企业文化也需要在良好的组织环境中培养。

（8）政策资源：从我国的创业环境来看，创业需要相应的政策扶持，只有在政策允许和鼓励的条件下，新创企业才能获得更多的国内外人才、贷款和投资、各种服务与优惠等。

2. 根据资源的存在形态分类

根据资源的存在形态对创业资源进行划分，可分为有形资源（实体资源）、无形资源（虚拟资源）和人才资源。

（1）有形资源（实体资源）。有形资源是指可见的、能量化的资产，主要包括创业者的固定资产和金融资产。固定资产主要包括房屋、土地、机器设备、原材料、运输工具等资产；金融资产主要指创业者的存款、筹资和借贷。

（2）无形资产（虚拟资源）。无形资产是指能创造价值，但不具有独立实物形态的资源。无形资源可分为技术资源和商誉资源，包括技术、知识、信息、关系、文化、品牌、管理、声誉及能力等。与无形资源相比，有形资源具有边际效用递减规律，且会越用越少；无形资源不会越用越少，且边际效用递增。无形资源更具价值创造的潜力，无形资源往往是撬动有形资源的重要杠杆，可以给创业者带来无可比拟的竞争优势。

（3）人才资源。人才资源是企业的第一资源，它体现出个体工作的不可替代性。创业者及其创业团队的知识能力、经验以及个人社会关系网络都是企业人才资源的一部分。

3. 根据资源的参与程度分类

根据资源参与程度将创业资源分为直接资源与间接资源。直接资源是指创业初期一个企业能够直接动用的资源，即直接参与企业战略规划的资源要素，包括财务资源、经济管理资源、人才资源、市场资源等；间接资源是对于创业成长的影响更多的是提供便利和支持，而非直接参与创业战略的制定和执行，包括政策资源、信息资源、科技资源等。

4. 根据资源的来源分类

根据资源来源将创业资源分为自有资源与外部资源。

（1）自有资源：自有资源的拥有状况将在很大程度上影响甚至决定我们获取外部资源的结果。自有资源可以帮助我们获得和运用外部资源。

（2）外部资源：外部资源更多地来自外部机会发现，而外部机会发现在创业初期起着决定性作用。其中关键是具有资源的使用权并能控制或影响资源部署。

■ 二、创业资源与一般商业资源的异同

一般商业资源是指经济学意义上的资源，即具有经济价值或能够产生新的价值和使用价值的客观存在物。创业资源作为商业资源的一种，具有商业资源的普遍特征。例如，两者都具有稀缺性和价值性，且都涵盖了有形资源与无形资源。

（一）创业资源的外部性

创业资源大多来自外部环境，创业者往往只拥有少量的资源。因此，创业者获取资源的一种有效途径就是使外部资源内部化，尤其是能够有效地获取与整合关键性创业资源。成功的创业者大多都有一个共同点——是资源整合的高手，创造性地整合资源是他们能够成功的重要因素之一。

（二）创业资源的异质性

资源异质性是指具有稀缺性、难以模仿性和难以替代性，包括创业者本身及其在创业过程中形成的有特色的创意、创业精神、愿景目标、创业动力、创业初始情境等。同时，这类具有异质性和固定性的创业资源也是企业竞争优势的内在来源。

（三）创业资源使用价值的差异性

对于具体事物而言，不同的认识主体往往会产生不同的知识，且相互之间难以完全统一，这就是知识的分散性。由于分散性知识的存在，面对同样的资源，有些创业者则会看到其他创业者未能发现的不同效用，产生不同的期望，作出不同的投入产出判断。资源效用的期望差异越大，就越难以沟通和转换，创业者进行资源获取的机会就越多。因为资源所有者的效用期望越特殊，越难依托市场机制加以满足，创业者通过资源配置的方式从资源所有者手中获得资源使用权创新的概率就越大。知识分散性使得具有独到眼光的创业者，在复杂多变、信息有限、时间紧迫的创业过程中，从使用价值出发而不是从价格比较出发，甚至可以通过比市场平均价格更低的价格获取具有重要使用价值、异质性的创业资源，再经由创业者的资源整合和优化配置，从而产生超出一般商业资源的新价值，甚至是超额利润的效果。

（四）创业资源能实现新效用

创业企业的生产经营活动离不开资源，资源价值来自资源属性的效用，而资源效用并非是永恒固定的，会在社会活动中逐渐被挖掘出新效用。最先发现资源新效用的人，对于相同的资源作出高于他人的评价。因此，可以按市场价格从市场上获取资源，再按创业者发现的新效用对资源进行开发利用，把发现的资源新效用变成产品或服务的新功能，以此获得资源的增值。这种挖掘和创造资源新效用的过程，就是创业活动的本质所在。

由此可见，创业资源是指经由创业者识别并开发利用，充分实现其新效用、获得新价

值、具有异质性的商业资源。创业者必须注重控制、整合和充分利用创业资源，以建立新创企业的竞争优势。

创业小贴士

影响创业资源获取的因素

影响创业资源获取的因素主要包括以下五个方面：

1. 创业导向

创业导向是创业者在经营、实践和决策的过程中所采取的创新、承担风险、抢先行动、主动竞争和追求机会的一种态度或意愿。创业导向强调如何行动，是创业精神的表现过程，即创业导向的企业能自主行动，具备创新和风险承担的态度，面对竞争对手时积极应战，面临市场机会时超前行动。企业追求机会所表现出的创业导向，驱使企业寻求与整合资源，并创造财富。

2. 创业者资源禀赋

创业者资源禀赋是指创业者所具有的与创业相关的自身素质和外在关系的总和，主要包括创业者的经济资本、社会资本和人力资本，它们能够为创业行为和新创企业生存与成长提供有价值的资源。大量的文献强调创业者资源禀赋在创业过程中的重要作用，认为创业者资源禀赋是创业行为过程的关键资源，甚至在一定程度上决定新创企业的资源构成特征。

3. 创业者资源整合能力

新创企业资源整合能力是指在创业过程中，以人为载体，在资源整合过程中所表现出的对资源的识别、获取、配置和利用的主体能力。资源整合能力在创业的各个阶段发挥着极为重要的作用。在创业起步阶段，资源整合能力影响并决定了创业者对创业机会评估、识别与开发，同时帮助创业者摆脱资源约束，取得所需资源；生存与成长阶段新创企业需要筹措更多的资源来满足自身的发展，创业者资源整合能力会对新创企业成长过程的战略决策与运营能力产生重要影响，资源整合的深度与广度将保障组织运作的持续性，进而影响创业绩效。

4. 创业团队

新创企业把创意变成产品或服务，再把产品或服务市场化、产业化，这是一个艰苦的过程，必须组建好一个富有凝聚力和创新精神的创业团队，这是获取各项创业资源的重要前提，也是创业成功的一个基本保障。借助团队就可能拥有创业所需要的各种知识和经验，如顾客经验、产品经验、市场经验和创业经验等。同时，通过团队创业较个人创业能产生更好的绩效，其内在逻辑在于创业团队是一个特殊的群体，群体能够建立在各个成员不同的资源与能力基础之上，贡献并且整合差异化的知识、技能、能力、资金以及关系等各类资源，这些资源以及群体协作、集体创新、知识共享与共担风险产生的乘数效应，能够帮助新创企业更好地克服创新的风险和资源的约束。

5. 外部环境条件和政府政策支持

创业活跃程度的一个重要决定因素是创业的环境条件。创业环境与创业活跃程度呈很强的正相关关系。创业企业与创业环境有着密切的关系，而这种关系的核心是创业企业资源的需求和创业环境资源的供给所具有的有机联系。创业水平和创业资源受到外部环境因素的影响极大，尤其是政府的法规政策。创业环境好的地方一般会呈现较高的创业活动水平，而政府创业政策作为创业环境的重要内容是直接影响一个国家和地区创业活动水平的重要因素。

第二节　创业资源的开发与整合

一、创业资源的开发获取

（一）社会网络与资源获取

社会网络是指社会单位之间及人与人之间比较持久的、稳定的多重关系结合而成的网络关系，包括强度和密度两个维度。强度是指网络内部成员间联系的密切程度，反映成员间实际建立的关系数占所有可能建立关系数的比例；密度指的是网络内某两个建立关系的成员间联系的频度。

社会网络作为一种重要的社会资本，同经济资本一样属于有用的创业资源，它对创业机会的开发和利用过程有积极的影响。个体之间的联系为个人提供了便于评估、采购和使用资源的网络，这对于机会的开发十分重要。例如，朋友可以带来某些资源，包括传统的生产要素（资本），通过适当有效的网络发布关键的生产或营销信息。因此，如果能妥善地利用社会资本，就可以在信息不完全、市场不完善的环境（如新生行业、产品、市场和技术）中获得资源。

新创企业通常面临较大的资源缺口，需要通过外部获取或内部积累的方式得到资源，最终关心的是所取得的资源在数量和质量上是否满足需求。一般情况下，网络强度和网络密度分别影响着新创企业的资源获取。

（二）环境动态性与资源获取

环境动态性是指产业中变化的不可预测性和变化率，源于竞争者的进入和退出，消费者需求和技术条件的变化会影响管理者对未来的预测。通常，动态性环境影响了创业机会的产生，进而影响企业的生成。环境动态性越强，创业机会越多，就会有更多的创业者选择创业。创业者过去应对环境动荡的经验无疑会提高新企业应对外部环境的能力，能够分析环境的变化并抓住适宜的机会。显然，长期处于动态环境下的企业或创业者能够不断地积累应对环境变化的能力。从这一角度来看，环境动态性可以为创业者提供更多的创业机会，促进更多的创业者实施创业。新企业数量的增加，会导致更大规模的资源需求，从而促进其采取购买、吸引和积累等方式获取所需资源。

环境动态性越强，产生的创业机会越多，企业的资源需求越大，企业之间资源获取的竞争越激烈，进一步加速新企业建立。

(三)信息获取与资源获取

识别资源的来源是新企业资源获取的前提，企业需要收集和掌握大量的资源所有者的信息，既包括显性信息也包括隐性信息。信息来源主要有两个方面：一是获取隐性信息的来源，具体指的是创业者与资源所有者(如家庭、亲戚朋友、各类企业和机构)的直接接触，这一来源最直接地反映了创业者所处的运营环境；二是获取各类显性信息的来源，主要是指书面信息、报纸、商业出版物都能够为创业者提供竞争者的市场信息。其实，雇员的流动、非正式交流、企业的衍生、合作创新、专利或技术转让及专业杂志、专利出版物、报纸、电视等都是企业获取信息的重要途径。

社会网络对资源外部获取的影响通过显性信息和隐性信息的获取发生作用，搜集资源来源等信息是新企业的关键任务之一，企业掌握资源所有者的信息越多，通过网络获得资源的效率就越高。社会网络对资源内部积累的影响也通过显性信息和隐性信息的获取发挥作用，特别是隐性信息的获取。

共享农庄

二、创业资源的整合

(一)步步为营地利用资源

这主要是指在所拥有的资源不足的情况下，创业者分多个批次地投入资源，并且在每次都投入最少的资源。步步为营的基本哲理印证了"现金为王"的格言，现金流是每个企业的命脉。步步为营活动包括：当创业资本受限时，创业者要寻找实现企业理想的目的和目标的途径；最大限度地降低对外部融资的需要(债务和股权)；最大限度地发挥创业者投在企业内部资金的作用；实现现金流的最佳使用方法。

通过有效的步步为营并尽快达到收支平衡的好处包括：减少外部资金的投入；缩短创业者获得第一桶金的时间；为创业者和公司赢得更多可利用的现金流，以及由此所带来的更高的公司估价。

对多数新企业来说，通过步步为营，创业者能在资源有限的情况下创造性地找到启动和发展企业的方法。

在资金资源受限的情况下，创业者经常运用多种工具和技术，放大其有限、可用资金的作用和效果去获得成功，这些统称为步步为营的策略。

步步为营的策略首先表现为节俭，设法降低资源的使用量，降低管理成本。创业者在实施步步为营策略时所采取的措施多种多样。为了降低运营成本，创业者可以采取外包的策略，让其他人承担运营和库存的开支，减少固定成本投资，防止沉没成本过高使自身的灵活性降低，利用外包伙伴已形成的规模效益和剩余能力为自己降低成本，有时甚至可以利用国外的低成本优势。蒙牛创建之初就采取了几乎同样的策略，这种策略与单纯的节俭显然是不同的。

为了降低管理费用，创业者可以去孵化器或创业服务中心享受那里提供的廉价办公场所，和其他创业者共享传真和复印设备，同时结交更多的创业者。创业者们可雇用临时工甚至租借员工，使用实习生。创业者可以通过有效地使用电子通信设备来虚拟办公。绝大多数网络企业是在家办公的，当有业务必须面谈时，那些公共场所（如咖啡店）提供了与合伙人、雇员、顾客当面商谈沟通的场地。但有些企业，如零售商和生产运营商，是不能够简单地在卧室、地下室或车库中办公的，他们需要实际的场地来开展业务。不过，这些企业仍然有许多方法通过降低成本或优化现金流支出来降低空间成本。

（二）改变资源的利用方式或情境

不同类型的资源具有自身与众不同的特点，其利用的方式或情境也有一定的适用性，因此，创业者在利用资源的时候要根据每种资源自身的特点来寻求最合适的利用方式，从而使资源的利用达到最优化状态。

在资源的利用方式上，可采取可持续利用、循环利用、集约式利用、虚拟化利用等不同的方式；在情境上，改变或重设与资源特点相适应的情境，以最大化或创造性地利用资源的价值。例如，人力资源管理中的人尽其才就是充分发挥人力资源价值的重要指导理念，借此可采取的工作轮换、轮岗、职业设计等都是对人力资源使用方式或情境的改变。创业机会稍纵即逝，创业者必须在机会出现的时候迅速采取行动、开发所拥有的资源，创造性地利用现有的资源，尽最大可能地弥补资源缺乏，抓住创业机会。其实，创业者在创业初期往往并非一无所有，只是忽视了对自己所拥有资源的创造性使用。

🔑 创业小贴士

大学生创业资源整合的原则

一般来说，大学生的创业资源是非常匮乏的。大学生在创业或就业中，除了要用心积累资源外，还要善于整合资源。创业资源的整合，通常要遵循储备、共赢、选择和长短结合等原则。

1. 储备原则

对任何一个创业企业而言，资源都是难以一下就完全整合到位，资源的整合往往难度大、进展慢，所以创业者应当具有一定的超前意识，适当提前寻找和整合各种创业资源，不能等到需要的时候再去整合资源。

2. 共赢原则

每一种创业资源实际上都是一个相对独立的利益体，创业者在整合资源时不能只考虑自身利益，尤其是需要长期使用的创业资源，更要重视利益相关者利益，在许多情况下，先让对方赢，才有可能让自己也赢。

3. 选择原则

有助于企业发展与成长的资源可能会有多个，但资源的开发需要人力、物力和财力，因为资源整合的过程也是资源付出的过程，使用不同资源具有不同的收益和成本。创业者要根据创业项目发展的需要、自身的实力以及这些资源的特点，选择最适合的资源。投入产出分析是创业者常遇到的问题，资源整合应追求效果与效率，并不是单项资源投入越大越好，但也不能出现"短板效应"。

4. 长短结合原则

创业资源整合的根本目的是实现企业利益的最大化，但这个利益有当前利益和长远利益之分。企业整合创业资源要充分协调好当前利益与长远利益之间的冲突。任何只顾当前利益而对创业资源的过度开发，都会影响企业的长远发展。

第三节　创业融资

▍一、创业融资的含义

创业融资是指企业筹集资金的行为与过程。通常融资的目的有：为企业下一步的扩张战略融资、为偿还企业过去所形成的债务而融资及混合目的的融资。顾名思义，创业融资指的是创业企业采用一定的融资渠道筹集资金的行为与过程。创业融资不是一次就可全部融资到位，而是包含创业者在整个创业过程中所有的融资活动。创业企业融资的目的视创业企业所在的发展阶段而定，不同的阶段融资目的不相同，但大多数创业企业融资都有一个共同点，即为公司的发展提供资金支持，保证公司能够正常地生产与运营。

创业融资的分类多种多样，按所融资金的用途可分为固定资产融资和流动资产融资。按融资对象不同，可分为自我融资、向亲朋好友融资、向政府融资、向银行或保险公司及有关金融机构融资等。按资金来源不同，可分为企业内部资金特定的个人资金和非特定性个人资金、国内资金和国外资金筹集。按融资的期限不同，可分为长期资金融资、中期资金融资和短期资金融资。长期资金和中期资金的划分界限为5年，一般占用5～10年以上的资金为长期资金，主要用于企业固定资产的购建；占用1～5年的资金为中期资金；短期资金指占用1年以下的资金。按照资金来源的性质不同，可分为债券融资和权益融资，债券融资资金包括商业银行贷款、信用担保体系融资、发行债券融资等，权益融资包括创业投资基金、IPO(Initial Public Offering，首次公开募股)、天使投资等。

▍二、创业融资的特征

创业企业与一般企业相比，存在不成熟性、不稳定性和发展的不确定性等特征，而且外部环境和内部条件决定了创业期企业的风险要远大于一般企业，无论是选择权益融资还是债务融资，信用的缺失与规模地位的弱小，都会导致创业企业在融资市场的资本与信贷的"双缺口"。尤其是那些处于并不吸引人的行业或刚刚起步的新创企业，寻找外部资金支持的确比较困难。首先，创业企业缺少可以抵押的资产，银行不愿意冒更多风险贷款给创业企业。其次，创业企业缺乏可参考的经营数据信息，创业企业所能提供的不过是一份商业计划书，未来的经营情况具有更大的不确定性。最后，创业企业的融资规模相对较小，创业企业的融资成本平均为大型企业的 5 倍，银行理所当然地愿意向大型企业而不是创业企业贷款，这加剧了创业企业融资的难度。

　　由于企业成长的周期性，创业企业的发展同样具有阶段性，因此，创业融资就带有鲜明的阶段性特点。创业者需要了解创业企业不同阶段的特点，然后根据企业所处发展阶段的特点来确定所需融资金额并选择融资方式，做到融资阶段、融资金额与融资方式的合理匹配，才能化解融资难题。创业企业的发展分为种子期、初创期、成长期、成熟期四个阶段，在不同的阶段，资金的需求和风险程度有所不同。为了完善创业企业的融资体系，需要根据创业企业的不同发展阶段，发展多种融资形式。在种子期，创业企业尚处于酝酿阶段，需要投入资金进行研究开发及市场测试，以验证创业项目的可行性；在这一阶段，资金的需求量不大，但是由于企业还没有营业收入，资金来源有限，面临技术、市场、财务以及创业团队的风险。创业企业种子期融资资金主要流向企业的开办、可行性研究、部分技术研发等方面。在初创期，创业企业的产品研发和生产需要资金，由于技术、市场等不确定性较高，融资的风险很大、成功率较低，但若能成功，则会获利较大，呈现出"高风险、高收益"的特征，一般创业企业在该阶段没有产品，企业正处于组建中，导致投资风险太高，风险投资家对该阶段的投资都非常谨慎，因此，该阶段所融资金应是非营利性的。初创期生存是创业企业的唯一目的，而生存的关键因素是创业者的意志和融资能力。进入成长期后，创业企业的生产规模逐渐扩大，需要投入更多的资金，但企业的可确定性程度逐渐有所上升，风险也逐渐减少。在这一阶段，创业企业发展面临的最大问题就是如何去稳住顾客，争取到更多的资金，发展的关键因素仍是资金和企业家的领导才能。进入成熟期，创业企业运营业绩较稳定，风险也降到最小，此时，资金需求稳定，融资较容易。

"信息王"的
成功创业故事

三、确定创业融资额度

（一）测算创业融资资金额度的作用

1. 有利于确定筹资数额

　　资金是创业成功的关键资源，是开展创业各项准备和具体工作的物质保障。在市场经济环境下，资金的取得和占有均存在成本，因此，创业融资时必须按照创业企业设定的目标，在考虑风险收益均衡的前提下，依据所处融资环境，秉承融资效益最大化的原则进行融资，这在客观上要求创业者能科学地测算出融资额度。资金筹集过多，将产生较大的占用成本，失去资金的机会收益；资金筹集较少，难以满足创业各阶段的资金需求，将使创业难以为继，增加创业失败的概率。因此，创业融资资金需求测算有利于科学确定筹资数额，为创业后续各项工作的开展提供资金保障。

2. 有利于科学地选择资本结构，降低资金成本

融资方式不同将导致融资成本各有差异，所以，选择和组合不同的融资方式将为创业企业带来不同的资本结构，从而形成不同的资金成本。通过创业融资资金需求测算，可以准确地确定融资总规模，并进而确定科学的资本结构，为创业企业形成最佳的融资组合，降低创业企业的资金成本，最终实现融资效益最大化的预期目标。

创业融资通常不是一次性融资，是伴随着创业企业成长的多次融资。由于创业企业的发展具有阶段性特点，各阶段创业融资的侧重点和要求也有区别。因此，创业融资资金需求也随之呈现出阶段性的特点。通常情况下，创业融资资金需求的阶段主要分为种子期、创立期、成长期和扩张期四个阶段，但其中各个阶段融资额度测算的方法是相同的。

（二）正确计算创业所需融资额度

1. 设置公司不同发展阶段的里程碑

里程碑是指在公司发展过程中具有标志性的事件，具体表现在市场的占有率、客户的数目、营销的额度等方面。根据每个阶段具体的里程碑来确定所需的时间和费用。把里程碑下的市场营销成本、资金运营成本、团队建设成本等所有因素叠加之后基本就确定了所需的融资额度。最后，还要把预估企业所需创业资金总额乘以一个系数作为不确定费用，这个不确定费用是为了应对意料之外的支出，这里建议乘以 1.5 倍左右的保险系数。

2. 项目本身的费用

项目本身的费用是指付给所选定项目的直接费用，如场地费、广告宣传费用、购买某种机器设备的费用、某一个项目的加盟费用等，如果还需要进行项目考察，则需要算上差旅费用。

3. 经营设备、工具等的购置费用

经营设备、工具等的购置费用主要是指购买经营过程中所需要的辅助设备和工具。例如，想开餐馆，就需要添置冰柜、锅、燃气灶等辅助工具。

4. 经营周转所需要的资金

运行一个项目，首先要估计该项目第一阶段花费的资金总额，如员工工资、房租、场地费、水电费、材料费、维修费等。通常，一个项目运行的市场培育期为 3 个月，在市场培育期内盈利很少甚至没有盈利，所以，创业者至少要预备能支付三四个月的经营周转资金。

（三）帮助估算创业资金的途径

1. 参考竞争者公司市值估值

在估值的过程中，存在很多的不确定因素，不能完全地定量，但可以定性地参考竞品的融资额度去估值。竞品即同类竞争品。因此，当无法定量确定公司估值时，可以参考竞

品的融资额度，根据竞品的市场占有量的市值来估计自己项目的融资额度。

2. 参考市盈率法

公司市盈率 (P/E) 分为两种情况：一种是历史市盈率，即当前市值与公司上一个财务年度的利润 (或前 12 个月的利润) 之比；另一种是预测市盈率，即当前市值与公司当前财务年度利润 (未来 12 个月的利润) 之比。目前，国内主流的 P/E 倍数在 7 ～ 10 这个区间内。首先对项目进行估值，再将项目估计值乘以财务预测的公司未来 12 个月利润值。在实际运用的时候，由于不确定性的存在，很多数值无法定量确定，对于这种不能定量确定的情况，可以使用定量定性相结合的方法去选定一个参考值定性确定。创业者可以选择与非上市公司同行业可比的公司或可参照的上市公司，以同类公司的股价和财务数据为依据，计算出主要财务比率。

投资人用 P/E 法所得的估值是：

$$公司价值 = 预测市盈率 \times 公司未来 12 个月的利润$$

🔍 创业小贴士

创业初期会面临很多困难和挑战，而创业资金不足就是其中的一个大问题。不管是摆个小摊，还是在繁华地段开个高档店铺，我们在开始创业都需要一定的资金。如果资金不够，我们可以通过融资的方式来获得，那么，该如何融资呢？

1. 通过贷款或入股的方式来申请基金融资

这个方式的优点是资金链相对较为稳定，筹资的成本也比较低，非常适合高校学生创业融资申请。如果是以贷款的方式申请的基金融资，那么，我们就需要按月还款，每个月都会有一定的还贷压力；如果是以入股方式申请的基金融资，我们就无须还款，但是要给对方分配股份和对公司的控制权。这两点最好都要预先计划清楚，在合同里也要将其罗列明白，以免给后续经营带来麻烦，市场上因为股份被占而导致公司控制权被别人夺走的案例比比皆是。

2. 以合伙的形式获得融资

如果创业资金不够，不妨找几个有着同样志向的人一起来合伙创业，每个人都投入一部分资金，凑足创业所需资金。合伙人之间能够互补，相互将各自的优点和长处发挥到公司的运营问题上。因为每个合伙人的投资并不一样，之后所担负的职责也不同，所以在合伙创业之初，就要将每个人分红比例商量好，并签订合同，以免后续因为分红不均或者不合理而导致公司内讧。

3. 通过到银行申请贷款的方式来融资

这种方式最为常见，如果不想和人合伙或者找不到合适的合伙人，可以通过到银行申请贷款的方式来获得创业所需的资金。在各种贷款项目中，创业贷款是最合适的，因为要求还款的利率相对较低。如果创业贷款申请不下来，那么可通过抵押、担保的方式来申请贷款。

创业融资是开始创业的第一步，也是最关键的一步，如果融资没有成功，那么后面的项目根本就无法启动，也就谈不上什么创业了。在申请融资的时候，大家一定要将创业计划书写清楚，要重点突出项目产品和后期预计盈利情况，这样才能打动投资者。

四、创业融资的渠道与技巧

（一）私人融资

创业企业具有融资劣势，较难通过传统的融资方式（如银行借款、发行证券等）获得资金，所以私人融资成为创业企业融资的主要组成部分。世界银行一项对私营企业的调查指出，我国私营中小企业在初始创业阶段所需的资金完全是创业者和创业团队个人及家庭投入的，而银行、其他金融机构贷款所占的比重很小。私人融资大体包括以下几种。

1. 自我融资

任何创业者在决定创业之初都应该意识到创业是有风险的。当开始实干时，必须放弃现有的待遇，将自身所有的时间、智慧及精力都投入到新创企业中。那么，在工作中的积蓄是不是应该投入到新的企业中来呢？创业者应投入大部分自有资金到新创企业中，因为在创业初期投入尽可能多的资金，可以获得更多的股份；创业成功后，将获得较大的创业回报。这样，个人才能和资产在创业活动中共同创造较大的价值。自我融资是一种有效的承诺，如果在投身创业的过程中投入自己的资金，这本身就是一种信号，它告诉其他投资者，创业者对自己认定的商业机会十分有信心，对自己的新创企业充满信心，是全心全意、踏踏实实地干事业。创业者会谨慎地使用新企业的每一分钱，因为那是自己的钱。这种信号会给其他资金所有者投资新企业一种积极的暗示，适度缓解信息不对称的负面作用，增加其对新创企业投资的可能性。

自我融资的策略及注意事项：对创业者而言，自我筹资虽然是新企业融资的一种途径，但它不是根本性的解决方案。在自我融资的时候要注意和家人进行充分沟通，首先，向家人阐述清楚创业的风险；其次，向家人完整准确地介绍创业过程中的步骤、每个步骤预期实现的目标；最后，要和家人沟通好自己基于创业风险和前景所做的保障。在与家人沟通的时候，要选择恰当的时间与地点，最好是选择在一个比较正式的场合把自己的计划清清楚楚地告诉家人。

2. 向亲戚朋友融资

每个人都有自身的人脉资源，这种资源在创立新企业初期起到非常关键的作用。家庭成员和亲朋好友由于与创业者的个人关系而愿意给予投资以示支持，这有助于克服由于非个人投资者对创业者不了解而造成的不确定性。由于创业初期的信息不对称，因此，这种从创业者家人、亲戚、朋友处获得创业所需资金的非正规金融信贷是非常高效而且十分常见的融资方法。

向亲戚朋友融资的策略及注意事项：在挑选身边的亲戚朋友作为融资对象时，需要考虑风险承受能力、投资价值观及关系。风险承受能力主要看融资对象钱的用途，以此来判断融资成功的可能性。需要考虑融资对象的投资价值观，是否赞同创业活动。在关系方面，不仅仅局限于自己的亲戚、朋友和同学，可以扩展人脉圈去找到合适的融资对象。

在和朋友融资沟通时需要把握以下要点：首先，需要明确创业的自有资产；其次，要向朋友详细、层次分明地阐明创业计划，使对方明白创业的核心资源和自己为创业豁出去的决心和毅力。

3. 天使投资

天使投资是自由投资者或非正式机构对有创意的创业项目或小型初创企业进行的一次性前期融资，不属于组织化的创业投资形式范畴。"天使"这个词指的是企业家的第一批投资人，这些投资人在创业公司产品和业务还未成形时就把资金投入进来。天使投资人通常是创业企业家的朋友、亲戚或商业伙伴。天使投资可以看作是风险投资的一种，但两者有很大的差异：天使投资是一种非组织化的创业投资形式，其资金来源大多是民间资本，而非专业风险投资商；天使投资的门槛较低，有时即便是一个创业构思，只要投资人认为有发展潜力，就能获得资金，风险投资者通常对创业企业一些尚未成熟的项目不太感兴趣。

天使投资有以下三方面的特征：直接向企业进行权益投资；天使投资不仅提供资金，还提供专业知识和社会资源方面的支持；投资程序相对简单，短期内资金就可到位。

通常情况下，天使分为三类。最理想型的天使是既有资源又有经验，对创业者的项目给予支持且不干预；第二类是纯钱的天使，对于创业项目更多的是融资；第三类是纯资源的天使，这类天使在行业中有一定的背景、有雄厚的行业经验和资源，他们不一定参与管理。最不理想的天使是控制欲强、资源也不多，如果遇到这种类型的天使，那么创业者一定要慎重考虑要不要这笔资金。

寻找天使投资，可以通过以下三个渠道：第一个渠道是从人脉资源出发，其实，我们每一个人背后都有很多的人脉资源；第二个渠道是行业活动的信息，创业者应多多关注行业内的最新动态；第三个渠道是参加创业大赛，在这些创业大赛中很多评委就是天使。

寻找到合适的天使后，融资还要注意这些事项：首先明确融的是资源而不仅仅是资金；其次明白股权融资的成本和债权融资的成本；最后在向天使融资前要对企业进行合理估值，预先规划。

一般说来，初创公司的估值离不开四个方面，第一是行业前景。行业前景乐观，公司的估值可能就会比较高；相反，若行业前景不被看好，则公司的估值就会比较低，甚至会导致创业项目的失败。第二要考虑竞争对手及行业进入壁垒的情况。第三就是用户与市场潜力。如果做一个测试，用户是爆发式地增长，未来市场潜力非常乐观，则公司的估值就会上升；反之，估值将会降低。第四，创业个人及团队实力也会影响到初创公司的估值。

所谓"知己知彼，百战不殆"，要想打动投资人，就得明白天使对估值的考虑方式，天使会考虑投资后是否需要共同创业。如果让天使参与创业，公司的估值应该就会变得低一些，因为天使还需投入自己的时间、资源，而不仅仅是资金。其次，有无其他投资人。若有其他投资人也对创业项目感兴趣，就形成了卖方市场，估值就会增加；反之，在没有其他投资人的买方市场下，估值就会相应下降。最后是项目发展的情况。项目比较成熟、具备实施的基本条件是融资的关键所在，不成形的创业项目是不被天使看好的。

总而言之，合理对创业项目估值、寻找懂行的天使、关注项目本身的潜力、学习与天使沟通谈判的艺术是获得天使青睐的关键。

4. 众筹创业

1) 众筹的定义

众筹描述的是群体性的合作，人们通过互联网汇集资金，以支持由他人或组织发起的项目。

随着众筹在世界各国的迅速发展，其定义也在不同的国家进行了调整，但都大同小异。例如，英国使用比较广泛的众筹定义为，众筹是一种人们可以通过在线门户（众筹平台）为其活动或企业进行融资的方式；意大利官方则认为，众筹是一种初创企业通过网络筹集风险资本的金融活动。"众"，即依靠大众力量；"筹"，即筹集。众筹的本质与"众人拾柴火焰高"的精髓有异曲同工之妙。目前，众筹使用最广的定义是，项目发起者利用互联网和社交网络传播项目，发动众人力量，为项目发展筹集资金的一种方式。众筹由平台、项目方及支持者/投资者三大要素共同组成。

众筹通过搭建一个开放的平台，汇聚众多创业项目及支持者/投资者，并提供两者自由匹配的通道，使得资源需求方与供给方实现高效匹配，有效地降低了双方信息的不透明性，使资源利用的成本更加低廉。同时，众筹不仅能解决项目方的资金需求，还能解决产品体验反馈、传播和粉丝培养等问题，正逐步成为众多创业者融资的重要途径。

2) 众筹的类型

结合目前国内外众筹的发展，众筹主要分为奖励式众筹、捐赠式众筹、股权式众筹和债权式众筹四种类型。属于投资模式的是股权式众筹和债权式众筹，属于购买模式的则是奖励式众筹和捐赠式众筹。

(1) 奖励式众筹。奖励式众筹是最古老也是最简单的一种众筹模式，又称作产品众筹、回报众筹，是指支持者为项目方提供资金及其他资源，项目方给予支持者以产品实物或服务等类型的回报。奖励式众筹可以为项目发起人减少消费者需求不足的风险，可以在产品还未上市前就积累起第一批影响用户，而且可以通过预先下单的方式，来确认大家的真正需求。通过奖励式众筹，如果最后成功融资，那说明所融资产品符合当下的流行需求，对未来的融资也能起到一定的帮助作用。如果没有完成融资，项目发起人则需要反思自己的创意是否需要改换一种思路，在持续改进中发起新一轮的众筹，直至众筹成功。

(2) 捐赠式众筹。捐赠式众筹也称作公益众筹，指支持者为公益目的对项目进行无偿捐赠，如腾讯公益、创意鼓等。捐赠式众筹与奖励式众筹的共同点在于：两种模式都是主要基于支持者对项目的个人喜好、对发起者的信念和追求完美的热情或是对某项活动的认同、支持。目前，我国著名的捐赠众筹平台有微公益等。

(3) 股权式众筹。股权式众筹是指项目方通过互联网平台进行的股权融资活动。股权众筹类似于风险投资和天使投资，投资者在项目筹资成功后获得项目产生的财务回报或者获得创业企业的股权。

股权式众筹需要发起人进行一定的信息披露，同时还要对认筹人进行一些筛选。如果让不能承受风险的人进入股权式众筹中，那么对项目发起人本身来说也是一种风险。目前，国内知名的股权式众筹网站有天使汇、大家投、原始会等。大家投作为我国的第一家股权式众筹网站，其本身也是一种股权式众筹的产物。

(4) 债权式众筹。债权式众筹的模式是投资人对项目发起的公司或项目投资，获得一定比例的债权，未来投资人可以收回本金并获取利息。很多人认为，债权众筹就是 P2P (个人对个人)，实际上，债权众筹与 P2P 并不是一回事。中国人民银行对 P2P 的定义是，P2P 指个体与个体之间通过互联网平台实现的直接借贷。从定义来看，债权众筹实际上是一种广义的 P2P，除了 P2P，还包含 P2B；除了包含直接借贷，还包含购买 P2P 公司发行的证券。

(二) 政府融资

1. 政府的创业融资政策维度

(1) 资金。各级政府都有相应的贷款担保政策。如个人小额担保贷款、小企业法人担保贷款、创业前小额担保贷款、自主创业微量贷款等。

(2) 场地。入住创业孵化器的种子企业会有免费的办公场地。

(3) 工商注册登记和社保补贴。零注册成本的工商注册登记、符合条件的每个创业组织一次性有 2000 元的开办费补贴，政府提供符合社保缴纳条件员工的社保补贴。

(4) 政府政策性融资产品。如 EFG 雏鹰计划、EFG 雄鹰计划、YBC 等。

由于经济实力、产业基础、区域文化等有很大差异，各地政府推出的创业支持政策也不尽相同。具体政策需要创业者结合自己的项目、行业去了解和申请。

2. 向政府融资的策略及注意事项

1) 找对融资谈判的对象

向政府融资找对了地方就会事半功倍。例如，科委偏重于科技类、创新类和技术类的创业项目；农委偏重于农业类的，包括农产品；人保局偏重于基础性、大众和初期的政策扶持。发改委、经信委、团市委都会提供相应的创业政策支持。

2) 融资谈判中的技巧

首先，重视形象、自信积极。这里的形象不仅包括穿着、言谈举止，还包括商业计划书的呈现。其次，在向政府融资项目评审的时候语言表达要言简意赅，在很短的时间内把项目精炼地呈现给评委、导师，并且在整个交谈过程中要充分展现出团队的凝聚力。最后，也是最重要的，是要重视诚信。

3) 向政府融资的步骤

第一步，准备基本的文件材料，包括申请对象的基本信息、证书和商业计划书。实际经营的企业向政府融资时要附上企业的财务报表。第二步，进入谈判评审阶段，此阶段要注意表达清晰、思路逻辑严密，抓住政府考虑的要素。政府融资扶持创业是希望创业企业能够创造更多的社会价值，并能提供更多的就业岗位。第三步，注意实时反馈，创业企业融资之后，资金要按时还款，并做好各项数据反馈，以此建立自己的信用体系，为下一次融资打好基础。

政府融资和商业融资都会有一些融资风险，相比较而言，小微企业向政府融资的风险压力会更大，因为初创型的企业申请政府融资时失败率较高。

（三）风险投资

风险投资 (VC) 又称作创业风险投资。风险投资一般是将风险资本投向新兴、迅速成长的有巨大竞争潜力的未上市公司，在承担风险的基础上为融资人提供长期股权资本和增值服务，培育企业快速成长，数年后通过上市、并购或其他股权转让方式撤出投资并取得高额投资回报的一种投资方式。

1. 获得风险投资的关键点

生理学家贝弗里奇说过，"机遇只偏爱那些有准备的头脑"。同样，风险投资对项目的选择有严格的程序与较高的标准，创业者要想在众多项目中脱颖而出并获得风险资本的偏爱，只有从自身做起。其中，有三个关键点需要关注。

(1) 有足够吸引力的增长故事。要了解风险投资者的产业投资爱好，特别是要了解他们对投资项目的评审程序。要学会从对方的角度客观地分析本企业。风险投资者看中的不仅仅是技术，而是由技术、市场和管理团队等资源整合起来而产生的盈利模式。即风险投资者要的是投资回报，而不是技术或企业本身。

(2) 商业模式。商业模式是项目的立足之本，拥有令行业内其他竞争者无法超越的商业模式是最关键的因素。风险投资者偏爱那些商业模式无法被复制的创业项目，只有这样，才能保证在市场上的绝对优势。360 的创始人周鸿祎最开始用"免费使用"这样一个前无古人的商业模式进入网络安全领域，给瑞星、卡巴斯基等一系列收费的竞争对手一个非常致命的打击，令他们毫无招架之力。现在，在安全领域 360 的地位已经是牢牢不可撼动的了。免费是一种颠覆性的力量，足以概括 360 的一个商业模式。

(3) 创业者因素。在项目选择的过程中，风险投资家非常注重对创业企业家或创业团队的考察，并侧重以下几个方面：道德品质、经营一个处于成长阶段公司方面的经验、在所从事行业中的技术水平、在管理工作中是否有过成功的记录、在所从事的行业里是否有敏锐的洞察力、能否掌握市场全貌并懂得如何去开拓市场。

在正式确定投资之前，投资人通常还会对企业的背景情况和财务稳健程度、管理队伍和行业进行细致的尽职调研。

2. 尽职调查的流程

投资人在和创业企业沟通接触后，为了保证双方合作能够顺利进行，投资人首先会给出一份投资协议条款 (Term Sheet)。接下来投资人会邀请第三方的律师和会计师介入进行尽职调查，对创业企业进行更为深入和具体的调查了解。在尽职调查期间，创业者和投资人的接触会非常频繁，投资人会对日常的公司运营、管理、团队获益甚至市场调查等方面有所介入，以验证投资人的判断是否正确，如对之前双方沟通的结果、对未来前景预期增长的判断。尽职调查的内容非常多，投资者最为关注的是团队成员的背景，如毕业院校、工作经历、取得的成就等；除此之外，关于项目的真实市场占有率、销售额、采购记录、人员调动等都会一一进行调查。

3. 应对尽职调查的秘籍

(1) 细节层面上，日常的记录要留稿。一批来自欧洲的投资者要对中国的一个公司进行尽职调查，投资人要求看日常工作管理的记录，于是，公司给出一大堆日常留档文件供他们审阅，因为都是中文的，投资者们基本没看懂，但是其中一个投资者注意到，这家公司的每一份周会记录的日期都是阿拉伯数字，他核算发现这家公司从来没有漏掉过一次周会，因此，虽然他们没怎么看懂记录的内容，但这样一次不漏的周会记录，足以说明这家公司严格的管理，于是投资者们纷纷点头表示一致认可。

(2) 准备一个全方位的 Data Room(约会室)。在开始尽职调查的时候，创业企业设法专门安排一个房间，把所有尽职调查清单上的材料一份不少地收集完整，并且有条不紊地进行排列，在门上贴个提示"Data Room 闲人莫入"，以一个非常严谨的态度去面对。让投资人坐在创业者办公室里的做法是非常不妥的。如果等投资人要求某份材料再去通知相关人员准备，既会使公司上下陷入忙乱而导致各种差错，更会给投资人留下公司管理不善等不良印象。

(3) 态度要坦率，忌浮夸和自吹自擂。客观地去评价项目、市场上是否有竞争对手、潜在客户数量等。

五、创业融资的风险把控

（一）创业融资的风险

创业资金的注入能够帮助创业企业度过创业的艰难时期、进入新的发展阶段。不论是以股权的形式还是以债权的形式，也无论资金是来自个人投资者还是机构投资者。事实上，没有哪种融资渠道是十全十美的，任何融资方式都是要付出成本代价的，只是不同的融资方式融资成本不同。因此，为了提高融资活动的效率，使之对创业企业的发展起到积极的推动作用，创业者还必须对融资活动中的成本和风险有比较全面的了解。

创业融资故事

融资活动离不开创业者、投资者、中介机构和专家。所以，对创业企业而言，与融资活动相关的风险也主要来自创业企业与这些主体之间的活动。创业融资的风险大体可分为创业企业融资战略不当引发的融资风险和创业企业融资活动不计成本引发的融资风险。

1. 创业企业融资战略不当引发的融资风险

创业企业融资战略制定不合理的表现主要有融资规模不合理和融资时机把握不当。

1) 融资规模不合理引发的融资风险

制定融资战略时，应紧密结合创业企业的情况确定融资规模，既不能太少，也不能太多，否则，都会给创业企业的发展带来不确定性，甚至会使企业濒临破产。

(1) 融资规模太小。与成熟公司相比，创业企业的财务状况具有其独特性。成熟企业无论大小，都已经有了稳固的顾客基础和收入流，与成熟企业相比，创业企业要经过的是财务"地狱之门"。在创业企业成立的早期，它们是资本的吞噬者；更糟糕的是，它们成长得越快，对现金的胃口越大。因此，创业企业特别是处在初创期的创业企业更需要有充足的资金，以保证企业顺利度过成长的关键期。在筹集到所需资金的同时，创业者通常会被股权投资者要求放弃对创业企业的控制权，投资者能够按照投资的数额和在总投资额中的比重获得创业企业相应比例的控制权。为了避免可能存在的控制权转移，创业者在融资规模小且让渡较少控制权的策略和融资规模大但要让渡较多控制权的策略间，可能会选择前者，但是这种融资策略会在很大程度上制约着企业未来的发展。

(2) 融资规模过大。融资规模也不是越大越好，融资过多也会造成许多问题。超出企业需要的且没有适当财务约束的融资反而会使创业企业在"温水煮青蛙"的宽松环境中放松对财务预算的约束，最终在不知不觉中陷入融资困境，进而走向破产。

2) 融资时机把握不当引起的融资风险

创业企业要把握好融资时机，既不能过早，也不能过晚，切合实际的融资能够帮助企业解决资金难题，但如果没有掌握好时机，无论过早还是过晚，都会导致成本增加与控制权让渡等问题，从而给企业的发展带来不确定性。

(1) 融资过晚带来的融资风险。创业企业初期是资金需求量非常大的阶段，资金供给量不仅要充足，而且必须及时，所以，创业企业应该未雨绸缪，及早考虑融资问题，不要等到出现严重的现金短缺时才寻找资金。对一家新成立的公司而言，尤其是在筹资方面没有经验或成就的，拖延寻找资金的时间是不明智的，因为筹集资金一般要花 8 个月或更多时间。除了现金流方面的问题，等到出现资金短缺才筹集资金，这种行为所隐含的缺乏规划性会破坏企业管理团队的可信度，并对公司与投资者谈判的能力产生负面影响。

(2) 融资过早带来的融资风险。要避免另一种极端的出现，即过早融资。如果某企业过早地获得股权资本，创始人的股权就可能被不必要地削弱，并且也会逐渐抛弃财务上保持节俭这条财务纪律。

过早融资造成的主要后果就是企业灵活性的下降。初创企业极少能在第一次就走对路，在一个新的成长型行业里，往往伴随着曲折和不可预见的挫折，随着各种事件的发生，企业的战略不得不发生根本性调整。然而，外部投资者会妨碍创业者在不确定的环境中采取"尝试之后调整"的发展方式，而这种方式往往是创业企业走向兴旺之路所必需的。企业发展过程中出现的根本性调整会令外部投资者感到困惑："是最初的构想错了还是没有很好地执行？"创业者确信新的战略将会成功，但这种自信和当初设计第一个方案时没有什么区别。投资者想知道"我是否会第二次上当？"对投资者来说，支持企业所提出的新战略而不是更换管理者是一种显示信任的做法，但这需要创业者避免诸如错误的判断、对不好的计划的盲目自信以及过分吹嘘等问题。对于创业者来说，一旦企业具备了一定的规模，他们就能够建立足够的信心摆脱投资者的束缚，按自己的想法去做事情。但是，在开始的几年，还是尽量避免直接的冲突。相反，即使他们自己已经开始失去信心了，也仍然会坚持最初的计划，因为根本性的变革会带来对他们不利的重新审核。

2. 创业企业融资活动不计成本引发的融资风险

对于绝大多数创业者来说，最兴奋的事情之一是听到有投资者会对自己的项目有投资意向。但是在感受了获得资金的兴奋之后，创业企业又会发现他们为此可能付出了太多，出现了得不偿失的结果。实际上，创业者的乐观精神往往使他们得出这样的结论：只要有好的人和好的产品(或服务)，就一定会吸引足够的投资者的眼球，并获得丰厚的利润。但是，筹集资金所需的努力程度可能是获取资金中最容易被忽视的一个方面。在所有这些情况中，随着时钟的滴答和日子的流逝，把资源耗费于某一特定领域的机会成本也就越积越多，而且为了获得资金，企业可能还不得不冒着商业秘密被曝光的风险。

1) 为融资而付出的时间和精力

融资过程充满压力，意向投资者对创业公司的"审慎调查"也会使创业项目拖延几个月甚至一年的时间。同时，由于体力与脑力的大量消耗，创业企业管理者已经没有太多的精力开展业务了，这期间的现金流出也会大大高于日常现金流。因此，在创业者为下一阶段的迅速发展努力筹集资金时，一些新建的企业很可能会因不堪重负而倒闭。

此外，公司业绩也会不可避免地受到影响，例如，顾客会被忽略，尽管是微小且无意识的；员工和公司管理者得不到足够的重视；公司一些小问题得不到注意、无法被及时解决。最终导致销售额直线下降，现金积累缓慢，利润也开始下滑。如果融资的努力最终失败，员工士气会大大受挫，甚至一些公司的核心人物也会离开，这将极大地削弱一个朝气蓬勃、年轻企业的战斗力。

2) 因融资而被公开的商业秘密

另一项极容易被忽视的成本是信息披露。说服投资者给予资金支持需要提供各种信息。在筹资过程中，有些创业公司甚至向5个、10个甚至50个不同的投资人提供公司运营的各种信息，包括公司是否依靠一个专业的技术人员或工程师、管理层的能力以及缺陷、所拥有的股份多少、如何获得收益、公司的竞争力及市场战略等。此外，还必须公开个人及公司的财务状况。这样，公司的弱点、所有权和报酬安排、个人和公司财务报表、营销计划和竞争战略等都必须透露给创业者根本不了解、不信任的人和那些他们可能从始至终都不会打交道的陌生人。一旦将信息提供给投资人，创业者就无法控制信息的再次扩散。

由于筹资过程中信息泄露风险的存在，创业者必须确认筹资的必要性，并尽量选择信誉良好的投资者。虽然这种风险不能完全消除，却可以通过与主投资商讨论该问题、避免接触与竞争对手关系密切的投资者及只与信誉好的投资者合作等方式将风险最小化。创业者还必须与那些同投资者有过业务往来的公司以及资深顾问进行交流，努力对可能的资金来源进行审慎调查。

此外，创业企业为了获得资金，在创业初期会付出较高的成本。有数据显示，资金进来得越早，不管来源是什么，该资金成本就越高。所以，考虑到融资成本，创业企业应该把握好融资时机。

(二) 规避融资雷区

人们常说，创业有"三高"：高难度、高风险、高不确定性。这"三高"合为"一高"，就是高失败率。大学生创业群体应正确认识创业融资方面要面临的风险。创业面临复杂的社会关系，大学生创业群体往往在融资需求上更为急功近利，其在融资过程中对融资对象选择毫无目的性，思想较为单纯。对于大学生创业者来说，如何规避融资风险的雷区显得尤为重要。

1. 学会分析风险

创业者在融资过程中要学会分析风险，做什么都不能满打满算，要留有余地，对可能出现的风险要有明确的认识和克服的预案。要认识和分析融资过程中的风险，又快又好地收集相关信息是首要任务，对将要采取的方案或计划有一定的认识。

2. 采用收付实现制的财会制度控制现金流

权责发生制是在费用和销售发生时入账，收付实现制是在付出和收到现金时入账。前者不能真实地反映现金的流入和流出，报表上的业务收入和净利润值并不是企业实际交易发生的现金情况；后者与现金流量一致，更利于现金流管理。一般而言，权责发生制适用于短期现金流充足的大企业，收付实现制更适用于新创企业。采用收付实现制的财会制度意味着新创企业必须时刻关注现金流量表，仔细分析预算的现金流量与现实的现金流量表的差距，采取有针对性的措施改善现金流状况。

3. 健全新创企业管理机制

由于创业者对于管理知识的缺乏，其管理机制的建设并不完善，使得融资风险也有所增加。这就要求创业者在发展初期应该建立行之有效的股权结构，同时，对股权结构的管理进行完善，防止少数股东通过资金或者收购行为进行股权控制。与此同时，在与融资对象或者服务群体进行交流的过程中，要注意树立企业的良好形象，从根本上实现大学生创业群体拥有良好的企业信誉。在大学生创业的过程中，各种意想不到的困难和障碍必有不少，创业者需要做到不逃避、不躲避，积极应对这些困难和障碍。融资风险是大学生创业过程中必须面临的一种风险，因此，大学生创业个体对融资风险要有正确的认识。面对融资需求，要认真分析各种融资渠道及每个融资渠道的成本和风险，选择融资风险最小的渠道进行融资。

🔍 医创案例

李天天和他的丁香园

2000 年 7 月，馥郁芬芳的丁香花气息弥漫了哈尔滨市，埋头研究多日的李天天便用丁香命名这个刚建立的网站——丁香园论坛。

当时，正就读于哈尔滨医科大学的李天天，留意到学校师生们面对海量的专业信息，尤其是在初次接触网络时，没有足够的检索技巧，并不能充分利用浩如烟海的互联网信息资源，这一发现促使他萌生了建立专业检索网站的念头。

多年之后，丁香园的创业故事在另一座城市里发芽滋长——2005 年丁香园迁址杭州，

2018 年丁香园完成 D 轮融资，估值已逾 10 亿美金。

1. 大众的健康卫士

丁香园通过科普的方式，把更健康的生活方式带到大众面前。

丁香园对产品的审核有两个标准：无害、有效，即产品首先应是无害的，其次它所宣传的效果要符合实际能够达到的效果，不能虚假宣传。比如，过量食用何首乌是有很明确的肾毒性的，一些商家用来宣传它能够生发；另一个例子是燕窝，它的营养价值在很多宣传当中是虚高的；再比如冬虫夏草，其实际上并没有什么神奇的疗效，乱吃甚至可能还会对身体有害。

"这些案例我们都是本着科普的目的在做，在这个过程中，如果对一些人群的购买和判断产生了正面影响，那是我们乐于见到的。"丁香园创始人李天天告诉杭商传媒记者。

丁香园的故事众所周知。2000 年，李天天在哈尔滨医科大学读硕士时发觉查阅资料非常不便，便萌生了建立个人网站的念头，希望能通过网站的形式，分享自己所学到的知识，并提供资料查阅功能。随后李天天自学了 DreamWeaver，当年 7 月 23 日的早晨，李天天把网站文件上传到网易提供的 50 M 免费空间里，"丁香园医学文献检索网"正式成立了。在此后的几年间，这个页面粗糙、功能简单的网站，渐渐成为了中国医生的精神家园。

如今，丁香园已成为国内最大的医学交流平台，汇聚了 550 万名医药方面的专业用户，其中有 220 万名医生用户，占全国医生总人数的 71%，这些专业人才在论坛上面分享他们的所见所闻。丁香园从分享中获取医生、医药人才关注的热点话题、关键词，对医药行业内出现的虚假乱象及时地有所反馈。

"因此，应该说医药行业内的一些乱象不是丁香园去发现的，而是所有的医生和专业人士共同意识到或者说发现到的问题。"在李天天看来，丁香园并没有"揭露"乱象的所谓斗士形象和精神，而是本着创始人以及团队医学出身的初衷，以及公司成立 20 多年来所形成的企业文化，在坚持做一些丁香园认为正确的事情，其中就包括健康科普、辟谣，以及对行业乱象的一些观察。

2. 医疗健康产业的发电机

丁香园作为中国医疗领域连接者以及数字化领域专业服务提供商，公司在过去几年里快速发展，打造了中国医疗产业的新模式。

在医生端，丁香园网站、论坛、App 及微信公众号矩阵形成丁香园数字化生态体系，学术内容涉及 40 多个治疗领域。2017 年，公司重点投入医学在线教育产品线"丁香公开课"。目前，丁香园已经在医学考试、科研、临床等几个方向布局在线教育内容。通过与资深的临床科研工作者合作，推出以丁香公开课为品牌的医学视频和直播课程，整合书籍、医学教育资讯、在线社群服务等，实现教育闭环，打造完整的医学在线教育生态圈。

面向医疗机构，丁香园打造了"丁香通"与"丁香人才"等产品。丁香人才是丁香园旗下的专业医疗行业招聘平台，为医疗机构提供互联网营销解决方案与专业型人力资源解决方案。丁香通是国内领先的生物医药商城，为临床和科研用户的实验室用品、课题服务等咨询以及采购交流信息平台，为生物医药及大众健康企业提供产品展示、品牌建设、数据分析以及营销运营咨询等服务。

在商业服务端，丁香园将保险机构、金融机构、医药电商平台等进行整合。通过连接医疗健康领域的利益相关者，丁香园打造了一个依靠数据驱动的医疗服务平台，形成了一个较为完善的服务闭环。

丁香园在大众患者端的布局可以用"ICE"模型来概括。I 指的是 Information，信息，即丁香医生新媒体矩阵。2018 年，丁香医生新媒体全平台累计完成 32 亿次阅读，满足用户"看一看"的需求。丁香医生新媒体矩阵包括丁香医生、丁香妈妈、丁香生活研究所、偶尔治愈等在内的 10 余个微信公众平台，粉丝数超 3000 万人次，致力于为用户提供简单、可信赖的医疗信息服务。

C 指的是 Consultation，沟通、交流，即丁香互联网医院（以丁香医生 App 为载体，以下统称丁香医生 App），通过线上问诊为用户提供医疗服务。2017 年 3 月 19 日，丁香园与银川市政府签约，旗下互联网医院及大数据中心落户银川。目前，丁香医生 App 已经服务近 5000 万人次，每天有 2 万个医疗问题在平台上得到解答，满足了用户"问一问"的需求。

E 指的是 Engagement，互动，即丁香诊所。用户通过看一看、问一问仍然无法解决的问题，就需要回到线下，与医生面对面地交流、诊断。丁香诊所的建立完成了丁香园在医疗服务上的闭环，是对线上信息获取和医患交流的补充。线上无法解决的诊断、治疗问题，可以通过线下互动完成。目前丁香园在杭州、福州全资筹建了 4 家诊所，以美国全科医疗体系为基础，采用预约制，严格遵守循证医学，主要为常见病和慢性病治疗提供服务。

数字经济时代，丁香园提出以"数据驱动、服务医患"为核心的"发电机"战略，即丁香园要像"发电机"那样去深度服务，而不只是一个简单的"连接器"，通过有深度和专业化的服务，助力医生、患者和大众。

《2030 健康中国规划纲要》倡导健康文明的生活方式，要树立大卫生、大健康的观念，把以治病为中心转变为以人民健康为中心，实现"全民健康"。这正是丁香园一直努力的方向，互联网技术和移动医疗设备的快速发展能够协助基础医疗服务能力的扩展和前移，通过互联网方式进行健康科普教育、实现持续的健康管理和慢病管理已经成为可能，这些对于推进卫生健康事业改革发展，建设"健康中国"具有重大的意义和价值。

作为一位在互联网医疗领域 20 多年的"老兵"，"让健康更多，让疾病更少"是丁香园的使命初心，丁香园希望能够成为一个拥有社会责任感的企业，通过帮助医生、医院、药企，服务患者，让更多的人能够享受健康产业发展带来的红利。

思考与行动

1. 对自己的大学生活开支进行管理，通过勤工俭学、策划项目等方式，逐步做到经济独立（不需要家庭支付学杂费等）并略有盈余。

2. 了解各种与大学生相关的创业基金，有条件的同学可尝试去申请。

3. 制订具体计划，开拓自己的创业人脉资源，包括至少认识 30 名业内人士，与 2 ～ 3 名业内专家保持常态联系，结交 3 ～ 4 名志同道合的创业伙伴等。

4. 如果要创办一家培训公司，请将下面的资源排序（见表 7-1)，然后选出觉得必不可少的四种。

表 7-1　资源排序

资源名称	排序序号
投资 50 万元，需占 50% 股份	
资深运营总监	
与教育主管部门合作的机会	
获得一套完善的网络培训平台	
与知名师范大学合作的机会	
较偏远、租金低、面积大的场地	
获得一套专业的培训课程	
资深培训专家	
银行有息 (7%) 贷款 10 万元	
资深培训顾问	
与某知名培训集团合作的机会	
市中心租金高、面积小的场地	

5. 假设你是一名即将毕业的大学生，准备开始自己的创业之旅。结合本章所学知识，拟订一份融资计划。要求如下：

(1) 列出你能寻求的融资渠道；

(2) 你所在的城市、大学或你计划投入的行业对创业活动是否有扶持政策，请尽力搜集这些信息，讨论哪些政策可能为你提供创业资金。

第八章　创业计划书与创业路演

学习目标

1. 认识创业计划书的概念、功能和目的。
2. 了解创业计划书撰写的原则和方法。
3. 明确创业计划书撰写的内容与技巧。

名家寄语

　　创业对大多数人而言是一件极具诱惑力的事情，同时也是一件极具挑战的事情。不是人人都能成功，也并非想象中那么困难。但任何一个梦想成功的人，倘若他知道创业需要策划、技术及创意的观念，那么成功已离他不远了。

——拉克

　　我自认为是行动主义者，相信跟我有同样构想的人必定为数不少，只是我能付诸行动，而他们什么也没做。

——诺兰恩·布希奈尔（雅达利电脑公司创办人）

案例导读

　　江小梦，湖南科技学院外国语学院2015届毕业生。江小梦家世代种茶，她的父亲江秋桂17岁就出师制茶，是家族里第三代手工制茶传人。2012年6月，玲珑茶传统手工制作技艺被列入省非物质文化遗产保护名录，江秋桂茶厂也成了传承基地。2014年，江小梦注册成立了江师傅生态茶业有限公司。2014年，江小梦的创业项目荣获全国大学生创业基金总评审大赛二等奖。2015年，江小梦团队的项目"掌上茶业"在首届中国"互联网+"大学生创新创业大赛总决赛荣获铜奖。湖南日报、湖南卫视新闻联播等媒体对江小梦和她的创业产品进行了推介。

梦想之花初绽放

江小梦的家乡坐落于罗霄山脉,以"茶马古道"著称,富含负氧离子,盛产优质天然清新玲珑茶。记忆中最清晰的是那缕茶香,清泉镇随处可见茶农采摘茶的忙碌身影,俨然已经成为了一道独特的风景线。江小梦家世代种茶,家中约有250亩茶园,承包大面积的玲珑茶种植,在沁人幽香的茶文化环境下,江小梦从小就有"推广玲珑茶文化,带领家乡走向富裕"的梦想。

2011年,江小梦考取了湖南科技学院,成了村里为数不多的大学生。进入大学给江小梦带来了更多的机遇和知识,学校开设的"大学生职业发展与就业指导"课程让江小梦第一次接触到创业与就业知识,不仅激发了她的创业兴趣,同时开阔了她的创业思维。不过,在掌握到更多的创业相关知识后,江小梦发出创业之路任重而道远的感叹。作为一个来自普通农村家庭的女孩,她犹豫了、迷茫了,在心中打起了退堂鼓,怀疑自己是否真的有能力握住梦想。

在学校领导和老师的鼓励和支持下,江小梦开始了自己的创业考察和能力提升之路。在学校的二手交易节上,她和几个女生摆了一个摊位,虽然辛苦却收获了第一次创业的经历。2012年暑假,江小梦想到家里窘迫的经济,她和几个老乡去了深圳打暑假工,居然挣到了一个学期的生活费。后来,江小梦当过网管,做过文员,推销过手机卡,也做过服务生,一边减轻父母的负担,一边获取更多的创业经验。她还拜访茶学专家、营销大咖、管理大师等,向学识和经验丰富的他们"取经";参加学校统一组织的高校、企业走访活动,利用假期"南下""北上"考察茶叶市场,积极参加校内外各项活动,扩大人际交流圈,锻炼沟通表达能力;在线学习了策划写作、组织管理、市场营销等一系列课程。在她的努力下,一群有创业梦想的同学加入到了她的创业团队。

薪火相传

2013年,"黑心油"等食品安全事件频发,江小梦想起了家乡的生态茶叶,她顿时心里一动:何不以此走出创业之路呢?当时,湖南省教育厅和长沙市政府正组织"校园'我的创业梦'电视大赛",江小梦得知,心情格外激动,向学校就业创业指导中心老师介绍了她的创业计划,并表明了她想参加比赛的想法。

在小组赛中,江小梦以小组第一的成绩入围半决赛。但是,在决赛中,只得了"优胜奖"——她很失落、很沮丧。回忆起这段经历,江小梦说:"随着生活阅历的增加,我越来越认可当初老师所说的话,他说'创业除了需要练就较高的EQ(情商)和能分辨是非的IQ(智商),更为重要的是要打磨卓越的AQ(逆商)。'一次比赛的失利在短时间里看是坏事,但是对创业者成长来说,却是很好的事情,非常感谢老师点醒了我。"

2014年3月,江小梦注册、成立了江师傅生态茶业有限公司。该公司以传承湖南省非物质文化遗产"玲珑茶手工技艺"为目标,以发展立体茶园农业与生态茶园观光、带领一方百姓致富为宗旨,以线上、线下整合营销为手段,在倡导绿色环保的同时,降低生产成本,提高经济效益。

"江小梦是一个有始有终,坚持内涵与本质为重点,任何时候对于茶都有自己的一套高标准,她一直都铭记茶的本心,每当我们提出将茶进行机械化生产,她总会耐心跟我们讲解，做任何事，我们都不能失去本心，玲珑茶里玲珑心，是我们的传承之至。"江小梦的创业队友宋海林说。勿忘初心，方得始终。不管一路披荆斩棘，收获多少荣誉，江小梦始终牢记初衷。

风雨兼程

江师傅生态茶业有限公司的宗旨是结合大学所学专业，传承父辈优秀文化，踩着时代脉搏前进。即"志同道合农村大学生，立足农业农民，做农村合作社领头人；省级非物质文化遗产传承人，放眼世界，当自立自强创业者。"在荣誉面前，旁人看到的是风光得意，只有自己才知道自己付出了多少汗水。江小梦在校期间就开始创业，作为一名学生创业者，创业经常会跟学习有冲突。譬如比赛与考试的冲突，带着整理商业计划书彻夜未眠的困意去听课、注册公司与申报税务带来的繁杂事务、为创建厂房以及整修茶园而面临的资金压力等。每每此刻，江小梦都告诉自己，"作为一名创业者，就要学会适应艰难困苦，自己选择的路，哪怕再难也要走下去"。

"从采鲜叶后摊青，经过杀青、清风、揉捻、杀二青、做条、初干、整形、提毫、摊凉，到最后足干与包装，共需要12道工序，手工制茶最重要的是要用心去体验、感受，方能全面到位。"提及制茶工艺，江小梦如数家珍。

2016年"五一"假期前夕，江小梦的新茶叶基地建成了。这个假期，四面八方的游客来到江师傅茶叶基地体验采茶并购买春茶。望着茶园吐绿的新芽，闻着茶叶的清香，江小梦说："每天清晨醒来，知道自己的梦想是什么并为之努力，是一件幸福的事，即使走得慢，但从没想过放弃。"

创业大讲堂

著名投资家克雷那说过："如果你想踏踏实实地做一份工作的话，写一份创业计划，它能迫使你进行系统的思考。有些创意可能听起来很棒，但是当你把所有的细节和数据写下来的时候，它自己就崩溃了。"也就是说，当创业者在对外在的创业环境和内在的自身创业素质有了明确的把握之后，编写一份完整的商业计划可使创业者更加明确创业项目的经营思想。客观地评估自己的优势和劣势，仔细考虑创业的目的和手段，起到"磨刀不误砍柴工"的效果。正所谓，创业计划是大学生创业者最好的战前演练。

第一节　准备创业计划书

▋ 一、创业计划书的概念

创业计划书又称商业计划书，简称 BP(Business Plan)，是指创业者在初创企业成立之前就某一项具有市场前景的新产品或服务，向潜在投资者、风险投资公司、合作伙伴等游说以取得合作支持或风险投资的可行性商业报告，用来描述创办一个新企业时所有的内部和外部要素。创业计划通常是各项职能 (如市场营销计划、生产和销售计划、财务计划、人力资源计划等) 的集成，同时也是提出创业的前三年内所有中期和短期决策制度的方针。

■ 二、创业计划书的功能及作用

创业计划书作为在前期对项目进行科学调研分析的基础上，从企业内部的人员、制度、管理、财务以及企业的产品、营销、市场、风险等各个方面对即将展开的商业项目进行可行性分析，全面展示公司和项目的背景、现状与规划、未来发展前景，进而形成的实现计划的策略文件。它是一份全方位的项目计划，既可以为创业者成功获取融资的"利器"，又可以帮助创业者有计划、有步骤地开展创业活动。其主要功能及作用体现在以下三个方面。

1. 沟通功能——达到企业融资的目的

创业计划书是创业者与投资人之间必要的、也是最佳的沟通工具，项目价值、创业前景、实现计划等重要信息都可以通过创业计划书向融资对象全面展示。

一份好的创业计划书是获得贷款和投资的关键因素之一。一份高质量且内容丰富的创业计划书将会使投资者更快、更有效地了解投资项目，并使投资者对项目充满信心，且去投资参与该项目，最终达到为项目筹集资金的目的。

创业计划书是争取项目融资投资的敲门砖。投资者每天会接收到很多创业计划书，企业家在争取获得风险投资之初，首先应该将创业计划书的制作列为头等人事。

从企业成长经历、产品服务、市场、营销、管理团队、股权结构、组织人事、财务、运营到融资方案，只有内容翔实、数据丰富、体系完整、装订精致的创业计划书才能吸引投资商，才能使融资需求成为现实，创业计划书的质量对创业者的项目融资至关重要。

2. 管理功能——全面了解你的企业

创业计划书可以引导创业者走过企业发展的各个阶段，尤其是在创业过程中，还可以依据创业计划书来跟踪监督企业的业务流程、分析实际成果与预期目标的差距等，及时调整策略与方法。

通过制订相应的创业计划书，你会对自己企业的各个方面有一个全面的了解。它可以更好地帮助你分析目标客户、规划市场范畴、形成定价策略并对竞争性的环境作出界定，在其中开展业务以求成功。创业计划书的制订保证了这些方方面面的考虑能够协调一致。同样地，在制订创业计划书的过程中，创业者往往能够重新发现自己所具有的竞争优势，面临的新机遇或某些不足。只有将计划书付诸纸上，才能确保提高你管理企业的能力。你也可以集中精力，抢在情况恶化之前对付计划书中出现的任何偏差，而且你会有足够的时间为未来做准备，做到防患于未然。

3. 承诺功能——向合作伙伴提供书面承诺

一方面，创业计划书作为创业者与投资人之间签署的合同附件，从而在法律意义上，其将成为创业者对投资人的承诺书；另一方面，创业计划书也体现了核心领导对团队成员或者上级对下级的承诺，尤其是战略目标的定位、未来发展的规划、行动方案的提出都是一种书面的承诺，从而避免出现朝令夕改的问题。

创业计划书为业务合作伙伴和其他相关机构提供信息。在编撰计划书过程中，最重要的目的是找到战略合作伙伴，以期企业更加充满活力，达到多方的共同发展。

创业计划书是一份全方位的商业计划，其主要用途是便于投资商对企业或项目做出评判，从而使企业获得融资。创业计划书有相对固定的格式，它几乎包括投资商所有感兴趣的内容。

创业计划书的好坏，往往决定了投资交易的成败。对初创的风险企业来说，创业计划书的作用尤为重要。当您选定了创业目标与确定创业的动机后，在资金、人脉、市场等各方面的条件都已准备妥当或已经累积了相当实力，这时候，就必须提供一份完整的创业计划书，创业计划书是整个创业过程的灵魂。

第二节　撰写创业计划书

一、创业计划书的撰写要素

那些既不能给投资者以充分的信息也不能打动投资者的创业计划书，其最终结果只能是被投资者放弃。为了确保创业计划书能"击中目标"，创业者应做到以下几点。

1. 关注产品

在创业计划书中，应提供所有与企业的产品或服务有关的细节，包括企业所实施的所有调查。这些问题包括：产品正处于什么样的发展阶段？它的独特性怎样？企业分销产品的方法是什么？谁会使用企业的产品，为什么？产品的生产成本是多少，售价是多少？企业发展新的现代化产品的计划是什么？把出资者拉到企业的产品或服务中来，这样出资者就会和创业者一样对产品有兴趣。在创业计划书中，企业家应尽量用简单的词语来描述每件事——商品及其属性的定义对企业家来说是非常明确的，但其他人却不一定清楚它们的含义，制订创业计划书的目的是不仅要使出资者相信企业的产品会在世界上产生革命性的影响，同时也要使他们相信企业有证明它的论据。创业计划书对产品的阐述，要让投资者感到："噢，这种产品是多么美妙、多么令人鼓舞啊！"

2. 敢于竞争

在创业计划书中，创业者应细致分析竞争对手的情况。竞争对手是谁？其产品与本企业的产品相比，有哪些相同点和不同点？竞争对手所采用的营销策略是什么？要明确每个竞争者的销售额、毛利润、收入以及市场份额，然后再讨论本企业相对于每个竞争者所具有的竞争优势，要向投资者展示顾客偏爱本企业的原因：本企业的产品质量好、送货迅速、定位适中、价格合适等，创业计划书要使投资者相信，本企业不仅是行业中的有力竞争者，而且将来还会是确定行业标准的领先者。在创业计划书中，企业家还应阐明竞争者给本企业带来的风险以及本企业所采取的对策等。

3. 了解市场

创业计划书要给投资者提供企业对目标市场的深入分析和理解，要细致分析经济、地理、职业以及心理等因素对消费者选择购买本企业产品这一行为的影响，以及各个因素所起的作用。创业计划书中还应包括一个主要的营销计划，计划中应列出本企业打算开展广告、促销以及公共关系活动的地区，明确每一项活动的预算和收益。创业计划书中还应简述企业的销售战略：企业是使用外面的销售代表还是使用内部职员？企业是使用转卖商、分销商还是特许商？企业将提供何种类型的销售培训？此外，创业计划书还应特别关注销售中的细节问题。

4. 表明行动方针

企业的行动计划应该是无懈可击的。创业计划书中应该明确下列问题：企业如何把产品推向市场，如何设计生产线，如何组装产品；企业生产需要哪些原料；企业拥有哪些生产资源，还需要什么生产资源；生产和设备的成本是多少；企业是买设备还是租设备；并解释与产品组装、储存以及发送有关的固定成本和变动成本的情况。

5. 展示管理团队

把一个思想转化为一个成功的风险企业，其关键的因素就是要有一支强有力的管理队伍。这支队伍的成员必须有较高的专业技术知识、管理才能和多年工作经验，要给投资者这样一种感觉："看，这支队伍里都有谁！如果这个公司是一支足球队的话，他们就会一直杀入世界杯决赛！"管理者的职能就是计划、组织、控制和指导公司实现目标的行动。在创业计划书中，应首先描述一下整个管理队伍及其职责，然后再分别介绍每位管理人员的特殊才能、特点和造诣，细致描述每个管理者将对公司所做的贡献。创业计划书中还应明确管理目标以及组织机构图。

6. 出色的计划摘要

创业计划书中的计划摘要也十分重要，它必须能让阅读者有兴趣并渴望得到更多的信息，给读者留下长久的印象。计划摘要是创业者所写的最后一部分内容，但却是出资者首先要看的内容，它将从计划中摘录出与筹集资金最相关的细节，包括对公司内部的基本情况、公司的能力以及局限性、公司的竞争对手、营销和财务战略、公司的管理队伍等情况的简明而生动的概括。如果公司是一本书，它就像是这本书的封面，做得好就可以吸引投资者。计划摘要应使风险投资家有这样的印象："这个公司将会成为行业中的巨人，我已等不及要去读计划书中的其余部分了。"

🔑 创业小贴士

创业计划书关注重点在 6M、6C

1. 6M

6M 指的是：

商品 (Merchandise)：所要卖的商品与服务最重要的吸引力是什么。

市场 (Markets)：要影响的人们是谁。

动机 (Motives)：他们为何要买，或者为何不买。

信息 (Messages)：所传达的主要想法、信息与态度是什么。

媒介 (Media)：怎样才能得到这些潜在顾客。

测定 (Measurements)：以什么准则测定所传达的成功和所要预期达成的目标、创业计划团队的最佳组合、专业技术人员。

2. 6C

6C 指的是：

概念 (Concept)：在计划书里能让读者很快了解企业生产的物品或服务。

顾客 (Customers)：明确顾客的范围，即产品的市场定位。

竞争者 (Competitors)：波特五力模型 (行业新进入者的威胁、供应商的议价能力、购买商的议价能力、替代产品的威胁、同业竞争者的竞争强度)。

能力 (Capabilities)：强调的是创业团队的能力。

资本 (Capital)：资本可以是现金也可以是资产，即分计划需要详细制订。

永续经营 (Continuation)：未来计划的制订，应随时检查、随时更正。

二、创业计划书的主要内容

(一) 计划摘要

计划摘要列在创业计划书的最前面，它浓缩了创业计划书的精华。计划摘要涵盖了计划的要点，应言简意赅，以便阅读者能在最短的时间内评审计划并作出判断。

1. 内容

计划摘要一般包括以下内容：公司介绍，主要产品和业务范围，市场概貌，营销策略，销售计划，生产管理计划，管理者及其组织，财务计划，资金需求状况等。

在介绍企业时，首先要说明创办新企业的思路，新思想的形成过程以及企业的目标和发展战略。其次，要交代企业现状、过去的背景和企业的经营范围。在这一部分中，要对企业以往的情况做客观的评述，不回避失误。中肯的分析往往更能赢得信任，从而使人容易认同企业的创业计划书。最后，还要介绍一下创业者自己的背景、经历、经验和特长等。企业家的素质对企业的成绩往往起关键性的作用。在这里，企业家应尽量突出自己的优点并表示自己强烈的进取精神，以给投资者留下一个好印象。在计划摘要中，企业还必须回答以下问题：

(1) 企业所处的行业，企业经营的性质和范围；

(2) 企业主要产品的内容；

(3) 企业的市场在哪里，谁是企业的顾客，他们有哪些需求；

(4) 企业的合伙人、投资人是谁；

(5) 企业的竞争对手是谁，竞争对手对企业的发展有何影响。

2. 要求

摘要要尽量简明、生动。特别要详细说明企业自身的不同之处以及企业获取成功的市场因素。如果企业家了解他所做的事情，摘要仅需 2 页纸就足够了；如果企业家不了解自己正在做什么，摘要就可能要写 20 页纸以上。因此，有些投资家就依照摘要的长短来"把麦粒从谷壳中挑出来"。

（二）产品（服务）介绍

在进行投资项目评估时，投资人最关心的问题之一就是风险企业的产品、技术或服务能否以及在多大程度上解决现实生活中的问题，或者风险企业的产品（服务）能否帮助顾客节约开支，增加收入。因此，产品（服务）介绍是创业计划书中必不可少的一项内容。

1. 内容

产品介绍应包括以下内容：产品的概念、性能及特性，主要产品介绍，产品的市场竞争力，产品的研究和开发过程，发展新产品的计划和成本分析，产品的市场前景预测，产品的品牌和专利。

2. 要求

在产品（服务）介绍部分，创业者要对产品（服务）做出详细的说明，说明要准确且通俗易懂，使非专业人员的投资者也能明白。产品介绍通常都要附上产品原形、照片或其他介绍。一般地，产品介绍必须要回答以下问题：

(1) 顾客希望企业的产品能解决什么问题？顾客能从企业的产品中获得什么好处？

(2) 企业的产品与竞争对手的产品相比有哪些优缺点？顾客为什么会选择本企业的产品？

(3) 企业为自己的产品采取了何种保护措施？企业拥有哪些专利、许可证，或与已申请专利的厂家达成了哪些协议？

(4) 为什么企业的产品定价可以使企业产生足够的利润？为什么用户会大批量地购买企业的产品？

(5) 企业采用何种方式去改进产品的质量、性能，企业对发展新产品有哪些计划等？

产品（服务）介绍的内容比较具体，因而写起来相对容易。虽然夸赞自己的产品是推销所必需的，但应该注意，企业所做的每一项承诺都要努力去兑现。要牢记，创业者和投资者所建立的是一种长期合作的伙伴关系。空口许诺，只能得意于一时，如果企业不能兑现承诺，不能偿还债务，那么企业的信誉必然会受到极大的损害。

（三）人员及组织结构

有了产品之后，创业者第二步要做的就是结成一支有战斗力的管理队伍。企业管理的好坏，直接决定了企业经营风险的大小。而高素质的管理人员和良好的组织结构则是管理好企业的重要保证。因此，风险投资者会特别注重对管理队伍的评估。

企业的管理人员应该是互补型的，而且要具有团队精神。一个企业必须要具备负责产品设计与开发、市场营销、生产作业管理、企业理财等方面的专门人才。在创业计划书中，必须要对主要管理人员加以阐明，介绍他们所具有的能力，他们在本企业中的职务和责任，他们过去的详细经历及背景。此外，在这部分创业计划书中，还应对公司结构做一些简要介绍，包括：公司的组织机构图，各部门的职能与责任，各部门的负责人及主要成员，公司的报酬体系，公司的股东名单（包括认股权、比例和特权），公司的董事会成员，各位董事的背景资料。

（四）市场预测

1. 预测对象

当企业要开发一种新产品或向新的市场扩展时，首先就要进行市场预测。如果预测的结果并不乐观，或者预测的可信度让人怀疑，那么投资者就要承担更大的风险，这对多数风险投资家来说都是不可接受的。

首先，市场预测要对需求进行预测：市场是否存在对这种产品的需求？需求程度是否可以给企业带来所期望的利益？新的市场规模有多大？需求发展的未来趋向及其状态如何？影响需求的因素有哪些？

其次，市场预测还要包括对市场竞争的情况——企业所面对的竞争格局进行分析：市场中主要的竞争者有哪些？是否存在有利于本企业产品的市场空档？本企业预计的市场占有率是多少？本企业进入市场会引起竞争者怎样的反应，这些反应对企业会有什么影响？

2. 预测内容

在创业计划书中，市场预测应包括以下内容：市场现状综述，竞争厂商概览，目标顾客和目标市场，本企业产品的市场地位，市场区域和特征等。风险企业所面对的市场具有变幻不定的、难以捉摸的特点，因此，风险企业对市场的预测应建立在严密、科学的市场调查基础上，应尽量扩大收集信息的范围，重视对环境的预测及采用科学的预测手段和方法。创业者应牢记的是，市场预测不是凭空想象出来的，对市场错误的认识是企业经营失败最主要原因之一。

（五）营销策略

1. 影响营销策略的主要因素

营销是企业经营中最富挑战性的环节，影响营销策略的主要因素有：消费者的特点，产品的特性，企业自身的状况，市场环境方面的因素。最终影响营销策略的则是营销成本和营销效益因素。

2. 营销策略内容

在创业计划书中，营销策略应包括以下内容：市场机构和营销渠道的选择，营销队伍和管理，促销计划和广告策略，价格决策。

对创业企业来说，由于产品和企业的知名度较低，很难进入其他企业已经稳定的销售渠道中去。因此，企业不得不暂时采取高成本、低收益的营销战略，如上门推销，发商品广告，向批发商和零售商让利，或交给任何愿意经销的企业销售。对发展企业来说，它一方面可以利用原来的销售渠道，另一方面也可以开发新的销售渠道，以适应企业的发展。

（六）生产制造计划

创业计划书中的生产制造计划应包括以下内容：产品制造和技术设备现状，新产品投产计划，技术提升和设备更新的要求，质量控制和质量改进计划。

在寻求资金的过程中，为了增大企业在投资前的评估价值，创业者应尽量使生产制造计划更加详细、可靠。一般地，生产制造计划应回答以下问题：企业生产制造所需的厂房、设备情况如何；怎样保证新产品在进入规模生产时的稳定性和可靠性；设备的引进和安装情况，谁是供应商；生产线的设计与产品组装是怎样的；供货者的前置期和资源的需求量；生产周期标准的制定以及生产作业计划的编制；物料需求计划及其保证措施；质量控制的方法是怎样的等相关问题。

（七）财务规划

财务规划需要花费较多的精力来做具体分析，其中包括现金流量表、资产负债表以及损益表的制作。流动资金是企业的生命线，因此企业在初创或扩张时，对流动资金需要有预先周详的计划和进行过程中的严格控制；损益表反映的是企业的盈利状况，它是企业在一段时间运作后的经营结果；资产负债表则反映在某一时刻的企业状况，投资者可以用从资产负债表中的数据得到的比率指标来衡量企业的经营状况以及可能的投资回报率。

1. 内容

财务规划一般要包括以下内容：创业计划书的条件假设，预计的资产负债表，预计的损益表，现金收支分析，资金的来源和使用。

2. 要求

可以这样说，一份创业计划书概括地提出了在筹资过程中创业者需做的事情，而财务规划则是对创业计划书的支持和说明，因此，一份较好的财务规划对评估风险企业所需的资金数量，提高风险企业取得资金的可能性是十分关键的。如果财务规划准备得不好，会给投资者以企业管理人员缺乏经验的印象，降低风险企业的评估价值，同时也会增加企业的经营风险，那么如何制订好财务规划呢？这首先要取决于风险企业的远景规划——是为一个新市场创造一个新产品，还是进入一个财务信息较多的已有市场。着眼于一项新技术或创新产品的创业企业不可能参考现有市场的数据、价格和营销方式，因此创业企业预测所进入市场的成长速度和可能获得的纯利，并把其设想、管理队伍和财务模型推销给投资者，而准备进入一个已有市场的风险企业则可以很容易地说明整个市场的规模和改进方式。风险企业可以在获得目标市场的信息的基础上，对企业前一年的销售规模进行规划。企业的财务规划应保证和创业计划书的假设相一致。事实上，财务规划和企业的生产计划、人力资源计划、营销计划等都是密不可分的。要完成财务规划，必须要明确下列问题：

(1) 产品在每一个期间的发出量有多大？

(2) 什么时候开始产品线扩张？

(3) 每件产品的生产费用是多少？

(4) 每件产品的定价是多少？

(5) 使用什么分销渠道？所预期的成本和利润是多少？

(6) 需要雇用哪几种类型的人？

(7) 雇用何时开始？工资预算是多少？

🔍 **创业小贴士**

创业计划书的"十要"与"三忌"

1. 十要

一要精简。以 2～3 页的执行大纲为序言，主体内容以 7～10 页为佳。注重企业内部经营计划和预算的字数，而一些具体的财政数据则可留待下一次会议时面谈。

二要第一时间让阅读者知道公司的业务类型，不能在最后一页才提及经营性质。

三要声明公司的目标。

四要阐述为达到目标所制定的策略与战术。

五要陈述公司需要多少资金、用多久及怎么用的事情。

六要一个清晰和符合逻辑的让投资者撤资的策略。

七要提交企业的经营风险。

八要有具体资料，有根据和有针对性的数据必不可少。

九要将企业计划书附上一个具有吸引力且得体的封面。

十要预备额外的拷贝文件以作快速阅读之用，还要准备好财政数据。

2. 三忌

一忌用过于技术化的词语形容产品或生产运营过程，尽可能用通俗易懂的条款，使阅读者容易接受。

二忌用含糊不清或无确实根据的陈述或结算表。比如，不要仅粗略说"销售在未来两年会翻两番"，又或是在没有细则陈述的情况下就说"要增加生产线"等。

三忌隐瞒事实之真相。

三、创业计划书的撰写原则

一份好的创业计划书必须呈现竞争优势与投资者的利益，同时也要具体可行，并提出尽可能多的客观数据来加以佐证。撰写过程中应具体把握以下原则。

1. 市场导向原则

利润来自市场的需求，没有明确的市场需求分析作为依据，所撰写的创业计划书将是空泛的、无意义的。因此，创业计划书应以市场导向的观点来撰写，要充分显示对市场现状的把握与未来发展的预测，同时要说明市场需求分析所依据的调查方法与实事证据等。

2. 文字精练原则

创业计划书应避免那些与主题无关的内容，要开门见山、直切主题并清晰明了地把自己的观点亮出来。风险投资者没有时间，也不愿意花过多的时间来阅读一些对他来说毫无意义的内容。文字精练、观点明确，才能引起投资者的注意和兴趣，从而提高融资成功的概率。

3. 前后一致原则

因为创业计划书的内容复杂繁多，容易出现前后不一、自相矛盾的现象。如果出现这种情况，让人很难明白，甚至对创业计划产生怀疑。所以，整个创业计划书前后的基本假设或预估要相互呼应，保持一致。

4. 呈现竞争优势原则

撰写创业计划书的重要目的之一是为投资者或贷款人提供决策依据，借以融资。因此，创业计划书中要呈现出具体的竞争优势，显示经营者创造利润的强烈愿望，并明确指出投资者预期的报酬。但同时也应该说明可能遇到的风险或威胁，不能只强调优势和机遇而忽略不足与风险。

5. 便于操作原则

创业计划书是创业者拟定的创业行动蓝图，因此，它必须具有很强的可操作性，以便于实施。特别是其中的营销计划、组织结构、管理措施、应对风险的方法和策略等，必须具有可行性和可操作性。

6. 通俗易懂原则

创业计划书中应尽量避免使用技术性很强的专业术语，这些术语不是谁都可以看得明白的，过多的专业术语会影响阅读者的兴趣，让他们觉得太深奥。即使不得已要使用专业术语，也应该在附录中加以解释和说明。

7. 客观实际原则

创业计划书中的所有内容必须实事求是，即使是财务规划也要尽量客观、实际，切勿凭主观意愿进行估计。创业者必须事先进行大量的调查和科学分析，尽量陈列出客观、可供参考的数据与文献资料。

四、创业计划书的信息搜集

信息搜集有间接法和直接法两种。

1. 间接法

间接法包含以下内容。

(1) 互联网。

(2) 统计部门与各级各类政府主管部门公布的有关资料。

(3) 各种经济信息中心、专业信息咨询机构、各行业协会和联合会提供的信息和有关行业情报。

(4) 国内外有关书籍、报纸、杂志所提供的文献资料，包括各种统计资料、广告资料等。

(5) 有关生产和经营机构提供的商品目录、广告说明书、专利资料及商品价目表等。

(6) 各地电台、电视台提供的有关信息。

(7) 各种国际组织、商会等提供的国际市场信息。

(8) 国内外各种博览会、展销会、交易会、订货会等促销会议以及专业性学术型经验交流会议上所发放的文件和材料。

2. 直接法

直接法包括问卷调查法、面谈访问法、电话询问法、观察调查法、实验法等。

第三节　创 业 路 演

■ 一、创业路演的内容

创业路演是一项全新的实习实训，与传统单一课程的实习实践项目不同，创业路演是一门综合性、覆盖多门课程的实习实训；与顶岗实习不同，创业路演中，学生在完成规定动作的前提下，自由按照其兴趣爱好和意愿，找寻机会、整合资源；与专业技能训练不同，创业路演从多角度展现和考查学生的专业能力和素质；与技能大赛等竞技项目不同，创业路演为学生提供了真实的市场环境；与盲目的路演不同，创业路演前期有筛选，中期有指导，后期有延续；与学生毕业后创业不同，创业路演过程中指导教师、企业专家会为学生提供全程辅导，给学生提供参考意见。

通过创业路演，学生可以全面实践理论知识，学以致用，实现创业运作能力、新产品与新技术开发能力、市场开拓与营销能力、妥善处理社会关系能力、资本运营能力以及组织管理能力的全面发展。在创业路演过程中，学生可以复习以往所学的理论内容，查阅有关资料，相关专业教师全程跟踪辅导，为创业路演的顺利完成奠定基础。

■ 二、创业路演的特征

1. 对接学生的所学专业，帮助学生做好创业准备

进入信息时代，网络技术颠覆了人们的生活方式，进入创业市场的门槛越来越低，创业的机会也越来越多，但相对于更高学历的本科生和研究生而言，中职学生的专业技术水平相对较低，专门以某一项技术专业等形式创业的情况不多，对中职学生来说，更多需要的是对资源的整合。中职生创业想法多、经验少，对创业风险的预期不足。通过创业路演项目，延长学生在校期间的实训时间。

2. 注重创业心理教育

不是所有学生都适合创业，更不是所有学生都能创业。能走上自主创业之路，并获成功的是其中的极少数，也是精英中的精英。能够创业的大学生，除了具有清醒、正确的创业动机，还必须具备健康的创业心理教育。实施创业路演项目过程既要善于交往又要具有相对独立的人格魅力，更需要一个团队的协同努力；既要注重锻炼沟通的方式和技巧，提升交往能力，提高办事效率和成功的机会，又要注重锻炼个人独立思考、决断能力，凡事应在集中大家的智慧的基础上，形成自己的独特见解和主张；既要有敢于冒险创新，又有善于自我控制的基本素质；既要有坚强意志，又要有随机应变的驾驭能力。创业要有坚持不懈的努力和坚韧不拔的意志，又不能因一时的挫折丧失信心，而应根据形势及市场变化随机应变。

三、创业路演的实施过程

创业路演的实施过程分为四个阶段：准备阶段、设计阶段、实施阶段和反馈阶段。

1. 创业路演准备阶段

在创业路演准备阶段，学生首先接受通识知识、专业知识和专业能力等课堂理论知识的训练，教师在相关的课程设计过程中（主要是专业知识和专业能力课程中）有意识地启发学生，把创业教育融入专业课教学，设计创业相关环节，既启发学生思维，又磨炼学生的创业意志。学校通过组织开展创业活动，如邀请企业家创业交流会、企业家报告宣讲、学生创业大赛等，营造创业氛围。通过组织学生参加创业技能大赛，制定并不断完善学生自主创业的支持政策，为学生接下来的项目做好准备。

2. 创业路演设计阶段

创业路演设计不是盲目的，需要有充足的时间进行准备。准备阶段完成后，由学生提出创业项目，可以由一个学生提出想法，也可以是团队智慧的结晶。若仅由一个学生提出想法，学生须选择相应的合作者，最终都是要求学生以团队的形式作战。学生提出创业项目后，做出可行性报告，教师、企业人员从专业的角度予以指导，给出评审意见；对不可行的项目提出改进方案或要求重新选择项目。对项目的评判将主要从企业市场需求、项目对专业知识的创新性贡献、项目的可操作性等角度做出，企业除了帮助做出可行性评价外，还需要对可行性项目予以资金和技术上的支持。

3. 创业路演实施阶段

这一阶段是前两个阶段成果的一种实践，学生以团队的形式，将项目方案逐步实施。这一阶段教师对学生影响相对较小，学生可以听取教师的建议，也可以按照自己的思路完成。学生对项目自负盈亏，因为企业对项目资金和技术的支持解决了很多创业者对资金的顾虑，学生实际亏损的可能性也非常小，学校在这一阶段主要为创业学生提供场地支持及合作企业，创业路演也鼓励学生独自找寻与其项目更匹配的企业，且能够与其成功协商使其成为新的校企合作的成员。

4. 创业路演反馈阶段

这一阶段主要是对创业路演效果的反馈，也是对项目目标完成情况的检验，主要考察的内容包括校企深入融合的情况、教师能力提升情况、学生成长情况和创业项目的持续发展情况等几个方面，这几方面的情况主要按照创业项目设计中提出的可行性方案设计的指标进行考核。项目反馈在时间和形式上没有限制，由于教师的能力、学生成长等不易量化的指标需要时间的积累才能显现，因此，创业路演在这个阶段完成后并未结束，而是会转入下一次的创业路演中，这样将创业路演可持续地发展下去。

四、创业路演的优势

创业路演的好处在于可以同时让多个投资者很认真地聆听你的讲解和说明，同时还可以有一个思考和交流的过程。通常情况下，投资者每天看到的计划书和接触的项目很多，甚至有的投资者一天阅读上百份项目计划书，所以筛选项目往往只能凭借一些市场份额、盈利水平等硬性指标，很难了解项目的精彩之处，很多优质的企业都是因此而与投资者擦肩而过。

路演就是可以让投资者在安静的环境里，在创业者声情并茂的展示下，真正读懂企业的项目，从而做出更为准确的判断。

特别对于一些技术性强的项目，更能减少出现投资者看不懂和不理解项目的弊端。创业者可以通过精辟讲解和投资者之间的交流，快速对接自己的项目，避免融资之路上的弯路。

▌ 五、路演答辩技巧

想要获得合作，创业者可以通过多种途径获得和投资者见面的机会，路演就是其中重要的一个环节。对于创业者来说，通过路演活动能够让投资者对自己的项目印象深刻，并且有深入了解的想法。那么，创业者怎样才能做好一场让投资者无法拒绝的路演呢？

1. 只要花 10 分钟

路演的时间控制非常重要，一个闪亮的创意如果能够更简洁地表现出来，效率就会更高。在讲解路演 PPT 时要掌握好节奏，不要急于收尾；如果使用幻灯片，那么在一张幻灯片上停留的时间不要超过 3 分钟。最好的路演时间，大概 10 分钟左右，如果投资者真的感兴趣，他们会问问题。要想把控好路演时间，要做好下面几点：

(1) 准备一份清晰简洁的路演材料，避免出现密密麻麻的文字。复杂的文字容易分散投资者过多的注意力，喧宾夺主，尽量用简单的图表代替文字。

(2) 如果创业者是技术出身不擅长社交，那么可以让企业合伙人做项目展示，创业者则作为旁听者，在必要的时候做补充。

(3) 对公司的各项指标要比任何人都了解，无论是运营指标还是财务状况。

(4) 提前对评委做些简单的功课，有利于你和投资者交流。

(5) 列出项目大纲，梳理自己的观点，分清项目的重点和次重点，并据此安排路演中每部分需要花费的时间。

(6) 明确产品的定位。

(7) 建议提前演练，做到严格控制路演时间，基本上只有 10% 的人可以在给定的时间内将项目介绍完整。

(8) 要有备份计划，提前想好投资者可能会问的问题和答案，做最坏的打算，路演中一旦出现事故或者变化，可以随机应变。

除了上述技巧外，下面几点也要注意：切忌面面俱到，要分清主次，不是主要的内容只需要一两句话的介绍，点到即止，但也不能省略；不要犯根本性的错误，即对市场或方向判断错误；现场演示时，可以做录制好的演示，但现场演示耗费时间，没有十分的必要也可以采用其他的形式代替，不过对于一些特殊的项目（比如说技术应用类、娱乐类），演示能给人带来很震撼的效果，例如一个聚集了户外活动爱好者的平台，视频的展示远比演讲传达的内容更多。

2. 把路演变成讲故事

讲故事的方式非常能够抓住倾听者的关注，这是得到论证过的。此外，这种方式也能让路演变得令人难忘。投资者其实并不喜欢幻灯片、估值、数字之类的，如果他们想要了解那些信息，可以通过其他途径。所以，在投资者面前不要班门弄斧，你可以告诉他们自己的创业故事，每个人都喜欢听好故事，即便是最看重数据的投资者也不例外。你的重点是要引起投资者的关注，让他们愿意为你投钱。

3. 准确解释产品或服务

不要只给投资者"画大饼"，要给他们展示一个实实在在的产品。这里要注意的是，不要过分解释产品特性，投资者最关心的其实是产品如何能赚到钱，准确解释产品或服务的与众不同之处。如果了解这一点，就能容易从投资者那里拿到投资。

4. 准确解释目标受众群

尝试利用人口特征和心理特征来定位客户群，如果给投资者展示一些客户数据，则会更有说服力。

5. 一个无懈可击的营销策略

公司是否能获得成功，营销很重要。如果你有一个营销理念、方法，或是技术，请告诉投资者。相反，如果你有一款很好的产品，但是却无法销售出去，那么也不会获得投资者的青睐。投资者需要看到的是一个无懈可击的营销策略，让你的产品能够上市。此外，如今的投资者会更看重线上营销，这些情况需要格外注意。

6. 解释收入模式

投资者之所以与你合作，无非是希望得到回报。因此路演中投资者问得最多的问题是"你的公司如何盈利？"实际上，他们是在询问你的收入模式。因此，请准确解释自己采用了哪些收入模式，以及如何执行这些模式。

7. 热情而自信的态度

"我现在最关心的事情，就是帮助创业者发展自己的想法。而我最看重的，就是那些对自己产品充满无限热情的创业者。因为激情是无法掩饰的。"一个充满热情的创业者在投资者面前至少能加一半分数。

8. 告诉投资者他们的"退出策略"

一场高级的项目路演，最重要的就是要向投资者展示"退出策略"。实际上很多初创公司都会忽视这个问题，投资者关注的是在短时间内能否赚到钱，但是"短时间"是多久呢？通常5年是一个比较保险的时间范围。之后你需要做的，就是告诉投资者如何在5年之内赚到钱。所谓的退出策略，就是未来你是否会上市？被收购？还是授权连锁？在回答这些问题之前，都要做好准备，比如未来你公司的销售收入或估值可能会达到多少，投资者往往希望得到更多回报，而不是获得一些边际收益。

六、路演PPT的制作要点

路演PPT的制作主要有以下内容。

(1) 在网上下载一个模板或打开一个新的PPT模板。

(2) 第一张PPT应为：此次路演产品的名称＋公司名称＋背景图（一定要大气、简约、一目了然，不要太繁杂)。

(3) 把大纲列出来，让投资者明白你究竟要介绍哪些方面(主要为外观、概况、发展预期、市场分析、财务分析、风险分析)。

(4) 执行纲要——简要介绍团队及 Logo。

(5) 正文第一步：项目概况 (创业目标、计划、成效，一切具有吸引力的东西都可以放进去)。

(6) 进行产品描述，罗列出该产品的服务、传递的理念、独特的功能及作用、核心价值、不可替代性等。

(7) 对市场的分析 (首先用 SWOT、4P 等理论依据进行分析，最后要有调研总结)，对客户群体、营销渠道及方式、定价策略等的分析。

(8) 进行财务分析 (一般包括资产负债表、利润表、融资表等)。

(9) 进行风险分析和规避 (根据行业特点预测风险，如政策风险、技术开发风险、经营管理风险、生产风险等)。

创业小贴士

项目路演的时间控制

路演需要反复练习才能达到效果，所以，在准备完路演幻灯片和创业计划书之后则可以安排演讲练习，或者叫作预路演，对演讲过程提出各种建议，并不断改进。大规模路演在时间上的安排可以参照下面的时间表 (仅供参考)：

(1) 讲故事 (20 ～ 30 秒)；
(2) 解决方案 (20 ～ 30 秒)；
(3) 团队成就 (15 ～ 20 秒)；
(4) 目标市场 (10 ～ 15 秒)；
(5) 获客方式 (20 ～ 30 秒)；
(6) 竞争对手 (15 ～ 20 秒)；
(7) 盈利模式 (30 ～ 50 秒)；
(8) 融资需求 (10 ～ 15 秒)；
(9) 退出机制 (10 ～ 15 秒)。

中型规模路演时间安排在上述建议的基础上，每部分的时间可根据项目及投资人情况调整，控制在 7 ～ 10 分钟，甚至更短时间。路演过程中要预留充足的时间和投资者交流。

医创案例

唯柯医疗：产学研"黄金三角"的创业样本

尚小珂，学医出身，本科毕业于华中科技大学，硕博毕业于武汉大学，2008 年开始做先心病的介入手术，即通过为患者植入被临床广泛应用的封堵器达到治疗目的。

十多年前的封堵器技术，远没有现在这么成熟。手术案例逐渐积累后，尚小珂真切地感受到当时器械技术的不足，比如一些患者植入封堵器后，容易形成血栓等情况。

"结构性心脏病介入手术主要通过植入医疗器械治疗心脏病，所以既要医生技术水平高，也要有好的医疗器械。"尚小珂说，医生技术再好，没有好的器械，也不能形成相辅相成的作用。

也就是从那时起，尚小珂对医疗器械产生了浓厚的兴趣，并希望做一个真正符合患者临床需求的封堵器。为此他辗转找到当时国内最顶尖的心脏封堵器研发团队，专门学习了解封堵器的研发、设计、制造全流程。

其间，尚小珂结识了在一家世界500强医疗器械企业任职、主要负责高风险类植入人体的三类医疗器械注册申报工作的王雪丽，以及主导我国第一代封堵器研发的陈松。三人经常在一起交流结构性心脏病介入器械的发展，也萌生了想要一起创业的想法。不过当时他们都很年轻，在各自领域还没有足够的影响力，创业想法便搁置了。

搁置并不代表放弃，而是准备好后再出发。十年后，尚小珂已在武汉协和医院心外科工作，成为国内顶尖心外科介入医生，他深知医疗器械的创新是个非常艰难的过程，再好的理念也需要优秀的团队去实践，也深切明白一个专业互补的核心团队对于产业化的重要性，因此他向王雪丽和陈松抛出了橄榄枝，彼时的王雪丽已主导了十余个三类医疗器械产品的注册取证，陈松也积累了更丰富的心血管植入器械研发经验。三人一拍即合，便组成了产学研的"黄金三角"创业团队。作为领导者，他在创业之初就组建了一个集医生、资深工程师和产业管理人员的核心团队，并发挥各自优势，各司其职、各管一方，这也是唯柯医疗发展较为顺利的核心因素。

2018年，唯柯医疗在生物医药产业氛围浓厚的武汉光谷注册成立，专注于心脑血管疾病，尤其是结构性心脏病领域心脏植入器械创新开发，选择研发的首款产品便是封堵器。

之所以选择从封堵器做起，是因为这款产品临床需求高，我国每年新增患者约10万例。同时封堵器的技术相对成熟，市面上国内外的产品都有，被应用和接受程度较高，创业风险相对较小，且封堵器的技术仍有待提升，比如适应性和安全性等方面。唯柯医疗通过金属切割编织技术，很快研发出"新一代纳米膜卵圆孔未闭封堵器"。临床数据显示，与国内现有的封堵器相比，该款产品能有效减少血栓风险，且毒性等副作用更小。

创业当年，尚小珂携该款封堵器参加了光谷"3551"国际创业大赛，获得当年大赛的二等奖和最佳人气奖。次年，唯柯医疗获得比邻星创投千万元A轮投资。

尚小珂透露，公司研发的首款封堵器产品，已在全国多个知名心外科中心完成200余例临床试验，2023年4月获得证书。

在尚小珂看来，唯柯医疗要想在结构性心脏病领域成为创新性的企业，还应有更具典型性的创新产品，公司的封堵器产品只能算是"升级换代"，而不是首创性产品。

公开数据显示，我国现有心衰患者超过1200万人，且以每年新发约300万人高速增长。与此同时，尽管国外市面上已有相关产品，但国内产品还处于"从0到1"的状态。

在此背景下，以治疗先心病的封堵器为基础，唯柯医疗围绕心脏瓣膜病和心力衰竭进行了产品布局：自主研发的D-shant心房分流器，是国内首创、国际领先的心衰介入治疗器械，于 2020 年 4 月完成首例人体植入，标志着我国在这一领域实现"零"的突破，目前已完成超 100 余例人体临床入组；同样也是国内首创，无须麻醉和心脏起搏且经皮介入的"超级瓣膜"，已经完成动物试验验证，即将开启人体临床试验。

红杉中国合伙人杨云霞评价，心房分流器对于心衰治疗的意义，正在全球范围内被越来越多的专家接受。针对主动脉瓣反流的 TAVR(经导管主动脉瓣置换术)，也是一款适合我国主动脉瓣膜病流行病学特点的产品。在这些领域，唯柯医疗都是先行者之一。

做好心脏的守护者是唯柯医疗的定位，尚小珂说："从封堵器到心房分流器和超级瓣膜，我们已完成从第一阶段到第二阶段的跃变，目前正向第三阶段进军即布局人工心脏。公司计划 3 年内在科创板上市，志在成为心血管创新医疗器械的龙头企业。"

思考与行动

1. 请简述创业计划书的意义。

2. 请简述创业计划书的内容。

3. 请在撰写创业计划书之前，试着评估一下自己的创业计划书是否可行，请回答以下问题。

(1) 能否写下你的创业构想和创业计划？

(2) 你真正了解你所从事的行业吗？

(3) 你看到过和你想法类似的创业吗？

(4) 你的想法经得起时间的考验吗？

(5) 你的想法是为自己还是为别人？

(6) 你有没有一个好的网络资源？

4. 课堂讨论。

某高校准备一次创业路演，邀请校内创业团队参加，并邀请了 3 位校内专家和 3 位校外创业导师参加答辩，每个队伍发言时间规定是 5 分钟。小王的团队排在全部 12 个队伍的第 1 名发言，你认为小王的路演 PPT 要考虑哪些因素？尝试填写如表 8-1 所示的路演环境分析表。

表 8-1　路演环境分析表

路演环境分析要素	细　节
路演目标	
路演时长	
路演人员	
路演方式	
路演环境	
投资者心态	
竞争对手	

第九章　创建运营新企业

学习目标

1. 了解创业模式的分类。
2. 熟悉大学生创业的模式。
3. 掌握新创企业的经营管理。
4. 了解新产品的分类，熟悉新产品开发策略和开发程序。
5. 理解创业失败的普遍性，掌握影响创业成败的因素，提高创业失败管理技能。

名家寄语

开创则更定百度，尽涤旧习而气象维新；守成则安静无为，故纵胜废萎而百事隳坏。

——康有为

案例导读

大疆科技的崛起历程

俗话说"十年磨一剑"，这句话用在汪滔身上再合适不过了。2016 年在深圳的政协会议上，出现了许多 80 后创业者的面孔，大疆科技创始人汪滔就是其中的一位。戴着鸭舌帽和眼镜的这位男士看上去和这个有着 3000 人员工的大企业 CEO 并不符合。年轻纯粹的心是他对于科技事业最好的初衷。

在十年以前，大疆科技还只是一个只有五六个人的小团队。2005 年，汪滔在香港科技大学就读时就将自己毕业论文的题目定为"直升机自主悬停技术"。他相信庞大的直升机技术也可以在航拍爱好者身上实现。

得到 1.8 万港币研发经费的汪滔开始了自己创作，好不容易做出了一台机型后却在课题汇报上出现了差错，他设计的飞机在空中演示时掉了下来。最终的课题汇报只得到了一个"C"的成绩，但这个失败并没有让汪滔气馁，反而更加激发了他的斗志。课题失败后，汪滔一个人跑到了深圳，开始自己钻研悬停技术。终于在2006年的1月做出了第一台样品，并在航拍爱好者中广受好评，这时的汪滔开始了自己的自主创业。最初他叫上了一起做实验课题的两位伙伴，创立了大疆科技。招聘人员的历程是痛苦的，当时汪滔团队基本招不到高科技人才，都是找到人后在参观办公地点时别人就不乐意了，一看是小作坊，人掉头就走。

这是每个创业者在创业之初都会经历的阵痛期，但坚持自己的想法就一定会有出路，这样来看，汪滔其实也是一个不轻易认输的人。经过不懈地努力，在大疆科技创立2年后，第一个较为成熟的直升机飞行系统XP3.1问世。中国国内的直升机自主悬停技术在大疆科技上取得了突破性的进展，并立即引爆市场。

由于当时我国直升机自主悬停技术在民用市场十分稀缺，汪滔的技术很快就获得了业界认可，一个单品在当时售价20万元。汪滔透露，在市场得到积极反馈时，钱确实好赚了，但是潜在的危机也随之而来，由于价格确实是过高，初期成功的汪滔开始了转型。当时多旋翼的飞行器开始流行，汪滔在这个时候产生了灵感。既然航拍那么火，在解决飞机的技术问题后，相机还要重新购买然后再次安装，步骤略显复杂。汪滔就想：为何不合二为一呢？

于是汪滔就开始了相机飞机一体化的研发设计，终于在2012年，大疆精灵Phantom1横空出世（见图9-1），高度的集成一体化很快就获得了消费者的认可，在航拍飞行领域掀起了一阵风暴，很快就引爆了整个无人机领域的使用需求，大疆科技从此走上了无人机领域的巅峰。截至目前，大疆科技在我国无人机领域占据了70%的份额。

图9-1　大疆精灵

汪滔说过，大疆科技的成功源自于对于产品专注的态度，这也是每一个智能硬件开发者所必须具有的态度。

在智能硬件崛起的时代，大疆科技让我们看到了中国制造业的未来。高质量、高标准、高水平，这些以前很少在智能硬件圈出现的词汇，如今已经在我们国家的科技企业开始逐渐衍生，相信未来会有更多像大疆科技一样的企业不断出现，让中国智能硬件圈在世界展现出不一样的风采！

第一节　认识与选取创业模式

创业模式是创业者为保障自身的创业理想与权益，而对各种创业要素的合理搭配，包括确定创业的组织形式、创业的方式，选择创业的行业。在创业之初，第一个重要选择就是寻找一个适合自己的创业模式，对一个创业者来说，一个真正好的模式，应该是适合自己的，即自己有能力操作而且能把现有的资源有效整合进入的。

■ 一、创业模式内涵的界定

目前，研究创业模式的文献对创业者的动机，创业者对机会的识别和挖掘，基于创新层次和公司创业的各种形式等进行了研究。但迄今为止，对于创业模式的内涵尚未有统一且严格的界定。不少专家学者只给出了描述性的定义，如张玉利将创业管理模式界定为经营管理模式——新的创业模式往往意味着新的经营管理模式以及整体竞争力的不断提升。刘源远等提出了"优秀的创业模式"，并将其定位在"创业者为保护自身的创业理想与权益和对各种创业要素的合理搭配"。卢俊卿、张永谦认为"组织创业模式"是"政府、企业和其他相关组织帮助个体创业，以降低企业成本、创业风险，提高创业效率和创业成功率的一种创业模式。"

■ 二、创业模式的分类

（一）从性质类型方面分类

1. 根据创业的营利性分类

根据创业的营利性分类，创业包括营利性质创业和非营利性质创业。但目前，创业研究比较关注营利性质创业。

2. 基于组织类型分类

基于组织类型分类，可分为新创企业和组织内创业，或者说是个体创业和公司创业。个体创业又分为自我雇佣、小企业和本地股票市场的新上市公司。公司创业分为公司投资（在已存在组织中产生新的业务）、战略变革（通过更新或重塑公司的主要方向）和创新。

3. 根据创业的来源分类

根据创业的来源分类，创业模式可分为复制性创业、模仿性创业、演进性创业和创新型创业。

4. 根据创新层次分类

根据创新层次分类，创业模式可分为产品创新、市场营销模式创新以及企业组织管理体系创新的创业模式。

5. 根据创业者出身和创业企业的行业特点分类

根据创业者出身和创业企业的行业特点分类，以工人、农民创业者为主体的、依托传统产业和企业集群的新创企业；知识分子类型的创业者，充分发挥自己拥有的良好的技术背景、技术创新能力和较高的个人素质等。

（二）基于宏观环境下创业模式的划分

1. 民间驱动模式

民间驱动模式指的是创业企业的主要创业资金来源于民间风险投资，而且风险投资决定了企业在成长过程中所遵循的市场规律与成长路径。

2. 政府推动模式

政府推动模式具体表现如政府直接参与创立投资基金；除政府外，风险投资主要来自大型银行、证券机构；在企业成长过程中，政府给予大量的政策上的优惠与扶持，以力保企业生存率。

3. 技术创业模式

技术创业模式是以技术创新与发展为主要动力，以此推动技术型企业创业。根据技术来源，可分为引入技术创业和研发技术创业两类。

4. 普通创业模式

普通创业模式强调以创业主体，特别是在中小型企业中所进行的广泛创业。

创业小贴士

"互联网 +"的 6 大商业模式

互联网作为新时代的产物，激发了人们无穷的想象力和创造力，便捷性、大众化、门槛低等特点使人们将其作为创业的首选。"互联网 +"企业 4 大落地系统（商业模式、管理模式、生产模式、营销模式），其中最核心的就是商业模式的互联网化，即利用互联网精神（平等、开放、协作、分享）重构整个商业价值链。目前来看，基于"互联网 +"的商业模式主要分为 6 种。

1. 工具 + 社群 + 电商模式

互联网使信息交流越来越便捷，志同道合的人更容易聚在一起形成社群。同时，互联网将散落在各地的分散需求聚拢在一个平台上，形成新的共同需求。比如微信最开始就是一个社交工具，先是过滤出海量的目标用户，加入了朋友圈点赞与评论等社区功能，继而添加了微信支付、精选商品、电影票、手机话费充值等商业功能。

2. 长尾型商业模式

长尾理论由美国人克里斯·安德森提出，描述了媒体行业从面向大量用户销售少数拳头产品，到销售庞大数量的利基产品（指该产品表现出的许多独特利益有别于其他产品同时也能得到消费者的认同）的转变。虽然每种利基产品相对而言只产生小额销售量，但其销售总额可以与传统销售模式媲美。通过 C2B(Customer to Business，即消费者到企业) 实现大规模个性化定制，核心是"多款少量"。所以，长尾型商业模式需要低库存成本和强大的平台，并使得买家容易获得利基产品。

3. 跨界商业模式

互联网实质上就是利用高效率来整合低效率，对传统产业核心要素进行再分配，并以此来提升整体系统效率。互联网企业通过减少中间环节和所有渠道不必要的损耗来提高效率、降低成本。例如，国内某科技有限责任公司，专注于智能硬件、智能家居及软件的开发，所以推出了手机、电视、小家电，还进军了农产品市场。

4. 免费商业模式

互联网产品最重要的就是流量，有了流量才能够以此为基础构建自己的商业模式，所以说互联网经济就是以吸引大众注意力为基础，去创造价值，然后转化成盈利。很多互联网企业都是以免费的好产品吸引用户，在此基础上再构建商业模式。常用的方法就是：在传统企业用来赚钱的领域免费，从而彻底把传统企业的客户群带走，继而转化成流量，然后再利用延伸价值链或增值服务来实现盈利。

5. O2O 商业模式

O2O(Online to Offline) 从狭义来理解就是线上交易、线下体验消费的商业模式，主要包括两种类型：一种是线上到线下，用户在线上购买或预订服务，再到线下商户实地享受服务，目前这种类型比较多；另一种是线下到线上，用户通过线下实体店体验并选好商品，然后通过线上下单来购买商品。O2O 的核心价值是充分利用线上与线下渠道的各自优势，让人们实现全渠道消费。

6. 平台商业模式

平台型商业模式的核心是打造足够大的平台，产品更为多元化和多样化，更加重视用户体验和产品的闭环设计。在互联网时代，用户的需求变化越来越快，越来越难以捉摸，单靠企业自身所拥有的资源、人才和能力很难快速满足用户的个性化需求，这就要求打开企业的边界，建立一个更大的商业生态网络来满足用户的个性化需求。通过平台以最快的速度汇聚资源，满足用户多元化的个性化需求。所以平台商业模式的精髓在于打造一个多方共赢互利的生态圈。

三、大学生创业模式分析

(一) 单一业主制和合伙制代理加盟创业

单一业主制和合伙制代理加盟创业模式是指大学生个人或者两三人的"办公室型小企

业"从事创业活动的创业组织模式。同时代理加盟创业，凭借加盟企业的品牌和质量开展业务。根据在校调查，选择这种模式的比例很高，约占 90% 以上，选择行业主要是科技含量比较低的服务行业。

此模式的特点：第一，从事的行业很多，比较自由灵活，创业者可以在各个领域选择创业，以抓住学生这一消费群体的特点来确定行业；第二，启动资金少，这为大学生创业提供了便捷，只要一个小型店面就能解决，以此大大降低学生创业的风险；第三，代理加盟创业品牌形象较好，代理加盟创业客户信任度较高；第四，精力投入多，大多数创业者需要花费大量的时间来经营店面，而这必然影响学业。

（二）依托一些公司的客户关系网创业

依托一些公司，凭借庞大的公司客户关系网进行创业，借助公司客源当作自己创业企业的客户壮大自己业务量，建立协作关系，拓展自身市场也是一种有效的创业模式。一些成功的民营企业在总结自己的创业经验时，会将其相关管理模式等方面的知识传授给大学生创业者以帮扶其进行创业。随着经济的发展，这种创业模式已成为社会校园等创业者最具潜力的创业模式，也是新经济时代主流的创业模式。这种模式是合作竞争、快者生存的新经济时代的必然产物，它要求创业者具备良好的合作、协调能力和集体意识，以及虚心向别人学习的态度。

此模式的特点：第一，创业效率以及创业成功率高；第二，企业成长周期短；第三，创业者具有良好的知识、技术和素质；第四，企业本身制度文化方面建设完善；第五，个人风险小；第六，销售网络好，资金回笼快。

（三）进驻创业园，以技术创业

一些高新技术专业的大学生进驻创业园，用自有的技术创业。自从 1998 年清华大学的首届大学生创业大赛开办以来，我国大学生创业计划大赛不断涌现，各地也纷纷创建创业园区。同时大学生创业也得到政府和社会各界的关注、认可和支持。众多的大学生创业者发挥了自己的专业特长，凭借自己的兴趣爱好创业，撰写详细的创业计划书以吸引风险投资商。此模式需要具有领导管理能力与统筹计划能力，其次要取得投资者的信任，同时，还要有好的产品和创业理念，禁得住市场的竞争。

此模式的特点：第一，得到政府政策的支持和创业园区的各项帮助；第二，风险小，要考虑周密；第三，凭借专业创业，使理论联系实际，加速知识向生产力转化；第四，受地方政府保护；第五，信息来源好，流通快。

（四）法人股份制的小型公司

法人股份制的小型公司是指以股份形式合资从事创业活动，这种创业模式也是我国大学生创业的重要途径之一。很多学生会选择合作创办企业解决自己的工作问题，多数由家长、亲戚作为后盾，出资支撑。他们往往会选择较高科技含量的行业，此模式要求具备扎实的知识功底，且有一定的专业基础。如某个以互联网络技术服务为核心的高新技术创业企业，依靠网络制作的技术，开发了一系列学科教育网站，这家企业当初成立资本依靠的是家里和同学之间的合资。

此模式的特点：第一，创业企业组织等模式相对稳定；第二，风险较高，直接面对市场的机遇和挑战；第三，资金投入较多，需要家长、亲戚作为后盾，出资支撑；第四，学生本身在管理、人事、财务等方面缺少经验，对各项政策法规等了解不深；第五，企业文化建设不完善等；第六，技术人员少，思维能力局限，故而产品技术含量较低，跳不出低层次竞争圈；第七，信息流通较慢，辨别能力较差，对于市场上的情况较难迅速反应；第八，研发资金投资周期长，不利于初创型企业的发展。

第二节　创建与设计新企业

■ 一、创业组织形态的选择

（一）个人创业企业类型

个人创业具有企业组织方式简洁、管理简单等优点。创业者个人创业可以选择个人独资企业或者一人有限责任公司。

1. 个人独资企业

根据《中华人民共和国个人独资企业法》（以下简称《个人独资企业法》）的规定，个人独资企业是指依照个人独资企业法在中国境内设立，由一个自然人投资，财产为投资人个人所有，投资人以其个人财产对企业债务承担无限责任的经营实体。个人独资企业的设立条件比较简单，投资人为一个自然人，有合法的企业名称和投资人申报的出资即可。《个人独资企业法》对于独资企业的出资并没有下限规定，而且出资形式灵活多样，可以是货币出资，也可以是非货币出资。因此，理论上只需要有一个固定经营场所、简单的工作设施就可以申请设立个人独资企业。

个人独资企业的事务管理可以自行管理，也可以委托或者聘请他人管理；不需要缴纳企业所得税，只需要缴纳个人所得税。选择个人独资企业作为创业企业形态的大学生必须与企业同呼吸、共命运，因为在这种方式下，创业者与创业企业是无法分离的。所以，个人独资企业适合于创业项目简单、创业资金较少、管理经验不足、愿意承担风险的创业者。

2. 一人有限责任公司

一人有限责任公司简称"一人公司""独资公司"或"独股公司"，是指由一名股东（自然人或法人）持有公司的全部出资的有限责任公司，属于有限责任公司的特殊类型。由于一人公司属于法人企业，所以可以以公司的名义独自承担企业经营产生的责任和风险。也就是说，风险是有限的，即以出资额为限对公司债务承担有限责任，但是不能证明公司财产独立于股东自己的财产，股东应当对公司债务承担连带责任。这是创业者要格外重视的一点。在管理方面，由于是一人公司，只有创业者一个人是股东，因此对个人素质和经验要求比较高，需要具备公司管理综合能力。

3. 个体工商户

个体工商户是指在法律允许的范围内，依法经核准登记，从事工商经营活动的自然人或者家庭。单个自然人申请个体经营，应当是 16 周岁以上有劳动能力的自然人。家庭申请个体经营，作为户主的个人应该有经营能力，其他家庭成员不一定都有经营能力。个体工商户享有合法财产权，包括对自己所有的合法财产享有占有、使用、收益和处分的权利，以及依据法律和合同享有各种债权。

（二）团队创业企业类型

一个好的创业团队对企业的成功起着举足轻重的作用。创业团队的凝聚力、合作精神、立足长远目标的敬业精神可帮助新创企业度过危难时刻，加快成长步伐。另外，团队成员之间的互补、协调以及与创业者之间的补充和平衡，对新创企业具有降低管理风险、提高管理水平的作用。因此，以团队的方式创业对创业者来说是一个很好的选择。团队创业的企业类型有合伙企业和有限责任公司。

1. 合伙企业

合伙企业分为普通合伙企业和有限合伙企业两种类型。普通合伙企业由普通合伙人组成，合伙人对企业债务承担无限连带责任；有限合伙企业由普通合伙人和有限合伙人共同组成，有限合伙人只需以出资为限对企业债务承担责任，所以其风险较小。

合伙企业的出资与个人独资企业一样没有下限的规定，但是合伙企业允许以劳务的方式出资（有限合伙人除外），这种方式适用于缺乏资金或者其他形式的出资的创业者。

对于有好的项目、创意或技术的创业者来说，寻找一个风险投资人作为有限合伙人共同组建有限合伙企业，是一种很好的方式。作为有限合伙人，投资人只需要在自己的投资范围内承担有限责任，不需要参与企业的日常事务管理，既可实现投资目的，也能合理减小投资风险。另外，拥有知识产权的创业者也可以知识产权出资成为有限合伙人，实现知识产权的市场化。

2. 有限责任公司

有限责任公司由 2～50 个股东组成（一人公司除外）。《公司法》规定：公司是企业法人，有独立的法人财产，享有法人财产权。公司以其全部财产对公司的债务承担责任。有限责任公司的股东以其认缴的出资额为限对公司承担责任，股份有限公司的股东以其认购的股份为限对公司承担责任。这个规定降低了创业团队的风险，也是公司制度区别于其他企业制度的标志之一。有限责任公司较之个人独资企业和合伙企业具有更高的开放程度，能够吸引更多的民间资本的进入，而民间资本的充分参与所带来的不仅仅是大量的资金，更重要的是资本天生的逐利性能够引导社会资源投入到真正具备创业价值、具有高回报的有潜力创业项目中去。

二、企业股权结构设计

（一）股权结构设计意义

科学、合理的股权结构是至关重要的。第一，可以明晰合伙人之间的权、责、利，科学体现各合伙人之间对企业的贡献、利益和权利；第二，有助于维护公司和创业项目稳定；第三，在未来融资时，股权要稀释，合理的股权结构有助于确保创业团队对公司的控制权；第四，融资时，投资人会重点考察创业团队的股权结构是否合理；第五，进入任何资本市场，都会考察股权结构是否明晰、清楚、稳定。

"90后"创业女大学生成功开店

（二）股权结构设计原则

1.股权结构应简单、明晰

"明晰"是指股东数量和股比、代持人、期权池等。"简单"是指股东不要太多人，初创公司最科学的配置是3人左右，这样合伙人在沟通方面会相对容易；一旦人数太多，合伙人之间相互沟通的难度会较大，甚至相互信任都是问题。

2.核心股东只能有一个

整个创业团队只能有一个核心股东，这个核心股东能够掌控局势，并享有充分的公司控制权，关键时刻须做出决策。

3.股东资源优势互补

团队中除了核心股东外，其他股东也发挥着重要的作用。每一位初创股东都要能为公司创造价值，而且是他人不可取代的价值。

（三）股权结构设计方法

1.公司初始股权结构的设计

创业之初，如果只有一个股东，即可成立一人有限责任公司，100%拥有股权。如果有2人或2人以上股东，则适合一起成立有限责任公司，2人持股比例尽量避免50%∶50%，3人尽量避免33%∶33%∶34%。创始人要对公司具有绝对控制权，持股比例一般需要超过2/3。

2.融资过程中股权结构的设计

不论是第几轮融资，相对其他因素来说，融资期间的股权结构变化是对公司控制权影响最大的。因为融资协议规定的事项，不但涉及本轮融资之后权利的变化，还涉及下一轮融资时投资人、创始人退出的权利安排。但是如果公司在成立之初的股权比例就有问题，那需要创始人之间调整好之后再谈离资计划。

举例说明。某公司在A轮融资后股权结构可能会出现两种情形：第一种为50%、40%、5%、5%；第二种为50%、15%、15%、10%、10%。那么，哪种股权结构更为合适呢？在第一种股权结构下，公司的决策飘忽不定，5%的持股者将会成为50%持股者和

40%持股者的被拉拢对象，不利于公司决定权的稳定性，如果40%的持股者是投资人的话，一旦其决策与创业者不合，因其股权占比超过1/3，有可能使创业者无法推进任何公司重大决策。第二种股权结构中，50%、15%、15%、10%、10%的比例显示，公司创始人股东独大，投资人和其他创始人的股份比例相对比较小，有利于决策权稳定。因此，第二种股权结构更合理、科学。

3. 设计合适的保护控制权的法律条款

随着公司不断发展壮大，除了创始人和投资人之外，还会有高管和员工加入公司。为调动大家工作的积极性，股权或者期权的激励机制是非常好的方式。创始人在这时往往会想建立股权期权激励制度的同时，如何让公司的控制权还牢牢地掌握在自己手里。建立期权池并通过合理的制度设计也可能会起到强化创始人对公司控制权的作用，常用的方式有期权、代持、持股公司、一致行动计划等。

企业的每个股东对企业的贡献肯定是不相等的，而股权比例对等，即意味着股东贡献与股权比例不匹配，这种不匹配到了一定程度，就会造成股东矛盾。另外，这种股权结构没有核心股东，也容易造成股东间的矛盾。

三、股权比例估算

（一）创始人贡献估值

创始人合伙创业，有的提供资金，有的提供场地，有的提供技术，有的提供销售渠道，有的提供融资资源。各个创始人有不同的贡献，各种贡献性质不同，似乎完全无法等价对比。如果没有明确的标准，很难说研发就比销售更重要，也很难说拉来投资的工作就比提供办公场所的贡献更重要。所以创始人之间如何分配股权，往往成为一个难题。这经常会在创始人之间埋下不满的情绪，并在创业最艰难的时候爆发。

创始人对公司的投入，公司本应该给予合理的回报，如果公司没有给予足够的回报，那么该给但没有给的部分，就是创始人留在公司里的价值，就是创始人对公司的投入或投资。比如，创始人按照市场行情，工资应该是每个月2万元，创业时只领了5000元的基本生活费，那么还剩1.5万元是他应得但公司没有支付的，这部分就相当于是他对公司的净投入。他在公司中应该占有的股权，就可以参照他的这种"投资"占大家总"投资"的比例来计算。这种计算方式可以称之为估值法，即按照创始人投入的市场价值来评估股权比例。本书中的估值法，以麦克莫耶的方法为基础，稍作调整和补充。

（二）各种投入要素的估值

按照估值法，要在创始人之间分配股权，应当先折算创始人对创业企业各种投入的价值，加起来计算出总投入的价值，然后再折算每个人的投入价值占总价值的比例。

1. 工作时间

工作时间的投入，是创始人对公司最主要、最重要的贡献。创始人时间投入的价值最合理的计算方式是按照人才市场上通常的工资标准来折算。比如，以他这样的学历和职业背景，在类似的工作岗位，通常其他公司会开出多少的工资，这个工资就是创始人的时间价格。

一方面，如果创业企业一开始就给创始人发了这样的工资，那么相当于创始人对创业企业没有任何投入，只是个被雇佣的劳动者。这样的人就不是创始人，也不是在创业，只是在打工而已。另一方面，如果创业企业给创始人的股权不值他在其他企业的工资标准，创始人很可能就不会选择来创业，而更可能选择在其他公司工作。创始人选择创业，一定是创始人认为获得的股权，潜在的价值大于他为别的公司工作的工资。

具体而言，创始人在创业企业干的工作，如果市场行情是月收入 2 万元，他一分钱工资也不拿，那么就帮创业企业节省了 2 万元的工资成本，或者说创业企业赚到了价值 2 万元的人力投入。这个 2 万元就是他对企业的人力贡献的价值。相应地，如果他领了 5000 元的月薪，那他的贡献就只剩下 1.5 万元。简单地说，以创业企业"本应该发给他但是没有发给他"的工资来作为他的投入。如果他是兼职创业，就按照兼职人员的市场工资标准，折算他的投入。如果他通常按月工作，还可以把月工资折算为日工资、小时工资，按实际工作的天数、小时数来折算他的投入。

2. 现金

现金对于初创阶段的创业企业来说具有非常重要的作用。公司发展壮大、前景明朗之后，有很多投资人愿意向公司投资，资金的重要性其实是降低了。但是在初创阶段，企业前景不明，并没有太多人愿意向公司投资，此时向公司投入现金的作用就会意义非凡。

3. 实物资产

创始人向企业提供实物资产，通常可以视为现金投资。因为实物实际上用现金购买来的，是现金的另外一种形态。但这样的实物资产，必须至少满足下面条件之一：

(1) 实物资产是创业企业主营业务所必需的核心资产。比如，创业项目是互联网项目，为项目而租用的网站服务器。初创阶段，任何资产都是以"创业非常需要"为原则。

(2) 实物资产是专门为创业企业的经营而特意取得的。比如，专门为创业企业经营而购买的计算机、办公桌、办公用品等。

那么，实物资产的价格如何计算呢？如果实物资产是全新的，或者实物资产买来时间很短，几乎没有什么折旧，可以按购买价来计算；如果实物资产已经折旧很厉害了，可以按当前可以卖出的价格来计算。

4. 办公场所

创始人可能会向创业企业提供办公地点、仓库、店铺，以及其他一些创业企业经营所必需的场地。如果创业企业非常急需这些场地，创始人不提供，创业企业就不得不自己去租。在这种情况下，创始人向创业企业提供的场地，实际上也就是向企业提供了相当于租金的资金。所以，创业企业应该给但没有给的租金，就是创始人对创业企业的投资。

并非所有的场地都可以折算为对公司的价值，有的场地不能用来估值：

(1) 超出需要的场地，对公司没有价值。比如，公司只有 5 个人，只需要 30 平方米的办公室，创始人提供了 500 平方米，那多出的 470 平方米对公司就没有任何价值。

(2) 本来就不能为创始人盈利的场地，创始人提供给了公司。如果这个场地创始人本来就没有拿它用于经营活动，不能为创始人带来现金收益，那么这个场地也不能折算价值。因为创始人把它提供给创业企业，并没有导致创始人利益受损。

5. 创业点子

如果仅仅是一个创业点子，一个初步的想法，那么这个创业点子本身基本上不值钱。但是，如果在创业项目启动前，创始人已经对这个创业点子进行了完整的思考，进行了一系列的试错，形成了成熟的商业计划，或者已经开始了初步的尝试，开发出了初步的技术方案乃至原始产品。这样成熟的创业规划就可以视为对公司有价值的贡献。

从创业点子到成熟的创业规划，在创业开始之前，创始人已经为此独自默默地投入了大量的先期工作。通常市场上为这些先期工作付出多少工资，这个工资就是他对创业企业的投资。

6. 专用技术（知识产权、产品）

创始人向创业企业提供的专用技术（知识产权）的市场价值，就是创始人对公司的投入。如果创始人不愿意把知识产权转入创业企业，只希望授权创业企业使用，那么知识产权许可使用费也是创始人对公司贡献的价值。可以按照企业"应该支付但未支付"的许可使用费，来计算知识产权许可使用的价值。

7. 人脉资源（销售、融资等）

有时候公司需要一些特定的人脉资源，有的创始人能提供这样的门路。比如，企业需要借用人脉帮助公司变现产生收入，或者建立重要的合作伙伴关系，或者帮助公司融资。

8. 其他资源

如果创始人或创始人的其他朋友，能够为公司提供很重要的短期资源，公司可以付薪资给他们，也可以先欠着。但是如果创业企业付不起薪资，这些人也要求股权，那么就可以按这些资源的市场价值，折算对创业企业的贡献值。

当然，这些资源不应该是闲置的，对资源提供方来说也是有用的，由于提供给创业企业，导致他自己不能用了。比如，本来可以自己拉货的货车，平时也在拉货，因为提供给创业企业使用，自己就不能拿来拉货了，这样的资源才可能换股权。如果本来就是自己的闲置车辆，平时本来也没怎么用，那么提供给创业企业偶尔用用，为此要股权就不太合理了。

总之，创始人提供的任何资源，只要是创业企业非常需要，但公司付不起薪资，或者不能全额支付薪资的，应该付但没有付的部分，这些贡献的价值就是对公司的投资。

▌四、企业组织结构设计

（一）企业组织结构类型

1. 职能型组织结构

职能型组织结构是按职能来组织部门分工，即从企业高层到基层，均把承担相同职能的管理业务及其人员组合在一起，设置相应的管理部门和管理职务。随着生产品种的增多、市场多样化的发展，应根据不同的产品种类和市场形态，分别建立各种集生产、销售为一体，自负盈亏的事业部型组织结构。

职能型组织结构是企业在实践过程中"最简单"的组织形式。从总体而言，职能型组织更加侧重于集中现有具有统治地位的核心业务。但是随着企业业务活动差异性变大，特别是产品、市场和客户的差异性越大，职能型组织结构的管理优势越难实现，而且职能型组织容易阻碍企业业务的多元化，随着企业的多元化发展，企业组织容易变得松散化。

2. 事业部型组织结构

事业部型组织结构，就是按照企业所经营的事业，包括按产品、按地区、按顾客（市场）等来划分部门，设立若干事业部。事业部是在企业宏观领导下，拥有完全的经营自主权，实行独立经营、独立核算的部门，既是受公司控制的利润中心，具有利润生产和经营管理的职能，同时也是产品责任单位或市场责任单位，对产品设计、生产制造及销售活动有统一领导的职能。

在单纯的事业部组织结构下，企业管理的第二个层次是事业部而没有职能性部门。事业部型组织结构侧重于通过更大的自主权和清晰的目标界定来进行激励，能够减轻最高管理层的负担，清晰地划分各个领域的职责，并且能够根据各个事业部的特性来调整决策。但是，一旦事业部的自主权越大，则对集团公司总体协调的要求越高，以避免产生离心的倾向。而且这种组织形式的缺点在于职能型成本过高，并且往往会因强调各个事业部的利益而忽视整个企业集团的总体利益。

3. 矩阵型组织结构

矩阵型组织结构是在一个机构的机能式组织形态下，为某种特别任务，另外成立专案小组负责，此专案小组与原组织配合，在形态上有行列交叉式，即为矩阵型。

建立矩阵型组织结构的目的在于解决过度的事业部化而产生的问题。矩阵型组织结构的核心优点是：能够通过多角度来考虑总体利益，从而提高决策的质量；能够避免以各部门自身利益为导向的思维模式；能够公开处理冲突，并且具有很强的适应能力。但是矩阵型组织结构也存在一定的问题，这种组织结构很容易产生大的冲突，并难于管理，而且如果产生过多的内部摩擦，则会导致对外部变化的反应迟缓，从而导致组织内部倾向于保守。

（二）不同组织结构的优劣

1. 职能型组织结构

职能型组织结构是一种高度集权的、以职能为中心的组织结构，其特点是管理层级的集中控制，因此，总部的战略决策可以在下属公司中得到较好的贯彻执行，管理控制严格，组织效率高。这种结构适用于规模较小、产品品种较少、生产连续性强和专业性强的企业集团，如矿业、能源、物流等行业的企业。

2. 事业部型组织结构

事业部型组织结构就是母子公司结构。这种结构分权程度较高，母公司一般专注于战略管理，而子公司负责具体产业的生产经营活动，具有较大的经营自主权，在财务上具有独立性。事业部型组织结构适用于规模较大、产业相关性不强的多元化控股公司。

3. 矩阵型组织结构

矩阵型组织结构是职能型和事业部型组织结构发展和演变的产物，是集权与分权管理相结合的产物。这种结构强调集团企业整体的协调功能和效应，适合于多元化控股公司。这种组织结构实现了集权和分权的适度结合，既调动了各事业部发展的积极性，又能通过统一协调与管理，有效制定和实施集团公司整体发展战略，做到上下联动，互相有效配合，反应速度更加敏捷。

这三种基本的组织结构已经在世界范围内得到广泛的应用，但是从目前世界上的一些大公司的管理模式发展变化来看，使用矩阵型组织结构的比例不断增加，而使用职能型组织结构的比例不断减少，使用事业部型组织结构的比例略有减少，这说明矩阵型组织结构更有生命力。

组织结构设计的目的是规划组织的人员管理，最大限度地发挥组织效能，最有效地利用组织资源，实现组织经营目标。为实现设计目标，职能部门在进行组织设计时，要引用经营目标、设计参数、设计模式等概念，运用有机组织结构体系，参照程序化的模式，尽可能减少经验数据在管理中的负面影响，形成目标体系的管理模式。企业进行组织结构设计，以达到企业总体业务分工之目的。组织结构设计得成功与否，关键是能否体现组织管理的协同性和集中性。企业成长的不同阶段，需要适时调整企业结构，以灵活应对企业现实存在的情况。而对于创业企业，组织结构从无到有，就更会面临一系列复杂的问题。

（三）设计创业企业组织结构

1. 选择组织模式

创业企业进行组织结构设计，首先应该明确经营目标，在此基础上考虑经营环境等设计参数的影响，充分利用组织资源，确定组织的职能模块，选择适用的组织模式，实现岗位的合理设置，确定组织结构，运用业务流程检验、完善组织结构。

组织模式指的是组织结构的组成形式。按照设计方式不同，组织设计模式分为职能模式和矩阵模式两类。

(1) 职能模式。按职能来组织部门分工的组织形式的特点是：按照职能模块划分组织有明确的任务和职责，保证了资源的充分利用，有利于强化专业管理，提高工作效率，提高组织稳定性。但部门间横向协作性差，管理层负担重。

(2) 矩阵模式。矩阵组织结构形式的特点是：职能部门内部协作配合能力强；有利于整体规划项目，提高部门适应性；有利于减轻高层管理人员负担；有利于职能部门内部相互制约，保证部门整体目标的完成。但组织稳定性欠缺，易造成职责双重性，即一个人受两人以上的交叉管理。

2. 建立职能模块

创业企业在选择设计模式时，会根据组织自身的职能特点，采用职能型与矩阵型相结合的形式，以矩阵型模式为主，建立各个职能模块，在各个职能模块中注入职能模块的管理形式。

将组织职能按一定类型划分为若干的执行模块，每个模块担负组织的一项或多项职能发挥的职责。职能模块分为基本职能模块、延伸职能模块两类。基本职能模块是指职能部门基本工作职责的汇总；延伸职能模块是指职能部门在保证基本工作职能基础上，为完成自身的经营目标，要赋予组织的其他工作职责。

3. 完成岗位设置

岗位设置的目标是保证组织职能发挥的全面性、准确性。岗位设置要求职责清晰、目标明确、具有流动性。

岗位设置步骤：首先，按照组织职能特点，分职能模块完成整体职能模块的岗位设置；其次，职能模块内，按照基本职能项目、延伸职能项目进行岗位细分化设置；最后，绘制岗位设置图，检验职能完成途径。

创业企业在设计企业架构的时候，虽然应该根据自身的实际特点对架构进行创新设计，但是企业创始人还是应注意多学习成功企业的经验，多研究以往知名企业的发展历程，做长远打算。

心怀一片乡愁
奏响田园牧歌

第三节　新创企业运营与管理

一、大学生新创企业经营管理

1. 创业初期经营管理要点

(1) 以生存为首要目标。创业初期时，对市场把握不准，管理制度也不完善，因此，对于初期创业者来说，重要的是把眼前的事做好，保证了生存才能发展。

(2) 用好有限的资金。企业初创期，融资渠道狭窄，现金流是创业公司的命脉，一个创业公司无论有多么好的创意、多么出色的团队，如果现金流断了，就无法继续发展。

(3) 充分调动"所有人做所有事"。企业初创期，尽管建立了正式的部门结构，但很少有按正式组织方式运作的。每个人须清楚组织目标和自己应当如何工作，形成创业团队，培养出团队精神、奉献精神，并将这些精神当成企业的文化。

2. 创业初期的主要问题

1) 创业初期的主要问题分析

大学生在创新创业初期，企业规模小、风险大，制度不健全，一切都在建设、开发和完善中。初创阶段通常会面临以下主要问题：

(1) 产品不完善。在多数情况下，产品或服务都是新开发或新推出的，因此功能可能不完善，质量也可能不稳定，需要在初创期不断改进。

(2) 缺乏市场。对于消费者熟悉的产品或商品，通过服务或价位赢取客户的认可；如果企业经营的是新产品，那么打开市场的主要障碍是缺乏销售渠道。

(3) 经营和管理无序。企业在初创时，不具备有效的制度规范和流程等，因此企业的经营和管理会比较混乱。

(4) 资源紧缺。初创时期的企业不如成熟和盈利的企业吸引力大，难以招到优秀的人才，生存和发展主要依赖其灵活的市场反应能力去迅速地捕捉市场机会。

2) 初创期 SWOT 分析

初创时期的中小企业面临机遇和挑战，可以使用 SWOT 分析，分析创新创业的机会和风险。SWOT 分析如表 9-1 所示。

表 9-1　中小企业初创期 SWOT 分析

S(优势)	W(劣势)
公司规模小，管理层次简单，执行效率高，薪酬制度灵活；员工个人才能可以得到充分发挥；竞争者较少，投资回报率相对于其他阶段要高，企业销售收入快速增长；创业初期承担风险代价较少，创业者勇于冒险，充满探索精神	制度不完善，缺乏科学的人力资源管理理念；企业发展不明朗，难以吸引到优秀人才；企业的管理者自身缺乏经验积累，无法制定出明确的长期目标及相应标准；资金不足，融资渠道狭窄，获取外部资金不易
O(机遇)	T(威胁)
国家支持大学生自主创业，很多地方都出台了利于大学生自主创业的相关政策，为各类人才施展才能提供了宽广的舞台	来自政策制度方面的威胁，很多行业有准入政策，很多政府项目都对企业规模有要求；初创期中小企业实力弱小，市场竞争残酷

3. 产品各阶段营销策略

任何一种产品或服务在市场上都有一个投入、成长、成熟和衰落的过程，一般把这个过程称为产品生命周期，它是产品或商品在市场运动中的经济寿命，即在市场流通过程中，由于消费者的需求变化以及影响市场的其他因素所造成的商品由盛转衰的周期。在产品生命周期的不同阶段，存在着不同的市场机会和市场风险，任何企业都需要熟悉其产品销售的成长规律，把握产品生命的基本特征，这样才能在激烈的市场竞争中取得优势(见图 9-2)。

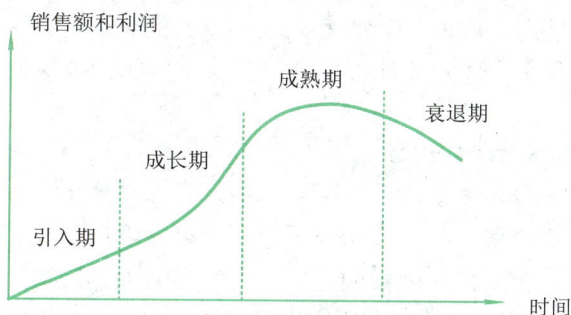

图 9-2　产品生命周期曲线

1) 引入期

对市场而言，引入期又称为投入期或导入期。引入期的产品服务特点是：产品销量少，促销费用高，制造成本高，销售利润很低甚至为负值。根据这一阶段的特点，一般可以采取快速撇取战略、缓慢撇取战略、快速渗透战略、缓慢渗透战略等几种战略。

2) 成长期

新产品经过市场介绍期以后，消费者对该产品已经熟悉，消费习惯也已形成，销售量迅速增长，这种新产品就进入了成长期。进入成长期以后，老顾客重复购买，并且带来了新的顾客，销售量激增，企业利润迅速增长，在这一阶段利润达到高峰。随着销售量的增大，企业生产规模也逐步扩大，产品成本逐步降低，新的竞争者会投入竞争。随着竞争的加剧，新的产品特性开始出现，产品市场开始细分，分销渠道增加。企业为维持市场的继续增长，需要保持或稍微增加促销费用，但由于销量增加，平均促销费用有所下降。

3) 成熟期

进入成熟期以后，产品的销售量增长缓慢，逐步达到最高峰，然后缓慢下降；产品的销售利润也从成长期的最高点开始下降；市场竞争非常激烈，各种品牌、各种款式的同类产品不断出现。对成熟期的产品，宜采取主动出击的策略，使成熟期延长，或使产品生命周期出现再循环。为此，可以采取以下三种策略：

(1) 市场调整，这种策略不是要调整产品本身，而是发现产品的新用途、寻求新的用户或改变推销方式等，以使产品销售量得以扩大。

(2) 产品调整，这种策略是通过产品自身的调整来满足顾客的不同需要，吸引有不同需求的顾客。整体产品概念的任何一层次的调整都可视为产品再推出。

(3) 市场营销组合调整，即通过对产品、定价、渠道、促销四个市场营销组合因素加以综合调整，刺激销售量的回升。常用的方法包括降价、提高促销水平、扩展分销渠道和提高服务质量等。

4) 衰退期

衰退期的主要特点为产品销售量急剧下降；企业从这种产品中获得的利润很低甚至为零；大量的竞争者退出市场；消费者的消费习惯发生改变等。面对处于衰退期的产品，企业需要进行认真的研究分析，决定采取什么策略、在什么时间让产品退出市场。

除了产品有自己的生命周期，公司也有自己的生命周期，且企业的生命周期通常与企业所经营的产品和服务同步，所以人们常常以公司经营的产品和服务的生命周期所处情况来判断公司的生命周期情况。因此，创业者在创办自己的企业过程中需要仔细分析自己的产品或服务的生命周期状况，这样才能采用适当的营销策略，把握好企业的命脉。

二、大学生创业中的财务问题

大学生创业是个复杂的系统，其成功与否取决于创业者的知识、阅历、经验、把握商机和决策判断能力等多方面因素。创新创业失败有很多方面的因素，其中一个重要因素是缺乏对财务的管理。财务管理是对企业财务关系进行处理的经济管理工作，主要负责企业的筹资、资金营运及利润分配等问题的处理与解决。

1. 大学生创业面临的财务问题

(1) 缺乏明确的财务管理观念。大学生在毕业之后受到工作经验和资金规模的限制，创业建立的企业往往都是小微企业，组织结构非常简单，业务量非常少，业务范围也很狭窄。大部分初创企业为了节约资金成本，往往只雇用几名员工，有的小微企业老板就是员工，员工也大多都是兼职。企业财务管理工作量小，企业的管理者往往不设专门的岗位对其进行管理，为了节约人力资源成本，往往聘请兼职工作者来负责，这和现代企业管理制度的要求相去甚远，大学生创业建立的企业，根本没有健全的财务管理体系和系统。在这种背景之下，创业者往往将财务管理工作简化为记账工作，他们将全部的时间和精力都花在了市场拓展和产品设计上，没有完善的财务管理理念，也没有意识到财务管理在企业之中的重要作用，导致了企业战略发展从一开始就失去财务管理的帮助和支持。

大部分的大学生创业者都不是财会专业出身，对财会知识知之甚少，在校期间也没有接受过专门的财务管理专业培训，这导致了他们在创业之初难以发挥财务管理的地位和作用，认为财务管理只是一种辅助的、附带的工作。

(2) 缺乏规范的财务管理工作制度。参与创业的大学生来自不同的专业背景，他们有一些是财务管理专业的，有些则是其他专业的。不论是否来自财务管理专业，他们都有一个共同的特性，那就是缺乏财务管理的实际操作经验，在实际工作中更多的是凭借个人的摸索和探索来实施财务工作和管理工作，企业内部也没有专门的财务管理制度。在企业初创期，没有建立完善的赊销制度，企业对交易对手的信用状况不甚了解，这就容易造成款项难以回收，应收账款坏账比例加大，资金周转不灵，严重情况下甚至产生呆账。另外，初创期的企业面临着销量低、产能过剩的问题，月末库存占用资金会比较高，最终造成营运资金的呆滞。

(3) 筹资渠道狭窄单一。所有的创业者在创业初期都面临着筹资困难的问题。初创者是否能够将自己的蓝图和构想变为现实，主要取决于是否具备足够的资金和顺畅的融资渠道。大学生的融资渠道主要来自四个方面：首先是自有资金，自有资金大多来自大学生在校期间打工和奖学金积攒，以及父母的资助。其次是来自亲朋借贷，亲朋借贷资金大多都是借助于父母的社会关系和人际网络，亲朋借贷的优势是无须支付利息，也没有很大的还本压力，这部分资金给创业者带来的物质负担是比较轻的。再次是银行借款，银行借款需要经历复杂的审核程序，还需要企业具有一定的信用等级或者担保抵押物品，大学生由于刚刚踏入社会，信用登记尚未建立起来，也没有足够的抵押物作为抵押，因此很难从银行等金融机构获得贷款。尽管目前政府正在大力地支持大学生创业，也从政策上为大学生创业提供了技术支持，但是在具体实施的过程中，政府是很难介入银行和大学生之间的，政策和落实情况存在较大的偏差。最后是风险投资基金，风险投资基金在一线发达城市中兴起，目前正在逐步面向大学生创业者，风险投资者往往通过各种形式的创业竞赛来挑选他们认为具有发展潜力的创业项目，然后将资金投入大学生创业的企业之中。风险投资基金在发达国家中已经被证实是大学生创业资金来源的主要渠道，但是我国风险投资基金起步较晚，市场发展尚不成熟，还不能够为大学生创业提供足够的资金支持。

2. 解决大学生创业财务问题的主要策略

(1) 提升创业者财务管理意识。对于那些有创业意向的大学生，高校在校期间就应该培养他们的财务管理意识，让他们参与财务管理相关的课程知识学习，让学生通过辅修、第二学位或者旁听的形式来提升财务管理理念，让他们了解到财务管理在企业之中的重要作用，做好在经营管理中应对各种财务管理难题的准备。另外，高校在开展创业教育的过程中还要注重财务管理知识的讲授和财务管理技能的培训，让学生在创业培训课程中培养财务管理理念。因此，大学生创业者应该高度重视其财务管理的问题，将科学化的财务管理理念作为提升企业核心竞争力的重要途径。

(2) 完善财务管理体系。大学生创业者在创业之初就要建立起完善的和严格的财务管理制度，对财务管理报表、验资、报销、赊销、市核等制度进行完善，把财务管理放在和企业管理同一种高度上，而不仅仅将财务管理工作看作是记账的手法。另外，初创的企业也要设置专门的财务管理岗位，聘用专业的财务管理人员进行财务管理工作，而不是聘用兼职人员或将财务管理工作代理出去。虽然聘请专业的财务管理人员会增加企业的支出，但是良好的财务管理制度的执行是推动企业长远发展的一剂良药。最后，创业者还要合理地配置和使用资金。很多创业失败的大学生在总结教训的时候，都将失败的原因归结为资金短缺和资金链的断裂，这显然是一个重要的因素，但是，如果创业者能够合理地安排资金使用，提高资金运作能力，则能够很大程度上避免市场风险。

(3) 拓展融资渠道。大学生应该充分地了解和研究国家、各个地方政府的优惠政策，一般来说，这些政策大体上包括允许分期支付创业注册资金，简化金融机构借贷手续，创业贷款政府贴息等。其次，大学生要在创业中做到灵活经营。创业者可以充分利用商业信用进行适度负债，比如说合理地利用现金浮游量，尽快地收款，在不影响商业信用的前提下推迟付款日期等。最后，创业企业可以开展股份融资，通过设立企业股份，吸纳资金充裕的个体以资金作为股本加入创业团队，不仅可以缓解融资难问题，还能够分散创业企业的经营风险。

■ 三、新产品开发

新产品开发是指从研究选择适应市场需要的产品开始，到产品设计工艺制造设计，直到投入正常生产的一系列决策过程。从广义而言，新产品开发既包括新产品的研制也包括原有老产品的改进与换代。新产品开发是企业研究与开发的重点内容，也是企业生存和发展的战略核心。企业新产品开发的实质是推出不同内涵与外延的新产品，对大多数公司来说，是改进现有产品而非创造全新产品。

1. 新产品分类

为了便于对新产品进行分析研究，可以从多个角度进行分类。

1) 按新产品创新程序分类

(1) 全新新产品，是指利用全新的技术和原理生产出来的产品。

(2) 改进新产品，是指在原有产品的技术和原理的基础上，采用相应的改进技术，使外观、性能有一定进步的新产品。

(3) 换代新产品，采用新技术、新结构、新方法或新材料在原有技术基础上有较大突破的新产品。

2) 按新产品所在地特征分类

(1) 地区或企业新产品，是指在国内其他地区或企业已经生产，但该地区或该企业初次生产和销售的产品。

(2) 国内新产品，是指在国外已经试制成功，但国内尚属首次生产和销售的产品。

(3) 国际新产品，是指在世界范围内首次研制成功并投入生产和销售的产品。

3) 按新产品的开发方式分类

(1) 技术引进新产品，是指直接引进市场上已有的成熟技术制造的产品，这样可以避开自身开发能力较弱的难点。

(2) 独立开发新产品，是指从用户所需要的产品功能出发，探索能够满足功能需求的原理和结构，结合新技术、新材料的研究独立开发制造的产品。

(3) 混合开发的产品，是指在新产品的开发过程中，既有直接引进的部分，又有独立开发的部分，将两者有机结合在一起而制造出的新产品。

2. 新产品开发策略

新产品的开发是企业产品策略的重要组成部分。新产品开发的主要策略如下。

(1) 领先策略。这种策略就是在激烈的产品竞争中采用新原理、新技术、新结构，优先开发出全新产品从而先入为主。这类产品的开发多从属于发明创造范围，采用这种策略，投资数额大，科学研究工作量大，新产品实验时间长。

(2) 超越自我策略。这种策略的着眼点不在于眼前利益而在于长远利益。这种暂时放弃部分眼前利益，最终以更新、更优的产品去获取更大利润的经营策略，要求企业有长远的"利润观"理念，要注意培育潜在市场，培养超越自我的气魄和勇气，不仅如此，更需要有强大的技术实力做后盾。

(3) 紧跟策略。采用这类策略的企业往往针对市场上已有的产品进行仿造或进行局部的改进和创新，但基本原理和结构是与已有产品相似的。这种企业跟随既定技术的先驱者，以求用较少的投资得到成熟的定型技术，然后利用其特有的市场或价格方面的优势，在竞争中对早期开发者的商业地位进行侵蚀。

(4) 补缺策略。每一个企业都不可能完全满足市场的任何需求，所以在市场上总存在着未被满足的需求，这为企业留下了一定的发展空间。这就要求企业详细地分析市场上现有产品及消费者的需求，从中发现尚未被占领的市场。

3. 新产品开发程序

新产品开发是一项极其复杂的工作，从根据用户需要提出设想到正式生产产品投放市场，其中经历许多阶段，涉及面广、科学性强、持续时间长，因此必须按照一定的程序开展工作，这些程序之间互相促进、互相制约，才能使产品开发工作协调、顺利地进行。产品开发的程序是指从提出产品构思到正式投入生产的整个过程。由于行业的差别和产品生产技术的不同特点，特别是选择产品开发方式的不同，新产品开发所经历的阶段和具体内容并不完全一样。现以加工装配性质企业的自行研制产品开发方式为对象，来说明新产品开发需要经历的各个阶段。

1) 调查研究阶段

发展新产品的目的，是为了满足社会和用户需要。用户的需求是新产品开发选择决策的主要依据，因此必须认真做好调查研究工作。这个阶段主要是提出新产品构思以及新产品的原理、结构、功能、材料和工艺方面的开发设想和总体方案。

2) 新产品开发的构思创意阶段

新产品开发是一种创新活动，产品创意是开发新产品的关键。在这一阶段，要根据社会调查掌握的市场需求情况以及企业本身条件，充分考虑用户的使用要求和竞争对手的动向，有针对性地提出开发新产品的设想和构思。产品创意对新产品能否开发成功有至关重要的意义和作用。企业新产品开发构思创意主要来自三个方面。

(1) 来自用户。企业着手开发新产品，首先要通过各种渠道掌握用户的需求，了解用户在使用老产品过程中有哪些改进意见和新的需求，并在此基础上形成新产品的开发创意。

(2) 来自该企业职工。特别是销售人员和技术服务人员，经常接触用户，用户对老产品的改进意见与需求变化他们都比较清楚。

(3) 来自专业科研人员。科研人员具有比较丰富的专业理论和技术知识，要鼓励他们发扬这方面的专长，为企业提供新产品开发的创意。此外，企业还通过情报部门、工商管理部门、外贸等渠道征集新产品开发创意。新产品创意包括三个方面的内容：产品构思、构思筛选和产品概念的形成。

① 产品构思。产品构思是在市场调查和技术分析的基础上，提出新产品的构想或有关产品改良的创意。

② 构思筛选。并非所有的产品构思都能发展成为新产品。有的产品构思可能很好，但与企业的发展目标不符合，也缺乏相应的资源条件；有的产品构思可能本身就不切实际，缺乏开发的可能性。因此，必须对产品构思进行筛选。

③ 产品概念的形成。经过筛选后的构思仅仅是设计人员或管理者头脑中的概念，离产品还有相当远的距离，还需要形成能够为消费者接受的、具体的产品概念。产品概念的形成过程实际上就是构思创意与消费者需求相结合的过程。

3) 新产品设计阶段

产品设计是指从确定产品设计任务书到确定产品结构的一系列技术工作的准备和管理，是产品开发的重要环节，是产品生产过程的开始，必须严格遵循"三段设计"程序。

(1) 初步设计阶段。这一般是为下一步技术设计做准备。这一阶段的主要工作就是编制设计任务书，让上级对设计任务书提出体现产品合理设计方案的改进性和推荐性意见，经上级批准后，作为新产品技术设计的依据。这阶段的主要任务在于正确地确定产品最佳总体设计方案，设计依据，产品用途及使用范围，基本参数及主要技术性能指标；产品工作原理及系统标准化综合要求、关键技术解决办法及关键元器件，特殊材料资源分析、对新产品设计方案进行分析比较，运用价值工程研究确定产品的合理性能（包括消除剩余功能），以及通过不同结构原理和系统的比较分析，从中选出最佳方案等。

(2) 技术设计阶段。技术设计阶段是新产品的定型阶段。它是在初步设计的基础上完成设计过程中必需的试验研究 (新原理结构、材料元件工艺的功能或模具试验)，并写出试验研究大纲和研究试验报告；做出产品设计计算书；画出产品总体尺寸图、产品主要零部件图并校准；运用价值工程对产品中造价高的、结构复杂的、体积笨重的、数量多的主要零部件的结构、材质精度等选择方案进行成本与功能关系的分析，并编制技术经济分析报告；绘出各种系统原理图；提出特殊元件、外购件、材料清单；对技术任务书的某些内容进行审查和修正；对产品进行可靠性、可维修性的分析。

(3) 工作图设计阶段。工作图设计的目的，是在技术设计的基础上完成供试制 (生产) 及随机出厂用的全部工作图样和设计文件。设计者必须严格遵守有关标准规程和指导性文件的规定，设计绘制各项产品工作图。

4) 新产品试制与评价鉴定阶段

新产品试制阶段又分为样品试制阶段和小批试制阶段。

(1) 样品试制阶段。样品试制的目的是考核产品设计质量，考验产品结构、性能及主要工艺，验证和修正设计图纸，使产品设计基本定型，同时也要验证产品结构工艺性，审查主要工艺上存在的问题。

(2) 小批试制阶段。这一阶段的工作重点在于工艺准备，主要目的是考验产品的工艺，验证它在正常生产条件下 (即在生产车间条件下) 能否保证所规定的技术条件、质量和良好的经济效果。

试制完成后，必须进行鉴定，对新产品从技术上、经济上做出全面评价，然后才能得出全面定型结论，再投入正式生产。

5) 生产技术准备阶段

在生产技术准备阶段，应完成全部工作图的设计，确定各种零部件的技术要求。

6) 正式生产和销售阶段

在这个阶段，不仅需要做好生产计划、劳动组织、物资供应、设备管理等一系列工作，还要考虑如何把新产品引入市场，如研究产品的促销宣传方式、价格策略、销售渠道和提供服务等方面的问题。新产品的市场开发既是新产品开发过程的终点，又是下一代新产品再开发的起点。通过市场开发，可确切地了解开发的产品是否适应市场需要以及适应的程度，分析与产品开发有关的市场情报。可为开发产品决策、改进下批 (代化) 产品、提高开发研制水平提供依据，同时还可取得潜在市场大小的数据资料。

大学生创新创业 走出靓丽风景线

四、管理创业失败

1. 创业失败的普遍性

创业成功是个案，创业失败才是普遍现象。在美国，超过 80% 的创业公司活不过一年，不到 4% 的创业公司能生存超过 5 年，只有为数不多的创业公司历经艰难或多次失败后才获得了最后成功。有研究指出，在我国创业成功的概率大约为 1%。麦可思研究院发布的《中国大学生就业报告》指出，2015 年毕业即自主创业的大学毕业生中，3 年后有 55.2% 的人退出创业。即便在创业环境较好的省份，如浙江，大学生创业的成功率也只有 5% 左右。

2018 届大学毕业生自主创业比例为 2.7%。其中，高职高专毕业生自主创业比例为 3.6%，高于本科毕业生的 1.8%。总之，任何人 (包括大学生) 创业，最终成功的都是少数。

创业失败应区分为是一次失败还是多次失败。对一次失败者来讲，往往还未来得及反思，就可能结束创业生涯。对多次失败者来讲，应认识到创业是一场"剩者为王"的幸存者游戏，失败虽是常态，却是暂时的；同时，必须搞清失败的深层原因，才能提高下一次创业成功的概率。

2. 导致创业失败的错误

创业者犯错是正常的，关键是别犯致命错误。这里从机会、资金、团队 3 个要素出发，将导致创业失败的致命错误归纳为 4 类。

1) 机会误判

就单个创业项目而言，机会是起点，也是终点。很多初次创业者坚定地认为，打造一家成功创业公司的秘诀在于想出一个真正具有革命性的创业想法。所以很多创业者对自己的创业想法守口如瓶，生怕外人知道了。事实上，创业者只有将自己的创业想法与有经验的人士分享，才能得到产品孵化、产品推广、商业模式等方面的有针对性的反馈，这对初次创业者尤为重要。否则，很容易导致创业者对创业机会的误判。

2) 资金链断裂

研究显示，将近 1/3 的创业公司是因为资金短缺而失败的。为避免创业失败，创业者首先要了解现金流，要知道现金流的正负之分。通俗地讲，正现金流指公司赚钱了，即进入公司的钱超过流出公司的钱；而负现金流则相反。若公司现金流长期为负，就会出现资金链断裂问题，公司倒闭也将是迟早的事。谨慎的创业者会定期做现金流预测，对未来几个月或未来几个季度内企业现金的流出与流入进行预测，并通过融资和营收，保持现金收支平衡和健康。

李嘉诚是亚洲有名的天使投资者之一，已在新技术领域投资近 60 家公司，始终在寻找能够撼动行业甚至整个世界的颠覆者，但他一生以稳健经营和投资著称。他曾说："我一直有个习惯，就是我很留心现金流。"

3) 团伙陷阱

所谓"合伙"，其实就是项目制的临时性组织，创业者可先从做项目开始，实现从合伙向团队的转变。但一些人多次创业，屡创屡败，主要原因是始终找不到合适的合伙人。这样的创业者必须进行深刻的反思：是否自我认知不清，不知该找什么样的合伙人？是否不善交际，朋友圈很小，没有合伙人人选？是否对人苛求，即所谓"人至察则无徒"？

小米手机创始人雷军曾说，"小米团队成功的原因是找到了合适的合伙人"。他们不需要绩效指标，但他们有经过多年的绩效指标考核所形成的工作习惯；他们不需要领导定义考核指标，因为他们内心就存在一个高指标，此时"不考核"就是对他们能量的最大释放。

4) 要素错配

多数创业者创业失败，是因为创业成功的 3 个要素 (机会、资金、团队) 不能很好匹配。创业的最大挑战是将 3 个要素进行匹配，这是一种综合能力，需要较长时间的历练。

别人的成功经验需要审慎看待。创业者看到别人的成功之路，就想照搬来效仿，但是别人的路或许并不适合该创业者，因为他脚上的劲并没有那么足，他的眼力并没有那么锐利，他的身手并没有那么敏捷，别人能攀上的悬崖，对他也许就是万劫不复的深渊。

3. 创业失败的根源

1) 创业能力缺失

创业能力主要包含机会识别、资源整合和团队领导的能力，任何一种创业能力的缺失，都会导致创业失败。良好的商业嗅觉 (机会识别能力) 是创业成功的基础。如果一个创业者对外界变化非常敏感，能对商业机会快速做出反应，即使创业暂时失败了，他也会迅速找到新的创业机会。所以从本质上看，创业管理的核心任务是机会管理，创业能力的核心是把握机会的能力。

2) 管理能力不足

管理能力主要指管理企业日常活动并确保机会变得有利可图的能力。创业者如果没有足够的管理能力来确保创业机会变现，可通过迅速雇用新经理人员来弥补这个缺陷。但雇用新经理人员不但成本高，而且存在适应创业文化的问题。当创业者的管理能力不足以利用新机会时，就会出现管理能力的瓶颈问题。

管理能力涉及如何招聘到合适的员工、激励创业者和管理者、现金流管理、营销管理、质量控制等复杂而专业的问题。这些问题都同等重要，如果忽略这些，不仅会阻碍创业企业成长，甚至会直接导致创业失败。某公司就是因管理能力滞后而导致创业失败的。其汽车窗户标贴曾风靡一时，销售额增速迅猛，投资回报率曾连续 6 年超过 100%，但后因其产品销量增速过快和过度多元化，产品线迅速扩充到 650 个品种，导致库存和费用剧增，公司无法继续运营下去。

▍五、创业失败的应对措施

1. 成为连续创业者

连续创业者是成功或失败地运营过一个以上创业项目的人。和初次创业者相比，连续创业者不但有成功创业经验或失败教训，而且有不服输的精神和坚韧不拔的毅力。成为连续创业者是应对创业失败，最终取得创业成功的现实路径。连续创业者更易获得创业融资。

连续创业者通常有两类人：一类人天生就喜欢自己管控全部，即使一两次创业失败，也打压不了他的积极性，下一次还是要创业；另一类人有强烈的内驱力，希望解决某一个社会问题或者改善社会现状，不达目的誓不罢休。这两类人多半认为创业是人生最好的归宿，是长期的最佳生活状态，也希望通过创业这个过程进行自我成长，实现自我价值。

2. 从失败中学习

连续创业者只有从失败中学习，才能最终走向创业成功。很多创业者习惯于将创业失败归于外因，如创业太难了或者运气太差了，这样会妨碍进一步的学习，难以提高创业能力，可能会导致创业从成功走向失败。

优秀创业者会将创业失败归于内因，如管理能力有待提升或者不够努力，这样有利于深刻反省学习，寻找更好的创业策略或解决方案，这叫作双环学习。优秀创业者往往进行双环学习；普通创业者也学习，不过愿望不强烈，强调对现状的认知。

创业成功前往往经历失败，创业的过程就是从失败中深度学习的过程，创业真知源自失败的阵痛，善败才能赢。创业深度学习的关键能力是反省。创业是一个不断摸索和试错的过程，创业者在此过程中难免要犯错误。反省正是认识错误、改正错误的前提。对创业者来说，反省的过程就是学习的过程。创业者只有具备自我反省的能力，才能从根本上提高创业能力和管理能力。这样的连续创业者才能最终走向创业成功。小牛电动车创始人李一男、小米创始人雷军、美团创始人王兴都是通过连续创业、不断反省，最终成为成功创业者的。

医创案例

顾连医疗创业史

顾连医疗的创业史充满了传奇色彩。徐宸和袁帅两位联合创始人都是80后，也都是成都人，初中和高中是同学，之后一起出国留学，分别在密歇根大学、耶鲁大学求学。留学归来，徐宸进入黑石集团，袁帅加入了摩根士丹利。在工作过程中，徐宸和袁帅都看中了康复这个蓝海，并一拍即合，双双辞职回成都创业。从2015年3月两人辞职创业到2018年3月，3年时间里，顾连医疗已经拥有了成都顾连锦宸康复医院、成都老年康疗院和顾连芒果儿童康复门诊，并且成为新风天域集团成员，初步形成了以老年康复为基础、功能康复为特色、重症康复为核心的业务体系。

早上八点，在成都顾连锦宸康复医院的康复大厅里，治疗师们已经开始了康复服务工作。医院官网介绍，这是西南首家引入香港先进康复理念、模式与技术的国际康复专科医院。

锦宸康复医院的床位使用率一直保持在80%以上。2021年7月，医院作为唯一的康复专科医院，成为成都市重点专科建设单位。以学科建设带动业务高质量发展，锦宸康复医院能够提供重症康复、神经康复、心肺康复、骨科康复、烧伤康复、老年康复、儿童康复、心理康复、矫形支具等康复医疗服务项目。其中重症康复是锦宸康复医院的一大特色。

早在2018年5月，医院就将临床重症康复和复杂疑难功能障碍康复作为医院学科建设发展的核心方向。医院调集所有资源开展重症康复建设，形成了"ICU-HDU-普通病房"的康复层级体系，PT（物理治疗）、OT（作业治疗）、ST（言语治疗）、心肺等也细分出重症康复小组，主要收治高度依赖临床监测、护理照护并有康复需求的患者。

其中 ICU 病区主要收治 ICU 后急性期仍需呼吸机支持的患者，HDU 病区收治的是从 ICU 转出的已脱机但仍有气管切开、心肺功能障碍、肌肉萎缩及肌力下降等情况，仍需高度依赖监护的患者，通过让这些患者接受超早期或早期康复治疗，实现尽早脱机和提高患者全身功能水平的目的。

随着重症医学的发展，危重症患者的生存率明显提高，患者命保住了，但生活质量往往严重下降。对危重症患者及早进行康复治疗能够提升患者预后，这已经成为医学界的共识。

锦宸康复医院是四川率先设置重症康复科的医院，重症康复也是重症医学和康复医学融合发展产生的一个新的专业方向。

此外，顾连旗下成都天府新区、绵阳、杭州、宁波、金华等地的康复医院均在建或投用了当地较大规模的高压氧舱群，以 ICU 和 HDU 患者戴呼吸机进舱进行早期高压氧治疗介入联合其他康复治疗手段为特色技术，多学科协同深耕重症康复专业。

思考与行动

1. 阅读案例，回答问题。

某家"轻奢餐"餐厅开业至今，很多人慕名而来，每天都门庭若市。创办者并非做餐饮的专业人士，他开办这家餐厅，被很多人包括他自己，看作是一次商业风险很高的、充满了互联网式玩法的餐厅运作。在菜品方面，该餐厅力求简洁，只供应 12 道菜，追求极致精神；在网络营销方面，靠微博引流，靠微信做客户关系管理；而在产品改进方面，配有专门的团队每天进行舆情监测，针对问题持续进行优化和改进。

回答问题：

(1) 你认为该餐厅的商业模式的亮点和可行性是什么？

(2) 你认为一个创业商业模式应该考虑哪些因素？

2. 撰写新产品开发初步设计方案。

实训目标：

(1) 了解新产品开发设计的内容。

(2) 明确新产品开发设计的流程。

(3) 掌握新产品开发设计的技巧。

(4) 学会撰写新产品初步设计方案。

实训流程：

★流程一：确定设计依据。

在调查研究的基础上构思创意，确定产品的设计依据，填写表 9-1。

表 9-1　产品设计依据表

市场需求	构思创意	设计依据

★流程二：确定产品用途及使用范围。

在充分考察同类产品和相应替代品的用途基础上，确定产品的用途和使用范围，填写表 9-2。要使新产品具有一定的先进性或独创性，而且容易被市场所接受。

表 9-2　产品用途及使用范围情况表

我的产品	产品用途	使用范围
产品 1		
产品 2		
产品 3		

★流程三：确定产品开发关键技术、资源要求。

确定产品开发需要的关键技术，包括基本参数、主要技术性能指标、关键技术解决办法，同时要全面了解和明确所需的资源，包括材料、工作人员等，填写表 9-3。

表 9-3　产品开发关键技术表

指　标	具体情况	备　注
基本参数		
主要技术性能指标		
关键技术解决办法		
材料		
工作人员		

★流程四：确定产品开发进程安排。

制定产品设计开发进程表，包括项目内容、内容说明、预期成果、时间安排、责任部门和备注等内容，填写表 9-4。

表 9-4　产品开发进程安排表

项目内容	内容说明	预期成果	时间安排	责任部门	备注